EU SOU

---✢---

*A Falsificação da
Revelação Verbal no
Ensino do Antigo
Testamento*

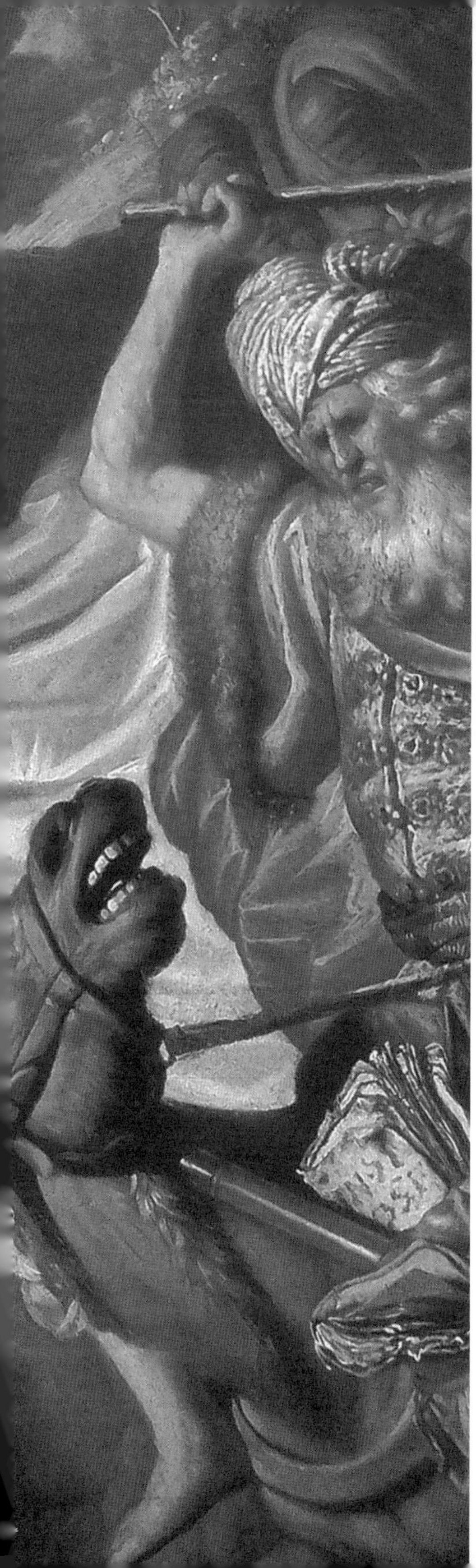

EU SOU

✝

A Falsificação da Revelação Verbal no Ensino do Antigo Testamento

✝

VOLUME IV

HEBER CAMPOS

C198e   Campos, Heber Carlos de
         Eu sou : a falsificação da revelação verbal no
         ensino do Antigo Testamento / Heber Campos. – São José
         dos Campos, SP: Fiel, 2019.

         – v. 4
         Inclui referências bibliográficas.
         ISBN 9788581326801(capa dura)
               9788581326818 (epub)

         1. Palavra de Deus (Teologia cristã). 2. Bíblia. I.
         Título.

                                              CDD: 238.51

Catalogação na publicação: Mariana C. de Melo Pedrosa – CRB07/6477

EU SOU:
A Falsificação da Revelação Verbal no Ensino do Antigo Testamento (vol. 4)
por Heber Carlos de Campos
Copyright © Heber Carlos de Campos 2019

∎

Copyright © Fiel 2019
Primeira edição em Português: 2019

Todos os direitos em língua
portuguesa reservados por Editora Fiel
da Missão Evangélica Literária

Proibida a reprodução deste livro por
quaisquer meios, sem a permissão escrita
dos editores, salvo em breves citações,
com indicação da fonte.

∎

Diretor: James Richard Denham III
Editor: Tiago J. Santos Filho
Revisão: Shirley Lima – Papiro Soluções Textuais
Diagramação: Rubner Durais
Capa: Rubner Durais
ISBN impresso: 978-85-8132-680-1
ISBN eBook: 978-85-8132-681-8

Caixa Postal 1601
CEP: 12230-971
São José dos Campos, SP
PABX: (12) 3919-9999
www.editorafiel.com.br

DEDICATÓRIA

Ao meu neto Benjamin, filho de meus filhos Cláudia e Rinaldo, na esperança de que ele, tanto em sua infância como na mocidade e no tempo de maturidade, nunca venha a se enredar pelos descaminhos teológicos, mas que ande sempre nos caminhos da retidão, que é o caminho da verdade de Deus. E esse meu desejo é para que haja manifestação da glória de Deus, para que haja alegria de seus pais e para o próprio bem dele.

AGRADECIMENTOS

Devo muito às pesquisas realizadas pelos acadêmicos a seguir nomeados, por seu esforço em me ajudar na elaboração de alguns capítulos deste livro, sem os quais este trabalho seria mais pobre.

Minha gratidão a todos vocês:

Antonio Alvin Dusi Filho
Cristiano Lima da Silva
Flávio José Gomes Pato
Francisco José Carvalho Nascimento
Giovanni G. R. Zardini
Jailson Jesus dos Santos
Josué Francisco dos Santos Filho
Thiago de Souza Dias
Thiago Jachetto de Campos

SUMÁRIO

Prefácio 11

Introdução 15

Capítulo 1: A importância e a honra do ofício profético: tentativa de retomada 17

Capítulo 2: Detectando os falsos profetas e a falsa profecia 27

Capítulo 3: O caráter moral dos falsos profetas 41

Capítulo 4: Características aparentemente positivas dos falsos profetas 57

Capítulo 5: Características negativas dos falsos profetas 77

Capítulo 6: O que fazer com os falsos profetas existentes na própria família 105

Capítulo 7: Os crentes são proibidos de dar ouvidos aos falsos profetas 131

Capítulo 8: A oposição dos falsos profetas aos verdadeiros profetas 179

Capítulo 9:   Posturas dos crentes diante dos falsos profetas 199

Capítulo 10: O juízo de Deus sobre os falsos profetas 215

Capítulo 11: O juízo de Deus inclui a morte dos falsos profetas 255

Capítulo 12: O juízo da igreja fiel sobre os falsos profetas 289

Capítulo 13: A possível aplicação de penas alternativas
              pela justiça comum aos falsos profetas 317

PREFÁCIO

Começo com uma pequena nota histórica e biográfica antes de apresentar este livro. Fui aluno do Dr. Heber Campos na década de 1980, quando trilhei meus primeiros passos no estudo formal da teologia. Ele já fazia seu mestrado, enquanto eu olhava para o mundo da teologia como algo absolutamente desconhecido. Estudei com ele praticamente todo o leque da Teologia Sistemática entre os anos de 1985 e 1988. Sonhei em tirar uma nota 100 com o rígido mestre, amante das Escrituras, durante todos aqueles anos. Porém, acho que não me esforcei o bastante. Em 1992, ele e sua família nos receberam em Saint Louis, nos Estados Unidos, onde ele estava completando seu doutorado no Concordia Seminary; eu, por minha vez, iniciaria meu mestrado no Covenant Seminary. Convivemos por cerca de três meses, até que eles voltaram ao Brasil e nós ficamos por lá. Alguns anos depois (1996), com os cursos já concluídos, voltei a São Paulo e, desde então, trabalhamos juntos, em lutas e batalhas pelo mesmo Evangelho, como irmãos em Cristo, como pai e filho. Já são 34 anos de relacionamento e crescimento diante de nosso Senhor. Olhando para todo o conjunto da obra desse meu professor, posso confirmar na experiência as palavras do apóstolo: no Senhor, seu trabalho não é vão!

Como lhe é característico, o Dr. Heber toma o assunto da revelação e da profecia com temor do Senhor e sem temor dos homens, apontando, nos treze capítulos deste livro, a origem do ofício profético, sua natureza, suas características e peculiaridades, para, só então, apontar suas falsificações, conforme sinalizadas na própria Escritura do Antigo Testamento. Nesse processo, o texto recorre a análises bíblicas para mostrar a realidade atual quanto ao falso profetismo e fazer as devidas e necessárias aplicações em nosso contexto contemporâneo.

Além de examinar amplamente os textos bíblicos contidos no cânon do Antigo Testamento, encontramos na obra uma maneira didática para que também nós possamos usar a Escritura e analisar o que vem acontecendo na igreja de nossos dias, cheias de falsos profetas e apóstolos. Em alguns capítulos, a obra procura reunir e associar os textos bíblicos que mostram com mais detalhes a figura do falso profeta, suas aparentes características positivas e, portanto, sua atratividade, assim como a realidade, os envolvimentos e as motivações perversas que invertem a Palavra de Deus e enganam os fracos.

Entre as sérias exortações que encontramos no livro, é apontado, com clareza, o problema de a igreja, os crentes em geral e seus ministros se acomodarem à falsa profecia e aos falsos profetas, seja dando-lhes ouvidos, seja dando-lhes acolhida em seu meio sem aplicar a necessária disciplina bíblica. As consequências são devastadoras, e o alerta a esse respeito se faz bastante oportuno. Nisso, o livro traz sua grande contribuição, lembrando-nos das palavras do Senhor: acautelai-vos dos falsos profetas.

Ao leitor, recomendo: leia com atenção, para que este livro lhe seja um chamado para se levantar como um verdadeiro profeta bíblico no meio de uma geração tomada pela falsa profecia.

Dr. Mauro Fernando Meister
Bacharel em teologia pelo Seminário Presbiteriano do Sul
(extensão Goiânia)
Mestre em Teologia Exegética pelo
Covenant Theological Seminary, EUA
Doutor em Literatura Semítica pela
Universidade de Stellenbosch, África do Sul
Ministro presbiteriano desde dezembro de 1989

Novembro de 2019

INTRODUÇÃO

Este livro, assim como o seguinte, pode ter grande importância na vida da igreja contemporânea, pois ambos contemplam aspectos que ainda afetam negativamente o povo de Deus, a despeito de ter alguns milênios de existência. Ao longo dos séculos, o povo de Deus sempre foi assaltado por falsos conceitos relacionados à revelação divina. Nunca faltou gente que tentasse distorcer ou falsificar o que vinha de Deus. Os falsos profetas, falsos apóstolos e falsos mestres sempre tentaram trazer a igreja aos seus próprios ensinos, e não aos de Deus.

É curioso observar que não há possibilidade de falsificação na teofania porque não é possível manipular uma forma física temporária que Deus assume.[1] A teofania foi sempre objetiva e vista por todos os recipientes da revelação e circunstantes. Entretanto, como a profecia tem um caráter bastante subjetivo,

---

1 Ver meu segundo livro desta série sobre *Os modos da revelação verbal*, também lançado pela Editora Fiel. Nele, o modo de revelação por teofania é exposto em detalhes.

torna-se possível manipular as experiências. Quando tratamos da subjetividade, não há como contestar. Como alguém pode contestar a experiência que alguém supostamente teve em seu interior? Por causa da subjetividade da profecia que acontecia com pessoas que sonhavam e tinham visões, não há como negar suas experiências. A melhor maneira de abordar essa matéria é estudar os resultados provenientes dos sonhos e das visões, para examinar se procedem realmente de Deus.

Este livro é uma tentativa de trabalhar com a falsificação da profecia revelacional, algo não muito comum em nossos dias, em face do advento de outras teologias que estão surgindo nesse cenário, voltadas ao engodo daqueles que chamam a si mesmos "povo de Deus".

Oro para que os assuntos repetidos deste livro venham contribuir para o despertar teológico dentro da Igreja de Deus. Muita coisa há para ser feita nessa área até que o Senhor volte "com poder e glória", com o objetivo de pôr um fim em toda falsificação da revelação verbal.

Neste primeiro livro sobre a falsificação da revelação verbal, contemplo principalmente o ensino do Antigo Testamento. O ensino dessa falsificação verbal especificamente no Novo Testamento virá logo a seguir, no próximo livro desta série.

CAPÍTULO 1
A IMPORTÂNCIA E A HONRA DO OFÍCIO PROFÉTICO: TENTATIVA DE RETOMADA

Este capítulo aborda três aspectos fundamentais para o conteúdo deste livro. Não há como fechar os olhos para o que está acontecendo no meio do povo de Deus de nossos dias. Quem fecha os olhos deve ser considerado culpado de grande pecado, pois o que está se passando nos arraiais cristãos é algo muito pernicioso e que, certamente, levará a uma grande apostasia dentro da igreja evangélica.

1. A IMPORTÂNCIA DO OFÍCIO PROFÉTICO

O ofício profético era tido em altíssima conta nos tempos do Antigo Testamento, porque os verdadeiros profetas eram os guias espirituais do povo de Deus. Afinal de contas, o profeta chegava com toda a autoridade divina diante do povo, pois recebia as palavras divinas, apresentando-se, diante de reis e da nação hebraica, como enviado de Deus. Era temido por suas palavras firmes, as quais trazia da parte de Deus. Ele era a voz divina para a nação nascida de Abraão.

EU SOU | A FALSIFICAÇÃO DA REVELAÇÃO VERBAL NO ENSINO DO ANTIGO TESTAMENTO

Toda orientação ética e moral do povo provinha da revelação divina por intermédio da palavra dos profetas, recebida através de sonhos e visões. Eles eram os porta-vozes da verdade de Deus. Ser um profeta de Deus era um ofício de extrema importância.

Todavia, houve muitos que, em razão dessa importância do ofício, fizeram-se a si mesmos profetas de Deus, mas nunca foram vocacionados nem comissionados por Deus para essa função nos tempos do Antigo Testamento.

Não é difícil entender que uma função verdadeira, que traz prestígio a quem está envolvido nela, sofra tentativa de imitação. Desde os primórdios da fé judaico-cristã, sempre houve tentativa de se imitar o que é feito por Deus — e, em relação ao ofício profético, não foi diferente. Muitos se levantaram arrogando-se na condição de profetas de Deus e, com isso, trouxeram grande prejuízo à nação. Esses desviaram muitos do caminho de Deus ao lhes transmitir coisas que vinham de seu próprio coração, e não do coração de Deus.

O falso profeta falava em nome do Senhor, mas sem que o Senhor o houvesse enviado. Ao contrário, o verdadeiro profeta de Deus era o responsável pelo anúncio das verdades éticas e morais ao povo, levando-o a obedecer às leis estabelecidas por Deus.

> Dize-lhes, pois: Assim diz o SENHOR: Se não me derdes ouvidos para andardes na minha lei, que pus diante de vós, para que ouvísseis as palavras dos meus servos, os profetas, que, começando de madrugada, vos envio, posto que até aqui não me ouvistes, então, farei que esta casa seja como Siló e farei desta cidade maldição para todas as nações da terra (Jr 26.4-6).

O profeta de Deus vociferava contra o pecado do povo e, ao mesmo tempo, era o responsável por sua instrução e consolação. Era a voz por meio da qual Deus se dirigia ao povo. Era o intermediário entre Deus e os homens, enquanto os sacerdotes eram os intermediários entre os homens e Deus. Por essa razão, muitos tentaram colocar-se no lugar de profetas. Era muito importante ser colocado como "boca de Deus". A nação tinha os olhos voltados para os profetas. E não há honra maior para um homem do que ser visto como a boca de Deus.

Por essa razão, o ofício profético era altamente desejado! O desejo das famílias de que um de seus filhos fosse profeta de Deus era muito mais forte do que o desejo das famílias cristãs terem filhos ministros da Palavra. Era altamente honroso ser um porta-voz direto das palavras de Deus!

2. A HONRA DO OFÍCIO PROFÉTICO

A função do ofício profético sempre foi muito importante no Antigo Testamento, porque o profeta era a voz de Deus no meio do povo. Por isso, hoje, na igreja contemporânea, tem havido tentativas de fazer reviver esse profetismo nos moldes do Antigo Testamento.

O profeta sempre foi visto como homem respeitado e honrado, pois era a representação de Deus na face da terra. Todavia, o único e maior de todos os profetas que não teve honra em sua própria terra foi Jesus Cristo — o que aponta para uma grande ironia.

Provavelmente, por causa da importância do ofício profético, desde os tempos do Antigo Testamento, levantaram-se, em Israel, pessoas que queriam ser vistas como importantes, contando com a honra que era dispensada a um verdadeiro profeta de Deus.

Não é diferente nos dias de nossa geração. Muitas pessoas (especialmente as mulheres) têm ambições de exercer a função profética, porque essa posição lhes dá muita honra e lhes concede privilégios.

A) A HONRA VEM DO FATO DE O PROFETA SER CONSIDERADO "HOMEM DE DEUS"

O profeta, afinal de contas, era considerado um homem de Deus e falava com toda a autoridade. Não há nada que mais atraia uma pessoa do que estar nessa posição honrosa, uma posição na qual todos têm ouvidos para ela. Não é difícil perceber, portanto, que, na história da igreja cristã (principalmente com a erupção do pentecostalismo no século passado), muitas pessoas têm procurado ocupar essa posição honrosa, exercendo o que, segundo acreditam, é uma função profética.

A honra do verdadeiro profeta residia no fato de ele ser chamado "homem de Deus" na Escritura. Observe quantas vezes aparece a expressão "homem de Deus" em relação aos verdadeiros profetas:

> Eis que, por ordem do Senhor, veio de Judá a Betel um homem de Deus; e Jeroboão estava junto ao altar, para queimar incenso. Clamou o profeta contra o altar, por ordem do Senhor, e disse: Altar, altar! Assim diz o Senhor: Eis que um filho nascerá à casa de Davi, cujo nome será Josias, o qual sacrificará sobre ti os sacerdotes dos altos que queimam sobre ti incenso, e ossos humanos se queimarão sobre ti. Deu, naquele mesmo dia, um sinal, dizendo: Este é o sinal de que o Senhor falou: Eis que o altar se fenderá, e se derramará a cinza que há sobre ele. Tendo o rei ouvido as palavras do homem de Deus, que clamara contra o

A IMPORTÂNCIA E A HONRA DO OFÍCIO PROFÉTICO: TENTATIVA DE RETOMADA

altar de Betel, Jeroboão estendeu a mão de sobre o altar, dizendo: Prendei-o! Mas a mão que estendera contra o homem de Deus secou, e não a podia recolher. O altar se fendeu, e a cinza se derramou do altar, segundo o sinal que o homem de Deus apontara por ordem do Senhor. Então, disse o rei ao homem de Deus: Implora o favor do Senhor, teu Deus, e ora por mim, para que eu possa recolher a mão. Então, o homem de Deus implorou o favor do Senhor, e a mão do rei se lhe recolheu e ficou como dantes. Disse o rei ao homem de Deus: Vem comigo a casa e fortalece-te; e eu te recompensarei. Porém, o homem de Deus disse ao rei: Ainda que me desses metade da tua casa, não iria contigo, nem comeria pão, nem beberia água neste lugar (1Rs 13.1-8). (Cf. os vv. 11, 12, 14, 21, 26, 29, 31; e 2Rs 23.17.)

No Antigo Testamento, todos os verdadeiros profetas de Deus podiam ser considerados "homens de Deus" porque Deus os havia chamado para o exercício do ofício profético. Em virtude dessa designação, os profetas de Deus contavam com elevada respeitabilidade. É provável que, neste mundo, não exista uma designação mais importante atribuída a um homem do que a de profeta.

Não é sem razão que, nos moldes do pentecostalismo moderno, tem-se aspirado pela volta do profetismo do Antigo Testamento, pois é uma grande honra ser chamado "homem de Deus". Quem não desejaria receber esse título em sua carreira ministerial?

Na linha do pentecostalismo moderno, tem havido uma espécie de retorno ao profetismo do Antigo Testamento, a ponto de funcionar quase como um reavivamento desse antigo ofício.[2]

---

2 Sobre a questão do ofício profético, leia meu artigo "Profecia ontem e hoje", em *Fé cristã e misticismo*. São Paulo: Cultura Cristã, 2000, pp. 69-130.

Por essa razão, a ênfase no profetismo pentecostal é explicada pela ânsia que esses profetas têm de ter as pessoas sob seu domínio, cheios de autoridade profética.

Afinal de contas, o profeta é um homem de Deus e fala em nome de Deus, e sua palavra é grandemente reconhecida (o que lhe dá muita autoridade diante dos crentes comuns). Nesse afã de reviver o profetismo do Antigo Testamento, muita falsa profecia tem aparecido no meio do povo chamado "evangélico".

B) A HONRA VEM DO FATO DE O PROFETA SER REVESTIDO DE AUTORIDADE

A voz de um profeta era considerada a voz de Deus, o que explicava a autoridade de que se revestia. A posição dos profetas era altamente honrosa porque eles eram o instrumento que Deus usava para comunicar suas bênçãos e maldições. Eles tinham autoridade para abençoar e para amaldiçoar.

No Antigo Testamento, há uma série de profetas com autoridade sobre nações e reinos e, por causa dessa autoridade, eles pronunciavam julgamentos e maldições sobre nações, povos e indivíduos. No Antigo Testamento, o ofício profético concedia aos profetas autoridade similar apenas à dos apóstolos no Novo Testamento.

Assim, nos tempos modernos, muitos chamados "profetas" se arriscam a pronunciar bênçãos e maldições sobre pessoas e nações. Eles arrogam para si essa função extremamente honrosa dos tempos antigos. Todavia, eles não foram vocacionados por Deus, nem têm autoridade sobre nações, porque o ofício profético não existe mais. A sede por autoridade faz com que homens e mulheres arroguem para si a autoridade que os antigos homens de Deus possuíam. Eles querem restaurar o ofício profético para adquirir a autoridade que os verdadeiros profetas do Antigo Testamento possuíam. Afinal de contas, era muito honroso ser um profeta chamado e enviado por Deus às nações. Alguns homens não mais estão usando o termo "profetas", mas o termo "apóstolos", a fim de reivindicar autoridade, mas o ofício apostólico também não existe mais na igreja.

I) Por causa de sua autoridade, o profeta falava aos reis

Por causa de sua autoridade, os profetas de Deus tinham acesso aos palácios e enfrentavam os reis em pé de igualdade — e, em alguns casos, até mesmo com maior autoridade, especialmente em relação àqueles reis que apresentavam algum temor de Deus. Todo rei temente a Deus mudava sua agenda para receber um profeta, por reconhecer a autoridade do "homem de Deus".

Todavia, havia alguns reis que eram desobedientes a Deus, mas, a esses, o profeta também se dirigia cheio de autoridade. Elias, o profeta, aproximou-se intrepidamente do rei Acabe, num tempo de idolatria, e falou ousadamente em nome de Jeová:

> Vendo-o, disse-lhe: És tu, ó perturbador de Israel? Respondeu Elias: Eu não tenho perturbado a Israel, mas tu e a casa de teu pai, porque deixastes os mandamentos do Senhor e seguistes os baalins (1Rs 17.17-18).

A autoridade do verdadeiro profeta de Deus era tão grande que o ímpio rei Acabe ficava perturbado em sua presença. Na hierarquia teocrática, o profeta estava sobre o rei, e isso incomodava os reis ímpios.

Não é sem razão que os pretensos profetas modernos querem impor-se sobre as autoridades, mas eles não contam com o mesmo respaldo com que o "homem de Deus" do passado contava.

Calvino chegou a falar ao rei da França, ao lhe dedicar suas *Institutas*, mas nunca se dirigiu ao rei com a mesma autoridade profética do Antigo Testamento ou com a autoridade apostólica do Novo Testamento. Ele se portou como um súdito que queria ensinar a verdade à autoridade maior de seu país. Nenhum cristão possui, hoje, as credenciais do ofício profético ou do ofício apostólico. Todavia, um homem com dons proféticos pode dirigir-se a autoridades de um país para lhes transmitir a palavra norteadora de Deus. A função pode até ser a mesma, mas a autoridade concedida pelo ofício, não!

II) Por causa de sua autoridade, o profeta era reverenciado pelo povo

O profeta era aquele que ficava em pé, na frente, fazendo brilhar a palavra de Deus.[3] Sua posição era de destaque, e todos os que estavam presentes no culto templário ou, posteriormente, nas sinagogas tinham os olhos fixos naquilo que o profeta haveria de dizer. Àquela altura, o povo, que não possuía os textos da Escritura em suas mãos, nutria grande admiração pelos profetas, pois eles eram os porta-vozes de Deus, aqueles que lhe ensinavam os caminhos de Deus. Além disso, os verdadeiros profetas do Antigo Testamento eram habilitados a realizar milagres e outros prodígios que lhes conferiam ainda mais credibilidade junto ao povo.

Ainda hoje, não há nada que mais atraia uma pessoa do que estar nessa posição honrosa, de modo que todos tenham ouvidos para ela. Assim, elas exercem o que, em sua conta, é um ofício

---

3 Cf. 2 Pedro 1.19: "Temos, assim, tanto mais confirmada a palavra profética, e fazeis bem em atendê-la, *como a uma candeia que brilha em lugar tenebroso*, até que o dia clareie e a estrela da alma nasça em vosso coração (...)."

profético, mas, em verdade, isso não passa de mera manipulação psicológica desonesta. Essas pessoas querem contar com a reverência e a submissão absoluta do povo, colocando a si mesmas na posição de "ungidas de Deus", numa posição em que ninguém pode contrariá-las nem questionar o que dizem. Não é sem razão que muitas pessoas (homens e mulheres) tentam reviver o ofício profético do Antigo Testamento. O mesmo acontece hoje em relação aos que fazem a si mesmos apóstolos, a fim de desfrutar a reverência e a honra por parte de seus ouvintes e seguidores.

CAPÍTULO 2

DETECTANDO OS FALSOS PROFETAS E A FALSA PROFECIA

Neste pequeno capítulo, abordamos, de forma sucinta, a detecção tanto dos falsos profetas como da falsa profecia. O entendimento deste capítulo servirá de suporte ao leitor para os demais capítulos deste livro.

Portanto, os pontos aqui tratados são muito importantes para uma reação correta ao que está acontecendo nos arraiais teológicos cristãos. É importante que a igreja se preocupe em preparar pessoas para vigiar, com o objetivo de que elas possam entender o que está acontecendo em nosso meio evangélico.

A igreja contemporânea tem de estar preparada para detectar duas coisas: o falso profeta e a falsa profecia.

1. TESTES PARA A DETECÇÃO DO FALSO PROFETA

Há algumas ideias sobre como detectar um falso profeta. Essas ideias não são absolutas, mas auxiliam, sobremaneira, a evitar vários desvios em relação àqueles que ensinam coisas errôneas.

EU SOU | A FALSIFICAÇÃO DA REVELAÇÃO VERBAL NO ENSINO DO ANTIGO TESTAMENTO

Vivemos num mundo cheio de engano. Então, algumas providências têm de ser tomadas. Duas coisas se fazem necessárias:

A) PARA QUE VOCÊ POSSA DETECTAR UM FALSO PROFETA, PRECISA TER O DISCERNIMENTO DE ESPÍRITOS

Pessoalmente, não creio que o discernimento de espíritos seja um dom regular do Espírito de Deus para sua igreja. Precisamos apenas que Deus dê, pontualmente, a determinadas pessoas a capacidade de discernir alguém que é um falso profeta. O discernimento de espíritos só se torna necessário quando a falsa profecia e o falso ensino começam a invadir a igreja. As pessoas a quem Deus capacita para discernir o erro são os instrumentos de Deus para a saúde teológica da igreja.

Se esse raciocínio está correto, este é o tempo em que a igreja fiel deve pedir muito a Deus para que ele intervenha através de manifestações exatas de seu Espírito, a fim de suprir essa grande necessidade em nosso meio, levantando homens fiéis que prezem a guarda da "fé, que, uma vez por todas, foi entregue aos santos" (Jd 3).

O discernimento de espíritos, de que a Escritura fala, é a capacidade que algumas pessoas têm de distinguir entre o que é certo e o que é errado, entre o que é bom e o que é mal, no seio da igreja de Deus, antes mesmo de haver qualquer prova (ou evidência) do estrago da falsificação da verdade — e de isso se tornar patente a todos. Essa capacitação de algumas pessoas pode auxiliar a igreja em tempos tão difíceis de vacilação teológica quanto os nossos.

A igreja de Deus precisa contar com homens e mulheres capazes de detectar quem são os falsos profetas. Sem essa manifestação do Espírito Santo de levantar homens e mulheres com a capacidade de discernir espíritos, a igreja pode sentir-se fortemente tentada a seguir ensinos e pregações estranhos, com grande risco à sua existência.

B) PARA QUE VOCÊ POSSA DETECTAR UM FALSO PROFETA, PRECISA DISTINGUIR ENTRE VOCAÇÃO PROFÉTICA E DOTAÇÃO PROFÉTICA

Não temos mais profetas à moda do Antigo Testamento, aqueles que recebiam a revelação verbal através de sonhos ou visões. Esse é um ponto muito importante a ser entendido. Em razão da falta de compreensão desse ponto, muitas pessoas têm primado pelo retorno do profetismo do Antigo Testamento, como se os profetas de nosso tempo tivessem autoridade para dizer: "Veio a mim a palavra do SENHOR, dizendo". O ofício profético não mais existe. Ele foi absorvido pelo Senhor Jesus, assim como os ofícios do sacerdócio e da realeza. Se, contudo, não prestarmos atenção a esse ponto, daremos lugar aos "espertinhos", aquelas pessoas que querem o retorno da autoridade do ofício profético na igreja contemporânea, dispensando (ou menosprezando) a revelação verbal dos tempos bíblicos. Esses profetas preferirão as "palavras fresquinhas vindas do céu" às palavras antigas ditas e registradas pelos profetas do Antigo Testamento.

Ao mesmo tempo que não cremos que haja profetas à moda do Antigo Testamento, temos de crer que Deus deu à sua igreja homens que têm o dom da profecia. Possuir essa dotação, nos tempos do Novo Testamento, é diferente do que acontecia com os profetas do Antigo Testamento.

Veja algumas distinções que precisam ser reconhecidas pelos crentes da igreja contemporânea, sob pena de não eliminarmos os profetas impostores de nosso tempo.

I) Os falsos profetas do Antigo Testamento não eram vocacionados por Deus, da mesma forma que os de hoje não o são

O que conferia autoridade e credibilidade a um verdadeiro profeta do Antigo Testamento era o fato de ele ser diretamente vocacionado por Deus. A vocação é que lhe dava preeminência no meio do povo de Deus. A certa altura da vida desses homens, o Senhor os chamava para exercer o ofício profético, que era cheio de autoridade.

Os verdadeiros profetas eram chamados "homens de Deus", porque a vocação divina lhes dava a credencial necessária para que as pessoas os ouvissem. Eles eram tidos em alta conta, pois o povo sabia da fidelidade deles à palavra recebida em sonhos e visões. Entretanto, os falsos profetas mencionados no Antigo Testamento atribuíam a si mesmos o direito de atuar como profetas. Eles nunca receberam a vocação divina, que era direta e pessoal. Além disso, eles sempre tentavam impor-se como aqueles que possuíam a palavra de Deus, mas, em verdade, falavam somente aquilo que provinha de seu próprio coração!

Pode-se dizer o mesmo dos falsos profetas de nosso tempo. Eles também não possuem credencial divina que os autorize a fazer o que fazem. Eles não foram vocacionados por Deus, mas fizeram profetas a si mesmos, falando coisas que provêm do engano de seu próprio coração!

II) Os falsos profetas do Antigo Testamento não eram autorizados por Deus a dizer o que diziam, da mesma forma que os de hoje não o são

Os falsos profetas do Antigo Testamento faziam a si mesmos profetas, sem a autorização de Deus. Em vários lugares, Deus diz: "Eu não os enviei..." e "não lhes mandei dizer".

> Não mandei esses profetas; todavia, eles foram correndo; não lhes falei a eles; contudo, profetizaram (Jr 23.21).

Os falsos profetas do Antigo Testamento eram ousados a ponto de dizer que Deus lhes havia mandado falar algo quando, em verdade, não haviam recebido nada de Deus. Eles eram enganados pelos caprichos de seus próprios corações.

Da mesma forma que acontece com os falsos profetas do Antigo Testamento, também acontece com os falsos profetas de hoje. Todos eles se autoproclamam profetas de Deus e alegam a mesma autoridade dos verdadeiros profetas do Antigo Testamento. Todavia, ninguém pode ser profeta de Deus, nos moldes do Antigo Testamento, sem que seja vocacionado e enviado por Deus para pregar a uma nação.

Jeremias 23.21 ensina, de modo especial, que ninguém é digno de ser ouvido, exceto aquele que é autorizado por Deus. Os ouvidos dos cristãos devem estar voltados somente para os verdadeiros profetas, para aqueles que falam a verdade de Deus. Os demais profetas devem ser rejeitados, pois não possuem a credencial de sua vocação profética. Assim, observam-se ainda algumas características do falso profeta em Jeremias 23.21:

- Eles eram falsos porque não haviam sido vocacionados por Deus. Deus diz: "Não mandei esses profetas". Eles se portavam com desobediência, porque nunca foram enviados por Deus e nunca Deus lhes mandou dizer nada!
- Eles eram profetas falsos porque se apressavam a falar sobre o que não tinham ouvido. Eles não falavam a verdade de Deus. Por isso, os falsos profetas são frequentemente chamados "mentirosos".

- Eles eram profetas falsos porque profetizavam quando não tinham sido autorizados para realizar tal tarefa. Eles confiavam em suas próprias palavras, pois era apenas isso que eles tinham a dizer. Por essa razão, sempre foram rejeitados por Deus.

III) Os falsos profetas do Antigo Testamento não alertavam o povo dos maus caminhos, assim como os de hoje não trazem

Análise de Texto

"Mas, se tivessem estado no meu conselho, então, teriam feito ouvir as minhas palavras ao meu povo e o teriam feito voltar do seu mau caminho e da maldade das suas ações." (Jr 23.22)

a) Essa passagem ensina que somente as palavras do Senhor deveriam ser pregadas ao povo

Creio que os falsos profetas, em geral, têm mais gosto pelas "palavras fresquinhas que vêm do céu" do que pelas antigas palavras de Deus, registradas nas Escrituras. Eles não têm amor pela palavra inspirada, mas gostam de dar ouvidos a espíritos demoníacos que também os enganam. Eles são cativos de demônios, ainda que não tenham consciência dessa triste realidade. Eles pensam que estão com a verdade de Deus, mas não sabem distinguir entre verdade teológica e erro, pois estão espiritualmente cegos.

Se os falsos profetas estivessem "no meu conselho", diz Deus, pregariam somente as "minhas palavras", ou seja, as palavras que compõem a revelação verbal. Os falsos profetas não possuem nenhuma inclinação — nem sentem prazer nisso — a expor as Escrituras para trazer as palavras do Senhor ao povo, mas somente suas próprias palavras.

b) Essa passagem ensina que somente as palavras do Senhor retiram o povo de seu mau caminho

Os verdadeiros profetas de Deus, que eram vocacionados de Deus, tinham o dever de afastar o povo do pecado. Eles tinham como alvo colocar o povo do Antigo Testamento nos trilhos certos. Isso também acontecia com os profetas dotados por Deus no Novo Testamento. Eles chamavam o povo à regulagem, trazendo-o de volta de seus maus caminhos.

Entretanto, as palavras ditas pelos falsos profetas nunca são instrumentos para trazer o povo de volta a Deus. Elas não têm o poder de transformar vidas, de reconduzi-las ao caminho da verdade. Deus não se serve delas para edificar aqueles que as ouvem. Essas palavras somente causam perplexidade no povo e a inclinação para crer que a Escritura não é suficiente para que eles se voltem a Deus.

Via de regra, a falsa profecia tende a provocar o abandono da verdade verbalmente registrada nas Escrituras, por parte daqueles que a ouvem. Quando as pessoas dão ouvido aos falsos profetas, são fisgadas pela falsidade teológica, levando-as a um consequente comportamento imoral.

2. TESTES PARA A DETECÇÃO DA FALSA PROFECIA

> Se disseres no teu coração: Como conhecerei a palavra que o Senhor não falou? (Dt 18.21)

Não há objetivo maior para um profeta falso do que presumir que está falando as palavras do Senhor. Por que isso representa uma vantagem para ele? Porque, se ele disser que o Senhor é quem está falando, contará com os ouvidos atentos das pessoas. O fato de ouvirem o que "o Senhor" lhes tem a dizer as faz prestar atenção e crer no que o profeta diz. Essa é uma técnica maleficamente inteligente! O falso profeta nunca chegará a confessar ao povo que está dizendo suas próprias palavras, pois, se assim fizer, não contará com a atenção de ninguém.

No entanto, como, em geral, o povo é ignorante das palavras de Deus, toma as palavras do falso profeta e as considera a palavra de Deus. Se não houver pessoas com o dom do discernimento espiritual, facilmente o engano se espalhará entre aqueles que ouvem. É difícil detectar se a palavra provém de Deus ou simplesmente do coração enganado do profeta. Por isso, Deus põe esta pergunta retórica na boca dos ouvintes: "*Como conhecerei a palavra que o Senhor não falou?*". A única resposta para os ignorantes é o tempo. Se o que o profeta falou não se cumprir, então haverá a certeza de que o que ele disse não é a palavra falada pelo Senhor.

Portanto, é necessário que haja pessoas no meio do povo de Deus com discernimento para reconhecer, de imediato, a falácia da palavra de um falso profeta, antes de as evidências aparecerem.

A vantagem da teofania sobre a profecia é que ela não é facilmente simulada, ainda que alguém possa reivindicar ter visto algo. A teofania era uma manifestação externa, visível e palpável, e poderia ser historicamente verificável.[4] Entretanto, a profecia, por sua própria natureza, pode dar ocasião à simulação, visto que se passa na esfera de subjetividade dos profetas. A Escritura fala muito a respeito de falsos profetas que, não vendo nada, falam apenas de uma experiência subjetiva que pode ser completamente enganosa.

---

4 Se você quiser conhecer mais sobre teofania, leia meu livro *Eu Sou: os modos da revelação verbal*, publicado pela Editora Fiel em 2017.

Todos os que ouvem uma palavra dita profética têm de fazer a mesma pergunta formulada em Deuteronômio 18.21. É preciso conhecer a procedência da profecia. Se o Senhor não falou essa palavra, ela não deve ser aceita pelas pessoas. Portanto, antes de dar crédito à palavra de um profeta de nosso tempo, verifique de onde a palavra procede: se de Deus ou do engano do coração do falso profeta.

A pergunta feita em Deuteronômio 18.21 nos ensina a ver a má procedência da palavra profética. Para nos ajudar a responder a essa questão, Deus dá algumas sugestões para a detecção do falso profeta.

- "Como saberei a palavra que o Senhor não falou?"

A) UMA PROFECIA É FALSA QUANDO A PALAVRA DO PROFETA NÃO SE CUMPRE

Você sabe que a palavra não provém de Deus quando não se cumpre. Isso está explícito na seguinte passagem:

> "Sabe que, quando esse profeta falar em nome do Senhor, e a palavra dele se não cumprir, nem suceder, como profetizou, esta é palavra que o Senhor não disse; com soberba, a falou o tal profeta; não tenhas temor dele." (Dt 18.22)

O primeiro teste da falsa profecia é o mais simples: quando a palavra do profeta não se cumpre. Se a palavra vaticinada não se cumprir, a questão estará fechada sobre a origem da profecia trazida ao povo. Não há mais o que discutir. Ponto-final.

Entretanto, o argumento "quando a palavra não se cumprir" não é final nem definitivo para se detectarem uma profecia falsa e um falso profeta. A grande pergunta que exsurge é: "E quando a palavra de um falso profeta se cumprir?". Essa é uma questão que incomoda muitos evangélicos do tempo presente. Sem uma boa resposta, eles duvidam se os chamados falsos profetas são realmente falsos. O cumprimento da profecia é uma questão fundamental e definitiva para eles. No entanto, a Escritura nos ajuda a responder a essa pergunta. Veja o exemplo do dilema apresentado:

> Quando profeta ou sonhador se levantar no meio de ti e te anunciar um sinal ou prodígio, e suceder o tal sinal ou prodígio de que te houver falado, e disser: Vamos após outros deuses, que não conheceste, e sirvamo-los (...) (Dt 13.1-2).

Esse ponto é crucial. Todos nós sabemos que há falsos profetas que vaticinam sinais e prodígios. A importante pergunta que precisa ser feita é: "Se os prodígios acontecerem, então eu saberei que a profecia é verdadeira? Ou que aquele que profetizou é um verdadeiro profeta?". Certamente, o cumprimento de um vaticínio profético necessariamente não indica que um profeta seja verdadeiro ou que sua profecia seja verdadeira.

B) UMA PROFECIA É FALSA QUANDO CONDUZ SEUS OUVINTES À ADORAÇÃO DE FALSOS DEUSES

> Vamos após outros deuses, que não heceste, e sirvamo-los (...) (Dt 13.2).

Nessa linha de pensamento, observe o texto de Deuteronômio 18.20-22, e veja o que acontece ao profeta que age de forma presunçosa, não falando a Palavra de Deus. O ponto importante aqui é que o falso profeta não recebe a visão ou o sonho da parte de Deus, mas forja alguma coisa de sua própria imaginação, de sua subjetividade.

Saberemos se o profeta e a profecia são verdadeiros quando o profeta conduz o povo a Deus. Todavia, não é o que acontece com os falsos profetas. Frequentemente, eles profetizam e ganham para si mesmos discípulos, atuando como uma espécie de "gurus" para eles, fazendo com que percam o amor pela verdadeira Palavra de Deus. Então, em vez de o povo seguir a Deus, seguirá outras autoridades religiosas.

Portanto, se uma profecia cumprida conduz você a outros deuses (ou a gurus espirituais!), saiba, com convicção, que não é verdadeiramente uma profecia proveniente de Deus.

C) UMA PROFECIA É FALSA QUANDO O PROFETA ATRIBUI SUA "MENTIRA" A DEUS

Análise de Texto

Porém o profeta que presumir de falar alguma palavra em meu nome, que eu lhe não mandei falar, ou o que falar em nome de outros deuses, esse profeta será morto (Dt 18.20).

I) Uma profecia é falsa quando o profeta usa o nome de Deus para mostrar sua autoridade

> Porém o profeta que presumir de falar alguma palavra em meu nome (Dt 18.20a).

O falso profeta não fala a verdade quando usa o nome de Deus para transmitir o que simplesmente lhe sai do coração. Ele se promove diante do povo usando o nome daquele que tem toda a autoridade. Ele se serve do nome do Deus verdadeiro para ser aceito no meio da congregação. Ele não se apresenta como alguém com fraqueza, mas como aquele que tem por trás de si o que é poderoso. Ele usa o nome do Senhor para desviar as pessoas da verdade. Ele crê que aquilo que prega é a verdade de Deus, porque ele próprio está enganado. No entanto, diz o Senhor, o falso profeta "presume falar alguma palavra em meu nome".

Os falsos profetas de nosso tempo fazem exatamente a mesma coisa que os falsos profetas do Antigo Testamento faziam. Eles se servem da máxima "Veio a mim a palavra do Senhor". Quando essa fórmula é pronunciada, todo o povo ignorante presta atenção ao que o falso profeta diz. Aqui começa o desastre teológico no meio do povo de Deus!

II) Uma profecia é falsa quando o profeta não possui vocação profética

(...) que eu lhe não mandei falar (...) (Dt 18.20b).

Já mencionamos essa verdade anteriormente. Entretanto, esse ponto deve ficar bem firmado. Hoje em dia, Deus não mais vocaciona profetas. Ele apenas dota homens para expor a verdade já revelada e registrada. Entretanto, os falsos profetas agem com rebeldia em relação a Deus, com o fim de enganar os incautos. Eles usam o nome de Deus falando coisas que Deus não lhes mandou falar. Em outras palavras, eles atribuem a si mesmos a vocação por Deus, quando isso é uma mentira. Consequentemente, eles transformam a verdade de Deus em mentira, e a própria mentira deles em verdade.

III) Uma profecia é falsa quando o profeta fala em nome de outros deuses

(...) ou o que falar em nome de outros deuses (...) (Dt 18.20c).

Quando chegam ao seu estado avançado de engano, os falsos profetas, enganados pelos espíritos de demônios, têm a ousadia de afirmar que o Deus verdadeiro não é mais o Deus deles. Eles assumem abertamente a crença em outras divindades. Era isso que acontecia com os falsos profetas no tempo do Antigo Testamento.

A apostasia é um fenômeno progressivo, e não algo que acontece de uma só vez. Os falsos profetas começam ensinando o erro misturado com a verdade; algum tempo depois, a verdade já não está mais na pregação deles; por fim, eles acabam confessando divindades falsas.

CAPÍTULO 3
O CARÁTER MORAL DOS FALSOS PROFETAS[5]

É muito importante que a igreja contemporânea conheça o caráter moral dos falsos profetas, a fim de que tenha a capacidade de detectá-los no meio do povo de Deus. Deve haver uma preocupação santa com a detecção do falso profeta e da falsa profecia.

Os falsos profetas, juntamente com a classe sacerdotal, geralmente tinham uma vida moral obscena. Os tempos de Jeremias eram difíceis, campeando a imoralidade no meio da liderança espiritual de Israel. Jeremias vivia em desespero por causa dos falsos profetas (Jr 23.9); todos os habitantes da terra, por causa da liderança espiritual, choravam debaixo da maldição divina, porque não havia comida para o gado (Jr 23.10); tanto os que trabalhavam com a função profética como os que trabalhavam com os serviços

---
5 Aqui, recebi a preciosa ajuda do acadêmico Thiago Jachetto de Campos, que, cumprindo as exigências do curso Teologia da Revelação no CPAJ, no primeiro semestre de 2014, pesquisou e desenvolveu os pontos expostos.

cúlticos (sacerdotes) estavam em pecado moral: "pois estão contaminados, tanto o profeta como o sacerdote (...)" e, então, o profeta disse: "até na minha casa achei a sua maldade, diz o Senhor" (Jr 23.11); Jeremias conseguia divisar o castigo que estava para vir sobre eles (Jr 23.12); a tristeza maior de Jeremias é que os falsos profetas falavam da parte de Baal "e faziam errar o meu povo de Israel" (Jr 23.13). Percebam que a situação espiritual do povo de Israel era grandemente influenciada pela lamentável vida moral da liderança religiosa.

Há muitos textos que tratam do caráter moral do falso profeta, mas nós escolhemos somente um que ilustra aqueles que não têm amor verdadeiro pelo Senhor.

Análise de Texto

> Mas nos profetas de Jerusalém vejo coisa horrenda; cometem adultérios, andam com falsidade e fortalecem as mãos dos malfeitores, para que não se convertam cada um da sua maldade; todos eles se tornaram para mim como Sodoma, e os moradores de Jerusalém, como Gomorra. Portanto, assim diz o Senhor dos Exércitos acerca dos profetas: Eis que os alimentarei com absinto e lhes darei a beber água venenosa; porque dos profetas de Jerusalém se derramou a impiedade sobre toda a terra (Jr 23.14-15).

O profeta Jeremias tinha os olhos aguçados para enxergar a imundícia que permeava o cenário daqueles que chamavam a si mesmos "profetas de Deus". Entretanto, esse pequeno trecho da profecia de Jeremias começa com uma vigorosa afirmação da ciência que o Senhor tinha a respeito da atividade desses falsos profetas de Judá, comparando-os aos profetas de Samaria, o que agravava ainda mais o fato. Esse agravamento se deve ao fato de que a denúncia contra os profetas de Samaria consistia no erro de "extraviar" o povo, enquanto o erro denunciado contra os profetas de Judá consista no objetivo de impedir a conversão do povo.[6]

Veja, com alguns detalhes, os pecados da liderança espiritual do chamado "povo de Deus":

1. OS FALSOS PROFETAS PRATICAVAM COISAS HORRENDAS

> Mas nos profetas de Jerusalém vejo coisa horrenda (...) (Jr 23.14a).

O Senhor Deus tinha os olhos abertos para perceber tudo o que os falsos profetas faziam no tempo de Jeremias. Nada escapava aos olhos daquele que tem todas as coisas diante de si.

Ao tratar dos falsos profetas de Jerusalém, o Senhor, de início, faz importante e vigorosa afirmação: "*Vejo* o que eles fazem". O Senhor não fica sabendo nem escuta de outra fonte; ele vê com "os próprios olhos" o que esses falsos profetas estão fazendo e profetizando. A palavra hebraica utilizada aqui (רָאִיתִי) tem o sentido não apenas de ver, mas também de perceber, examinar, considerar, observar, fitar e divisar em detalhes. É um olhar que demanda reflexão e juízo de valor, ou seja, esse olhar compreende a situação como resultado de acurada investigação

---

6 SCHÖKEL, 1988, p. 545.

e reflexão. O Senhor vê e tem, por essa razão, total conhecimento de quem são e do que estão fazendo os falsos profetas. Não há escapatória para eles.

Como resultado dessa capacidade de visão do Senhor, ele encontra uma situação "horrenda". Essa expressão ocorre também em Jeremias 5.30, em um contexto de falsa profecia:

> Coisa espantosa e horrenda se anda fazendo na terra: os profetas profetizam falsamente, e os sacerdotes dominam de mãos dadas com eles; e é o que deseja o meu povo. Porém que fareis quando estas coisas chegarem ao seu fim? (Jr 5.30-31).

Com essa expressão, podemos perceber a reação do Senhor ao ver os falsos profetas: ele fica espantado, horrorizado e "se arrepia de horror", tamanhas são a perversão e a impiedade desses falsos profetas. Na realização dessas "coisas espantosas e horrendas", os falsos profetas eram acompanhados pelos "sacerdotes". Toda a classe religiosa estava unida na prática da imoralidade. E o Senhor não fica impassível diante dessa situação; pelo contrário, sempre reage com vingança.

Logo de início, podemos perceber que o Senhor tem total conhecimento sobre quem são e o que estão fazendo os falsos profetas de Jerusalém. Igualmente, observamos a reação do Senhor diante do que vê: horror! Embora a situação seja terrível, saber que o Senhor tem conhecimento, reagindo dessa forma, traz segurança e esperança ao profeta Jeremias e às pessoas fiéis em Jerusalém.

- Quais eram essas coisas horrendas que os falsos profetas faziam?

Na sequência, encontramos as acusações que o Senhor faz aos falsos profetas. As duas primeiras acusações são, literalmente, de que eles "cometem adultério e andam na mentira".[7]

2. OS FALSOS PROFETAS COMETIAM ADULTÉRIO

> Mas nos profetas de Jerusalém vejo coisa horrenda; cometem adultérios (Jr 23.14b).

A primeira acusação que o Senhor faz aos falsos profetas de Jerusalém é de cometerem adultério.[8] Adultério, aqui, certamente diz respeito a adultério espiritual e também a adultério físico, pois esses falsos profetas, por meio de suas profecias, estavam afastando o povo de Jerusalém do Senhor, seu Deus, levando-os para mais perto de outros (falsos) deuses, especialmente Baal. Além disso, também viviam de acordo com um estilo de vida imoral, resultado de seu falso ensinamento, promovendo-o junto ao povo.

O adultério fica claro quando expandimos nossa visão e percebemos que essa é a linguagem utilizada pelo Senhor através de seus profetas no Antigo Testamento para falar da relação entre ele e seu povo. Essa relação e essa situação são descritas no próprio livro do profeta Jeremias no que diz respeito a Israel e Judá:

> Se um homem repudiar sua mulher, e ela o deixar e tomar outro marido, porventura, aquele tornará a ela? Não se poluiria

---

[7] BRIGHT, John. *The Anchor Bible*: Jeremiah. Introduction, translation, and notes. New York: Doubleday & Company, Inc, 1965, p. 151. (Tradução livre.)

[8] HARRISSON, R. K. *Jeremias e Lamentações*: introdução e comentário. São Paulo: Vida Nova/Mundo Cristão, 1980, p. 96.

com isso de todo aquela terra? Ora, tu te prostituíste com muitos amantes; mas, ainda assim, torna para mim, diz o Senhor. Levanta os olhos aos altos desnudos e vê; onde não te prostituíste? Nos caminhos te assentavas à espera deles como o arábio no deserto; assim, poluíste a terra com as tuas devassidões e com a tua malícia. Pelo que foram retiradas as chuvas, e não houve chuva serôdia; mas tu tens a fronte de prostituta e não queres ter vergonha. Não é fato que agora mesmo tu me invocas, dizendo: Pai meu, tu és o amigo da minha mocidade? Conservarás para sempre a tua ira? Ou a reterás até ao fim? Sim, assim me falas, mas cometes maldade a mais não poder. Disse mais o Senhor nos dias do rei Josias: Viste o que fez a pérfida Israel? Foi a todo monte alto e debaixo de toda árvore frondosa e se deu ali a toda prostituição. E, depois de ela ter feito tudo isso, eu pensei que ela voltaria para mim, mas não voltou. A sua pérfida irmã Judá viu isto. Quando, por causa de tudo isto, por ter cometido adultério, eu despedi a pérfida Israel e lhe dei carta de divórcio, vi que a falsa Judá, sua irmã, não temeu; mas ela mesma se foi e se deu à prostituição. Sucedeu que, pelo ruidoso da sua prostituição, poluiu ela a terra; porque adulterou, adorando pedras e árvores. Apesar de tudo isso, não voltou de todo o coração para mim a sua falsa irmã Judá, mas fingidamente, diz o Senhor (Jr 3.1-10).

Essa situação de Jeremias é a mesma encontrada no livro do profeta Oseias, quando ele mesmo teve de enfrentar o adultério de sua esposa como metáfora das relações de infidelidade que aconteciam por parte do povo contra o Senhor. Encontramos isso nas seguintes palavras:

> Disse-me o Senhor: Vai outra vez, ama uma mulher, amada de seu amigo e adúltera, como o Senhor ama os filhos de Israel, embora eles olhem para outros deuses e amem bolos de passas (Os 3.1).

Sem dúvida alguma, os falsos profetas adulteravam espiritualmente, pois adoravam os falsos deuses por eles anunciados; além disso, suas falsas profecias levavam também os moradores de Jerusalém ao adultério.

Entretanto, aqui também se verifica o sentido físico de adultério, pois os profetas de Judá imitavam o comportamento adúltero dos profetas pagãos.[9] Mais adiante, o mesmo profeta é instrumento do Senhor para retomar o assunto, agora em uma referência à relação entre falsa profecia e adultério físico:

> Eis que vós confiais em palavras falsas, que para nada vos aproveitam. Que é isso? Furtais e matais, cometeis adultério e jurais falsamente, queimais incenso a Baal e andais após outros deuses que não conheceis, e depois vindes, e vos pondes diante de mim nesta casa que se chama pelo meu nome, e dizeis: Estamos salvos; sim, só para continuardes a praticar estas abominações! Será esta casa que se chama pelo meu nome um covil de salteadores aos vossos olhos? Eis que eu, eu mesmo, vi isto, diz o Senhor (Jr 7.8-11).

Aqui é clara a conexão entre "palavras falsas" e "adultério" físico, pois há nítida relação com o Decálogo, com a citação de práticas ali proibidas: não furtar (Êx 20.15), não matar (Êx 20.13) e não jurar

---

9 SKINNER, John. *Jeremias*: profecia e religião. São Paulo: ASTE, 1966, p. 180.

falsamente (Êx 20.16), e entre eles "não adulterarás" (Êx 20.14). Aqui, sem dúvida, a relação é com o adultério físico, que é uma expressão para nos conduzir ao entendimento de adultério espiritual.

Esse pecado físico/espiritual acontece porque há forte relação entre o falso ensino (falsa profecia) e a imoralidade;[10] ambos sempre caminham juntos. Onde há ensino correto — profecia verdadeira —, há moral correta; onde há falso ensino — falsa profecia —, há imoralidade. Certamente, isso ocorria em Jerusalém por meio do anúncio e da adoração a Baal, com os rituais pagãos que compreendiam imoralidades sexuais.[11] Tanto isso acontecia que os falsos profetas foram denunciados aos exilados em Babilônia:

> Daí surgirá nova espécie de maldição entre os exilados de Judá que estão na Babilônia: o Senhor te faça como a Zedequias e como a Acabe, os quais o rei da Babilônia assou no fogo; porquanto fizeram loucuras em Israel, cometeram adultérios com as mulheres de seus companheiros e anunciaram falsamente em meu nome palavras que não lhes mandei dizer; eu o sei e sou testemunha disso, diz o Senhor (Jr 29.22-23).

Quando os falsos profetas conseguem alguma projeção, são facilmente assediados e acoitados por mulheres que vivem infelizes no meio do povo e, consequentemente, passam a praticar adultério. A princípio, eles agem veladamente, sem o povo saber, mas, depois, quando conseguem prestígio e força, passam a praticar adultério descaradamente, sem se verem

---

10 BRIGHT, 1965, pp. 151-52.
11 HARRISON, R. K. *Jeremias e Lamentações*: introdução e comentário. São Paulo: Vida Nova, 1980, p. 96.

incomodados pelo povo. Afinal de contas, o profeta — na conta do povo — tem "direitos" que outros não possuem, por causa de sua importância na comunidade. E acabam sendo tolerantes em relação aos pecados de seus líderes espirituais. Na verdade, o adultério físico dos falsos profetas é indicativo de que praticam adultério espiritual, quando eles falam em nome de outros deuses e os cultuam. Não nos esqueçamos de que os pecados da carne (adultério) têm nascedouro nos pecados espirituais (falsa profecia e adoração de falsos deuses). Não é o carnal que vem primeiro, mas o espiritual.

Porém, a citação de Sodoma e Gomorra pode ter outro sentido.[12] Em Ezequiel, encontramos o seguinte significado entre os profetas:

> Tão certo como eu vivo, diz o SENHOR Deus, não fez Sodoma, tua irmã, ela e suas filhas, como tu fizeste, e também tuas filhas. Eis que esta foi a iniquidade de Sodoma, tua irmã: soberba, fartura de pão e próspera tranquilidade teve ela e suas filhas; mas nunca amparou o pobre e o necessitado. Foram arrogantes e fizeram abominações diante de mim; pelo que, em vendo isto, as removi dali (Ez 16.48-50).

Nesse texto, o motivo da destruição de Sodoma não foi a promiscuidade sexual, mas, sim, a injustiça social. Dessa forma, nas palavras de Jeremias, o Senhor pode estar acusando os falsos profetas de praticar e promover a injustiça social em Jerusalém. E isso seria possível, pois a falsa profecia anda de "mãos dadas" com

---

12 BRUEGGEMANN, Walter. *A Commentary on Jeremiah*: Exile & Homecoming. Grand Rapids, Michigan: Wm. B. Eerdmans & Grand Rapids/Cambridge, 1998, p. 210.

a injustiça social, tanto quanto a profecia verdadeira anda de "mãos dadas" com a justiça social. Isso porque toda profecia verdadeira que anuncia e exige adoração correta e exclusiva ao Senhor também anuncia e exige amor ao próximo, pois não podemos amar ao Senhor e, ao mesmo tempo, não amar aqueles que pertencem ao povo do Senhor (1Jo 4.20). Nesse contexto, o ensino correto promove a adoração correta ao Senhor e a justiça social entre o povo de Deus. Em contrapartida, o paganismo, fruto da falsa profecia, é individualista e não promove o interesse nas outras pessoas como a profecia verdadeira. Por isso, todo paganismo promovido por falsa profecia gera injustiça.

Dessa forma, podemos entender que a acusação de adultério feita pelo Senhor contra os falsos profetas tem três perspectivas: (1) é adultério espiritual, pois a falsa profecia afastava o povo de Jerusalém em relação a Deus, levando-o para perto dos falsos deuses, especialmente de Baal; (2) essa acusação também compreende adultério físico, pois a falsa profecia promove imoralidade. Dessa forma, os falsos profetas promoviam a imoralidade com seu falso ensino e também praticavam adultério, como fruto de seu ensino; (3) por fim, o adultério também é a injustiça social no meio do povo de Jerusalém, como consequência natural do falso ensino.

- Quais eram as coisas horrendas que os falsos profetas faziam?

3. OS FALSOS PROFETAS ANDAVAM EM FALSIDADE

> Mas nos profetas de Jerusalém vejo coisa horrenda; cometem adultérios, andam com falsidade (Jr 23.14c).

A segunda acusação feita pelo Senhor contra os falsos profetas diz respeito a "andar com falsidade".[13] Isso significa, em primeiro lugar, que eles *viviam* em falsidade. "Andar" deve ser entendido metaforicamente como modo de vida. Dessa forma, não apenas suas profecias eram falsas, como também suas próprias vidas eram falsas. A pergunta que surge aqui é: eles viviam falsamente porque acreditavam na mentira ou viviam falsamente propositalmente, ou seja, sabiam do engano, mas continuavam promovendo-o?

A expressão hebraica aqui utilizada (בַּשֶּׁקֶר), traduzida como *falsidade*, ocorre apenas mais cinco vezes em Jeremias: 3.10; 5.31; 13.25; 20.6 e 29.9. Destas, apenas 5.31, 20.6 e 29.9 dizem respeito aos falsos profetas, além, é claro, do texto em análise. Porém, infelizmente, nenhum desses textos fornece base para a afirmação de que os falsos profetas seriam honestos em suas falsidades ou se agiam mesmo de forma desonesta.

Assim, podemos e devemos afirmar que a falsidade vivida pelos falsos profetas eram suas próprias profecias,[14] que anunciavam conforto e mentiras quando, na verdade, o anúncio que deveriam fazer era o de guerra e invasão pelos babilônios, conforme profetizara Jeremias.

O caminho trilhado pelos falsos profetas é altamente escorregadio. Quando a verdade está ausente, tudo se torna instável. Eles conheciam a verdade de Deus, mas não queriam que o povo a conhecesse. Por essa razão, eles criavam suas próprias "verdades", ensinando-as ao povo. É provável que eles não vissem falsidade no que pregavam (porque eles próprios estavam enganados sobre o

---

13 HARRISSON, 1980, p. 96.
14 BRIGHT, 1965, p. 152.

que criam), mas Deus os via como profetas falsos. E o que conta é a opinião de Deus sobre eles, e não a opinião que tinham de si mesmos, razão pela qual Deus diz que eles "andavam em falsidade". Pessoalmente, não creio que os profetas fossem hipócritas; eles pregavam coisas falsas porque, por trás deles, havia o espírito de engano, que iludia os próprios profetas.

- Quais eram as coisas horrendas que os falsos profetas faziam?

4. OS FALSOS PROFETAS FORTALECIAM AS MÃOS DOS MALFEITORES

(...) e fortalecem as mãos dos malfeitores, para que não se convertam cada um da sua maldade (...) (Jr 23.14d).

Segundo Brueggmann, os falsos profetas "apoiam, endossam e legitimam políticas públicas que violentam a aliança"[15] entre o Senhor e seu povo. A injustiça social, como já afirmamos, é uma característica da falsa profecia. Isso porque a falsa profecia, ao mesmo tempo que afasta as pessoas do Deus verdadeiro, também as afasta das relações pessoais saudáveis e amorosas.

Em outras palavras, a expressão bíblica em itálico indica que os falsos profetas davam suporte a práticas pecaminosas no meio do povo. Provavelmente, com essa atitude de proteção dos malfeitores, os profetas poderiam esconder melhor ou justificar seus próprios pecados morais e religiosos. O profeta Ezequiel também aborda esse tipo de comportamento dos falsos profetas dando cobertura aos malfeitores:

---
15 BRUEGGMANN, 1998, p. 210.

> Visto que com falsidade entristecestes o coração do justo, não o havendo eu entristecido, e fortalecestes as mãos do perverso para que não se desviasse do seu mau caminho e vivesse (...) (Ez 13.22).

Via de regra, numa cidade cheia de corrupção, os malfeitores é que controlam a vida das pessoas. Se os malfeitores não são incomodados para se voltar de sua maldade, então, em troca, os falsos profetas contam com o suporte deles em seus próprios pecados. Em outras palavras, quando os falsos profetas fortalecem as mãos dos malfeitores, não os chamando ao arrependimento, ficam "protegidos", permanecendo impunes.

Entretanto, aqui há a denúncia daquilo que o Senhor não somente desaprova, como também aquilo em que interfere e transforma, como o próprio profeta Jeremias afirmou:

> Cantai ao SENHOR, louvai ao SENHOR; pois livrou a alma do necessitado das mãos dos malfeitores (Jr 20.13).

Esse versículo garante que o Senhor livrará seu povo das "mãos dos malfeitores" e, por isso, é digno de ser louvado.

- Quais eram as coisas horrendas que os falsos profetas faziam?

5. OS FALSOS PROFETAS FAZIAM TUDO PARA QUE AS PESSOAS NÃO SE ARREPENDESSEM

> (...) e fortalecem as mãos dos malfeitores, para que não se convertam cada um da sua maldade (Jr 23.14e).

O objetivo dos falsos profetas com a promoção da injustiça social, fortalecendo as mãos dos malfeitores, consistia em evitar o arrependimento dos moradores de Jerusalém. Esse objetivo deixa claro que eles eram movidos por Satanás, inimigo de Deus e de seu povo, pois o maior interessado no não arrependimento de uma pessoa ou de um povo é o próprio Satanás. Isso porque, caso alguém se arrependa, será perdoado e restaurado pelo Senhor. A falta de arrependimento também é promovida pela falta de exortação e pela imoralidade da liderança espiritual do povo, conforme assinala Bright.[16]

O objetivo da profecia verdadeira sempre é o arrependimento do pecador. Logicamente, o objetivo da falsa profecia e dos falsos profetas sempre é evitar que esse arrependimento aconteça. O mecanismo para evitar o arrependimento consistia em não anunciar a destruição e o sofrimento que acometeriam todo o povo. Dessa forma, ao anunciar apenas bênçãos e tempos de paz, não haveria arrependimento de pecadores. Jeremias, ao contrário, anunciava destruição, sofrimento e morte, conforme a Palavra do Senhor revelada a ele,[17] e essa mensagem, sim, conduz o pecador ao arrependimento.

- Quais eram as coisas horrendas que os falsos profetas faziam?

6. OS FALSOS PROFETAS PARECIAM PRATICAR HOMOSSEXUALIDADE

(...) todos eles se tornaram para mim como Sodoma, e os moradores de Jerusalém, como Gomorra (Jr 23.14f).

---

16 BRIGHT, 1965, p. 152.
17 SKINNER, 1966, p. 181.

O resultado do comportamento dos falsos profetas é sua condenação pelo Senhor como promíscuos e injustos, pois, como já vimos, a falsa profecia, a imoralidade (promiscuidade) e a injustiça social caminham sempre lado a lado. Esses falsos profetas, assim como Sodoma e Gomorra, são dignos de destruição,[18] pois "incentivavam abertamente o adultério e a falsidade, ultrapassando a maldade de Sodoma e Gomorra".[19]

John Gill afirma que essa referência a Sodoma e Gomorra diz respeito à punição que os profetas haveriam de receber, como aconteceu naquelas duas cidades.[20] Todavia, pessoalmente, creio que há mais coisas do que meramente uma punição. Assim como havia práticas imorais de adultério, é possível que, entre os sacerdotes e falsos profetas, também houvesse práticas imorais de homossexualidade, que eram próprias de Sodoma e Gomorra. Jeremias não precisava referir-se a Sodoma e Gomorra para falar em juízo divino, já que havia tantas outras ilustrações do juízo de Deus sobre o povo, e o próprio verso 15 aborda a punição.

Portanto, a referência a Sodoma pode ser indicativa de práticas homossexuais no meio da liderança religiosa da nação. Além disso, essas práticas também teriam atingido o povo. Quando uma nação tem líderes imorais, todos ali correm o risco de praticar o mesmo tipo de imoralidade.

- Quais eram as coisas horrendas que os falsos profetas faziam?

---

18 BRUEGGEMANN, 1998, p. 210.

19 HARRISON, 1980, p. 96.

20 Comentário on-line sobre a passagem em estudo. Disponível em http://www.biblestudytools.com/commentaries/gills-exposition-of-the-bible/jeremiah-23-14.html. Acesso em fevereiro de 2014.

7. OS FALSOS PROFETAS HAVERIAM DE ESPALHAR IMPIEDADE SOBRE A TERRA

> Portanto, assim diz o SENHOR dos Exércitos acerca dos profetas: Eis que os alimentarei com absinto e lhes darei a beber água venenosa; porque dos profetas de Jerusalém se derramou a impiedade sobre toda a terra (Jr 23.15).

O Senhor castigará os falsos profetas de Jerusalém, pois eles são responsáveis pela depravação moral de Judá.[21] Skinner afirma que o mau exemplo desses falsos profetas se constituía na principal fonte de corrupção moral entre o povo.[22]

Aqui, encontramos a estrita relação entre falsa profecia, imoralidade e influência maléfica. A liderança que promove falso ensino e vive de maneira contrária à vontade preceptiva de Deus certamente influenciará seus liderados negativamente, e isso será motivo de punição, pois toda liderança espiritual colocada sobre o povo de Deus deve conduzi-lo para perto do Senhor e promover justiça. Em resumo, a falência espiritual do povo é de inteira responsabilidade de sua liderança.

Concluímos com a descrição de Skinner a respeito das qualificações do verdadeiro profeta, segundo o entendimento de Jeremias. O verdadeiro profeta, contrariamente ao falso, (1) é alguém que esteve no conselho do Senhor (23.18 e 21), (2) ouviu a Palavra do Senhor (14.14; 23.18, 21, 28) e (3) é enviado pelo Senhor (23.21, 32 e 14.14).[23] Além disso, é fiel na transmissão da Palavra do Senhor.

---

21 HARRISSON, 1980, p. 96.
22 SKINNER, 1966, p. 180.
23 SKINNER, 1966, p. 182.

CAPÍTULO 4

CARACTERÍSTICAS APARENTEMENTE POSITIVAS DOS FALSOS PROFETAS[24]

Os falsos profetas, contudo, não devem ser vistos apenas como pessoas que têm qualidades negativas. Com frequência, eles se apresentam de modo a impressionar os que os ouvem. São suas virtudes que atraem para o engano aqueles que costumam ouvi-los. Portanto, não é recomendável vê-los apenas com características desprezíveis.

1. OS FALSOS PROFETAS COSTUMAM SER SINCEROS E CONVICTOS

Alguns falsos profetas certamente não são sinceros, mas muitos o são. Por "sinceros", quero dizer que eles acreditam no que pregam. Os falsos profetas sempre estavam convencidos de estar com a

---

[24] Os títulos e os primeiros parágrafos de cada ponto são encontrados, sem menção ao autor, no artigo hospedado no site http://www.religiouslyincorrect.com/Articles/FalseProphets1.shtml. Acesso em maio de 2014. Aqui nesta parte, também recebi a preciosa ajuda do acadêmico Thiago Jachetto de Campos, que, cumprindo as exigências do curso Teologia da Revelação no CPAJ, no primeiro semestre de 2014, pesquisou e desenvolveu os tópicos a seguir expostos.

verdade, ou pelo menos de que seu comportamento era totalmente aceitável a Deus. Se eles não são sinceros, são hipócritas, pois falam algo em que não acreditam; se eles não se mostrarem convictos, ninguém vai dar ouvidos à sua mensagem.

Em geral, a convicção que um profeta tem de sua pregação causa impacto naquele que ouve, não importa se são falsos ou verdadeiros profetas. Até mesmo alguns cristãos genuínos, sem discernimento, são capazes de, por algum tempo, crer no que os falsos profetas dizem.

Não se deve ter uma ideia errônea de um falso profeta. Não espere ver alguém com olhar de assassino em série ou com a aparência de um nazista criminoso de guerra sendo julgado por crimes contra a humanidade.

Na verdade, os falsos profetas do Antigo Testamento eram convencidos, pela ação de demônios, de que estavam com a verdade. Por essa razão, eles pregavam com muita convicção o engano em suas almas, mas criam que tudo o que pregavam era verdade de Deus. Porque eles são tão sinceros, mostram-se extremamente convincentes. Por essa razão, tornam-se muito perigosos.

O grande problema não é uma pessoa ciente de seu erro promover esse erro, pois, nesse caso, a fraqueza da crença será evidente. O problema é quando uma pessoa, mesmo errada, acredita piamente em suas posições, apresentando-as e defendendo-as, de modo a causar impressão naquele que a ouve.

Encontramos essa convicção nas palavras de Hananias, profeta de Gibeão, que afrontou o profeta Jeremias. Diante do anúncio de Jeremias, que apontava para a conquista de Nabucodonosor e para o cativeiro de Judá, Hananias, um falso profeta, disse que o cativeiro duraria pouco. O falso profeta falou o seguinte:

CARACTERÍSTICAS APARENTEMENTE POSITIVAS DOS FALSOS PROFETAS

> Assim fala o Senhor dos Exércitos, o Deus de Israel, dizendo: Quebrei o jugo do rei da Babilônia. Dentro de dois anos, eu tornarei a trazer a este lugar todos os utensílios da Casa do Senhor, que daqui tomou Nabucodonosor, rei da Babilônia, levando-os para a Babilônia. Também a Jeconias, filho de Jeoaquim, rei de Judá, e a todos os exilados de Judá, que entraram na Babilônia, eu tornarei a trazer a este lugar, diz o Senhor; porque quebrei o jugo do rei da Babilônia (Jr 28.2-4).

Deus dissera que o cativeiro duraria setenta anos, mas Hananias afirmou que, em dois anos, tudo voltaria a ser como antes. O próprio rei Jeoaquim seria trazido de volta, conforme a profecia de Hananias. Ele parecia estar muito convicto de falar a verdade. E, após ser confrontado por Jeremias a respeito de sua profecia de paz (Jr 28.5-9), Hananias torna a afirmar que o jugo de Nabucodonosor seria quebrado pelo Senhor:

> Então, o profeta Hananias tomou os canzis do pescoço de Jeremias, o profeta, e os quebrou; e falou na presença de todo o povo: Assim diz o Senhor: Deste modo, dentro de dois anos, quebrarei o jugo de Nabucodonosor, rei da Babilônia, de sobre o pescoço de todas as nações (Jr 28.10-11).

Entretanto, após, o Senhor torna a falar com Jeremias, que, por sua vez, se volta contra a profecia falsa de Hananias, reafirmando o que o Senhor dissera:

> Disse Jeremias, o profeta, ao profeta Hananias: Ouve agora, Hananias: O Senhor não te enviou, mas tu fizeste que este povo

confiasse em mentiras. Pelo que assim diz o Senhor: Eis que te lançarei de sobre a face da terra; morrerás este ano, porque pregaste rebeldia contra o Senhor. Morreu, pois, o profeta Hananias, no mesmo ano, no sétimo mês (Jr 28.15-17).

Hananias não fora enviado pelo Senhor, mas profetizara sinceramente sobre a derrota de Nabucodonosor e a paz futura —uma mensagem exatamente contrária àquela anunciada por Jeremias e que era da parte do Senhor. Por causa da sinceridade de Hananias e de sua convicção, o povo confiou em mentiras, como afirma o versículo 17. Mesmo sendo sincero e convicto, Hananias anunciou mentiras e, por isso, foi punido com a morte.

Os falsos profetas podem ser sinceros e convictos, mas isso não reduz o peso de seu juízo e o prejuízo causado por sua mensagem. Infelizmente, hoje, se uma pessoa é apenas sincera, sua mensagem é aceita, sem se levarem em conta o conteúdo e a veracidade da mensagem. Entretanto, a Escritura deixa claro que o Senhor não tolera inocência mentirosa, mas a pune, pois a procedência e o conteúdo é que interessam. A sinceridade e a convicção não isentam o falso profeta de sua culpa.

Dessa forma, o povo de Deus não deve analisar primordialmente a sinceridade e a convicção do mensageiro, mas, acima de tudo, a procedência e o conteúdo de sua mensagem, a fim de checar se é verdadeira e procede do Senhor ou se sua Palavra é mentirosa.

2. OS FALSOS PROFETAS SÃO INTELIGENTES

Os falsos profetas normalmente são pessoas muito inteligentes, capazes de discernir e apresentar um grande número de argumentos intelectuais. Eles usam esse talento para convencer os outros a segui-los. E não pense que seus seguidores são tolos. Não. Pessoas inteligentes atraem seguidores inteligentes. Com frequência, indivíduos inteligentes em nossa sociedade ocupam posições de sucesso e de influência no mundo. Suas agendas lotadas concedem pouco tempo para que eles examinem, por si mesmos, a legitimidade do que os falsos profetas estão dizendo. Isso constitui uma situação ideal para a aceitação de falsos ensinamentos do Profeta Falso.

Essa inteligência dos falsos profetas é percebida em Barjesus, mágico judeu e falso profeta que se opôs a Paulo e Barnabé em Salamina, como relata Lucas:

Análise de Texto
Enviados, pois, pelo Espírito Santo, desceram a Selêucia e dali navegaram para Chipre. Chegados a Salamina, anunciavam a palavra de Deus nas sinagogas judaicas; tinham também João como auxiliar. Havendo atravessado toda a ilha até Pafos, encontraram certo judeu, mágico, falso profeta, de nome Barjesus, o qual estava com o procônsul Sérgio Paulo, que era homem inteligente. Este, tendo chamado Barnabé e Saulo, diligenciava para ouvir a palavra de Deus. Mas opunha-se-lhes Elimas, o mágico (porque assim se interpreta o seu nome), procurando afastar da fé o procônsul. Todavia, Saulo, também chamado Paulo, cheio do Espírito Santo, fixando nele os olhos, disse: Ó filho do diabo, cheio de todo o engano e de toda a malícia, inimigo de toda a justiça, não cessarás de perverter os retos caminhos do Senhor? Pois, agora, eis aí está sobre ti a mão do Senhor, e ficarás cego, não vendo o sol por algum tempo. No mesmo instante, caiu sobre ele névoa e escuridade, e, andando à roda, procurava quem o guiasse pela mão. Então, o procônsul, vendo o que sucedera, creu, maravilhado com a doutrina do Senhor (At 13.4-12).

De acordo com esse relato, podemos apontar como os falsos profetas utilizam sua inteligência:

A) OS FALSOS PROFETAS SE RELACIONAM COM PESSOAS INTELIGENTES E AS INFLUENCIAM

> Havendo atravessado toda a ilha até Pafos, encontraram certo judeu, mágico, falso profeta, de nome Barjesus, o qual estava com o procônsul Sérgio Paulo, que era homem inteligente (At 13.6-7).

Quando Paulo, Barnabé e João Marcos chegaram à ilha de Pafos, encontraram um judeu mágico e falso profeta chamado Barjesus, também conhecido como Elimas. A informação que Lucas concede ao narrar esse trecho é muito interessante, pois ele destaca que esse falso profeta estava com o procônsul Sérgio Paulo.

Um "procônsul" era alguém responsável pela lei civil, semelhante a um juiz hoje e, certamente, uma pessoa muito bem-formada e inteligente, pois o próprio Lucas informa isso. É interessante a ironia no texto: um homem inteligente conviveu e certamente foi influenciado por um falso profeta. "Mas como isso pode acontecer?", perguntam alguns. Simples! O falso profeta Barjesus era sagaz em suas afirmações e em seu raciocínio. Ele estava conseguindo perverter a mente do procônsul. Foi, então, que Paulo interveio, com sérias acusações a Barjesus.

Entretanto, aqui está a mostra de que falsos profetas são pessoas inteligentes que conseguem relacionar-se com pessoas inteligentes, influenciando-as.

CARACTERÍSTICAS APARENTEMENTE POSITIVAS DOS FALSOS PROFETAS

B) OS FALSOS PROFETAS TENTAM AFASTAR AS PESSOAS DA VERDADEIRA MENSAGEM E DA VERDADEIRA FÉ

> Mas opunha-se-lhes Elimas, o mágico (porque assim se interpreta o seu nome), procurando afastar da fé o procônsul (At 13.8).

O procônsul Sérgio Paulo chamara Paulo e Barnabé para ouvi-los a respeito da Palavra de Deus, e fazia isso com diligência. A semente da fé verdadeira já estava plantada no coração do Procônsul. Ao perceber essa realidade, o falso profeta Barjesus tentou *afastar* o procônsul da fé porque ele não cria que a fé cristã fosse verdadeira. *Afastar* significa fazer oposição e, na obra lucana (Evangelho de Lucas e Atos dos Apóstolos), a palavra para "oposição" (ἀνθίστατο) sempre faz referência à oposição à obra de Deus (cf. At 6.10). Entretanto, Jesus disse que ninguém conseguiria resistir à pregação de seus verdadeiros profetas:

> Assentai, pois, em vosso coração de não vos preocupardes com o que haveis de responder; porque eu vos darei boca e sabedoria a que não poderão resistir, nem contradizer todos quantos se vos opuserem (Lc 21.14-15).

Dessa forma, o falso profeta, de forma bastante inteligente, tentou opor-se à pregação de Paulo e Barnabé diante do procônsul Sérgio Paulo, afastando-o e impedindo-o de ouvir a mensagem. Assim, ele agiu porque sabia que a mensagem anunciada por Paulo e Barnabé convenceria o procônsul, o que, de fato, acabou acontecendo.

Ao menos temporariamente, muitos cristãos reais, mas

incautos, têm caído diante da mensagem de falsos profetas. Eles têm abandonado a doutrina de Deus, para a tristeza de todos os que os amam. Por essa razão, os verdadeiros profetas de Deus devem confrontar e fazer oposição forte aos que querem enganar aqueles que são cristãos reais, pessoas tementes a Deus.

C) OS FALSOS PROFETAS SÃO INTELIGENTES, MAS SÃO FILHOS DO DIABO, CHEIOS DE ENGANO E MALÍCIA, ALÉM DE INIMIGOS DA JUSTIÇA

> Todavia, Saulo, também chamado Paulo, cheio do Espírito Santo, fixando nele os olhos, disse: Ó filho do diabo, cheio de todo o engano e de toda a malícia, inimigo de toda a justiça, não cessarás de perverter os retos caminhos do Senhor? (At 13.9-10)

Os falsos profetas sempre são instrumentos do Maligno para realizar o "ministério" deles. No entanto, o que pesa muito contra eles é a opinião que Deus tem a seu respeito. Veja a revelação clara de Deus sobre os falsos profetas: Diante do esforço de Elimas, o mágico e falso profeta, Paulo, impulsionado pelo Espírito Santo, desmascarou quem de fato era Barjesus: "filho do diabo, cheio de engano e malícia e inimigo da justiça".

Com a expressão *filho do diabo*, Paulo afirma que esse falso profeta está sob influência e a serviço do diabo e, assim como este, é enganador e mentiroso, tendo como objetivo oprimir as pessoas, como afirmou o apóstolo Pedro (At 10.38). Além disso, analisando a obra de Lucas, o diabo é o tentador (Lc 4.1-13) e aquele que arrebata a palavra de Deus do coração dos homens (Lc 8.12), exatamente a mesma atitude do falso profeta Elimas ao se opor ao ensino de Paulo e Barnabé ao procôncul.

Com a expressão *cheio de engano e malícia*, Paulo expõe qual, de fato, é o objetivo desse falso profeta: enganar as pessoas— o *engano* significa traição, astúcia e trapaça, e tem a conotação de atrair, que é a sedução.

Malícia, por sua vez, significa charlatanice, malandragem e fraude, com conotação de comportamento desonesto, leviano e inescrupuloso. Dessa forma, com esses dois substantivos, Paulo afirma a falsidade de Elimas.

Com a expressão "inimigo de toda *a justiça*", Paulo conclui, de forma drástica, sua declaração sobre Elimas. *Justiça*, na obra de Lucas, sempre denota um comportamento segundo a vontade preceptiva de Deus, um comportamento de retidão, conforme atestam os seguintes textos: Lucas 1.75; Atos 10.35; 17.31 e 24.25. Por isso, ao afirmar que Elimas, o mágico, é inimigo de toda a justiça, Paulo afirma que ele é contra a vontade preceptiva de Deus e contra aqueles que anunciam e vivem de acordo com essa vontade, razão pela qual se colocou contra Paulo e Barnabé.

Nesse contexto, o resultado não poderia ser outro. Por ser "filho do diabo, cheio de todo o engano e de toda a malícia", e "inimigo de toda a justiça", os esforços do falso profeta são o de "perverter os retos caminhos do Senhor" e, para isso, eles não descansam. Por "perverter" ($\delta\iota\alpha\sigma\tau\rho\acute{\epsilon}\varphi\omega\nu$), Paulo quer dizer "afastar do caminho/do comportamento correto", "desviar do caminho", "desencaminhar" e "opor-se aos propósitos e planos de Deus". Esse é sempre o grande objetivo dos falsos profetas. É por isso que uma das características da pregação dos falsos profetas é distorcer ou falsificar a revelação verbal de Deus.

Como Paulo e Barnabé, devemos confrontar os falsos profetas

com ousadia, coragem e com a Palavra de Deus, evitando, assim, que eles desviem as pessoas da verdade da Palavra de Deus. Essa atitude resultará em conversões e salvação, como aconteceu com o procônsul Sérgio Paulo.

Veja como é importante a noção de verdade para Paulo. Hoje, a verdade não é alguma coisa pela qual muitos lutam. De fato, são poucos os que têm coragem para enfrentar os falsos profetas, pugnando pela verdade de Deus!

3. OS FALSOS PROFETAS, EM GERAL, SÃO POPULARES

Tipicamente, os falsos profetas são estimados e agregadores. Eles são "muito sociais". Em geral, são "vivaldinos" para os caminhos da política e da interação social. Não lhes é incomum buscar o louvor que vem dos homens, e não a glória devida a Deus. Como resultado, eles empreendem um grande esforço em suas relações sociais. Veja a afirmação de Jesus:

> Ai de vós, quando todos vos louvarem! Porque assim procederam seus pais com os falsos profetas (Lc 6.26).

Nessa afirmação, o tema central é o louvor que os falsos profetas recebiam do povo. Jesus afirma que eles eram louvados pelo povo de Israel no passado, muito embora anunciassem falsas mensagens. Isso prova que os falsos profetas eram populares, e que essa popularidade, assim como hoje, resulta do anúncio de mensagens que as pessoas *querem* e *gostam* de ouvir, e não de mensagens que as pessoas *precisam* ouvir.

O verdadeiro profeta nunca será popular, pois fala coisas que desagradam às pessoas. Sempre foi assim, e ainda é assim em nossos

CARACTERÍSTICAS APARENTEMENTE POSITIVAS DOS FALSOS PROFETAS

dias, pois os pregadores que recorrem à autoajuda e anunciam mensagens que "massageiam o ego" são populares e conquistam o coração das multidões. Porém, os pregadores que são fiéis a Deus pregam a verdadeira mensagem do Evangelho de arrependimento e fé — e, nessa condição, não são populares e, em geral, pregam para grupos pequenos.

Tudo isso significa que a popularidade não deve ser critério para analisar verdadeiros profetas, mas, sim, os falsos profetas, os quais, de fato, são populares.

4. OS FALSOS PROFETAS SÃO, EM GERAL, ATRAENTES

Os falsos profetas são, por vezes, interessantes ou encantadores, não na mesma medida, mas sempre são atraentes. Em geral, eles têm características que, naturalmente, atraem as pessoas em seus círculos de influência. Eles têm carisma, humor, jovialidade, atitudes positivas, conversas pessoais agradáveis e coisas do gênero. Antes de pregar as coisas que enganam, os falsos profetas conquistam o coração das pessoas, o que favorece, sobremaneira, a abordagem teológica deles.

Os falsos profetas modernos são extremamente atraentes em virtude daquilo que oferecem: exatamente o que as pessoas querem ouvir. Como a maioria das pessoas é atraída por materialismo, saúde, posses e aparências externas, gente atraente e até mesmo bem rica, com uma boa aparência, os falsos profetas apresentam, de forma interessantíssima, tudo isso. Ademais, manter seus rebanhos dentro das paredes de estruturas incrivelmente luxuosas e atraentes não é algo que prejudique seus interesses.

Por essas razões, o povo de Deus deve manter-se atento e não aceitar mensagens de algumas pessoas por serem apenas encantadoras. Mais uma vez, a atenção deve estar no conteúdo da mensagem, e não no mensageiro.

5. OS FALSOS PROFETAS, EM GERAL, TÊM UMA BOA FORMAÇÃO

Os falsos profetas, em geral, têm o conhecimento necessário para convencer seus seguidores desavisados de que estão certos daquilo sobre o qual falam. Algumas vezes, eles vêm armados com educação secular; outras vezes, até têm formação teológica, muitos, inclusive, com grau de doutorado. Certamente, seus seguidores incautos pensam: "uma pessoa com esse tipo de formação religiosa avançada não pode estar incorreta ou enganada". No entanto, é necessário apenas lembrar que os fariseus, de longe os mais religiosamente educados nos dias de Jesus, também eram os mais enganados e enganadores. Na verdade, foi dos próprios fariseus altamente educados que surgiu o seguinte dito infame: "Se um cego guiar outro cego, ambos cairão na cova".

A intenção dos falsos profetas baseia-se em seu conhecimento. Através de grandes sinais e prodígios, resultantes de seu elevado conhecimento, os falsos profetas tentarão enganar até mesmo aqueles que foram eleitos por Deus para a salvação. Isso nos alerta para o fato de que eles não são incautos e tolos, mas inteligentes e sagazes na empreitada de desviar o povo de Deus.

Mais uma vez, devemos atentar para o conteúdo da mensagem em detrimento da importância do mensageiro, pois o conhecimento não deve agir como um alienador, de modo a enfraquecer a razão daqueles que ouvem a mensagem.

6. OS FALSOS PROFETAS SÃO TRANQUILIZADORES

Os falsos profetas não querem que seus rebanhos busquem ou "percam" muito tempo investigando a verdade. Para mantê-los longe da

CARACTERÍSTICAS APARENTEMENTE POSITIVAS
DOS FALSOS PROFETAS

verdade, os falsos profetas tranquilizam seus seguidores, dizendo-lhes para não se preocupar, pois está tudo bem. Com frequência, a mensagem é a seguinte: "Ouçam-me, confiem em meus sermões e em minha mensagem, e vocês terão tudo aquilo de que precisam". Seus discursos, em geral, revestem-se de mensagens tranquilizadoras e, muitas vezes, são desprovidos do mínimo conteúdo de verdade e desafio espiritual. Há muito tempo, eles perceberam que a manutenção de uma mensagem atraente, pouco exigente e reconfortante é fundamental para sustentar seus seguidores.

Para os falsos profetas, é fundamental manter seus seguidores em paz e tranquilos, o que os leva a recorrer à mentira e ao engano. O profeta Jeremias, por duas vezes, denunciou esses que anunciavam paz em tempos de guerra apenas para continuar tranquilizando seus ouvintes:

> Curam superficialmente a ferida do meu povo, dizendo: Paz, paz; quando não há paz (Jr 6.14 e 8.11).

De acordo com essa denúncia de Jeremias, os falsos profetas anunciam paz em tempos de guerra, ou seja, anunciam mentiras por interesse próprio. Além disso, essas mensagens não "curam" o povo realmente, ou seja, não conduzem as pessoas ao verdadeiro arrependimento e à autêntica conversão; apenas "curam superficialmente". Isso significa que as mensagens dos falsos profetas produzem imagem de cura, mas, na verdade, não conduzem à verdadeira mudança no coração das pessoas. A superfície fica arrumada, mas, por baixo, o ferimento continua sangrando, crescendo e infeccionando.

O povo de Deus não deve procurar por mensagens e mensageiros tranquilizadores, mas por mensagens e mensageiros que realmente sejam da parte de Deus, sejam eles tranquilizadores ou aterradores, como foi a mensagem do apóstolo Pedro após a descida do Espírito Santos, em Atos 2.37.

7. OS FALSOS PROFETAS SÃO, EM GERAL, CONFIANTES

Poucas pessoas desejam seguir alguém que se mostre inseguro de si ou que tenha baixa autoestima, mesmo que pareça ser bem-informado e inteligente. Portanto, os falsos profetas, em geral, são indivíduos confiantes, às vezes até mesmo extremamente confiantes, na medida em que não supõem que algo mais poderia estar certo além daquilo que pregam e naquilo em que acreditam. Com frequência, os falsos profetas creem sinceramente em suas doutrinas e, por isso, são seguidos por outros que concordam com eles, de modo a reforçar ainda mais sua autoconfiança. Essa maior dose de autoconfiança, por sua vez, atrai ainda mais pessoas que vêm segui-lo, e esse ciclo vicioso continua se retroalimentando.

Amazias é um bom exemplo de alguém que era autoconfiante e, por isso, rejeitou a mensagem de Amós, profeta do Senhor, pois cria piamente que o conteúdo anunciado não viria a se realizar. Por isso, ele expulsa Amós de Israel:

> Então, Amazias disse a Amós: Vai-te, ó vidente, foge para a terra de Judá, e ali come o teu pão, e ali profetiza; mas em Betel, daqui por diante, já não profetizarás, porque é o santuário do rei e o templo do reino (Am 7.12-13).

Entretanto, Amós, verdadeiro profeta do Senhor, confronta Amazias com sua mensagem, não se rendendo à sua autoconfiança. É desta forma que o povo de Deus deve agir: não confiar na

CARACTERÍSTICAS APARENTEMENTE POSITIVAS DOS FALSOS PROFETAS

autoconfiança dos falsos profetas, mas apenas na Palavra de Deus.

8. OS FALSOS PROFETAS SÃO ALTAMENTE MOTIVADOS

Os falsos profetas contam com seguidores em grandes multidões de ouvintes adoradores, os quais dão grande atenção a cada orientação de seus pronunciamentos. O simples fato de tantas pessoas os admirarem provavelmente ajuda a alimentar sua motivação. Vários objetos podem motivar um falso profeta, incluindo dinheiro, poder e até mesmo favores sexuais. Às vezes, é apenas o desejo por popularidade, mas eles são simplesmente enganados ao pensarem que estão fazendo a vontade de Deus — e só esse engano já é sua motivação.

O apóstolo Paulo os enfrentou em sua Carta aos Filipenses. Os falsos profetas e mestres influenciaram negativamente os crentes de Filipos, propondo e exigindo circuncisão para a salvação, o que minimiza a obra de Cristo na cruz. Por isso, o apóstolo brada:

> Acautelai-vos dos cães! Acautelai-vos dos maus obreiros! Acautelai-vos da falsa circuncisão! (Fp 3.2).

Esses "cães" (falsos profetas e falsos mestres) tinham uma grande motivação para agir daquela forma: tirar as pessoas da verdadeira doutrina cristã e arrastá-las para a doutrina em que criam. Paulo desnuda claramente a motivação deles:

> O destino deles é a perdição, o deus deles é o ventre, e a glória deles está na sua infâmia, visto que só se preocupam com as

coisas terrenas (Fp 3.19).

A motivação dos falsos profetas é o próprio ventre, ou seja, seus próprios interesses, e não os interesses da igreja, muito menos os interesses de Deus. Por isso, eles se preocupam com as "coisas terrenas" — e aqui está a motivação deles.

Por isso, no texto de Filipenses, Paulo exorta seus leitores, usando, por três vezes, a mesma palavra de advertência: "Acautelai-vos".

O povo de Deus sempre deve buscar discernir a motivação do mensageiro: se são os interesses do próprio Deus ou se são os interesses pessoais do mensageiro.

9. OS FALSOS PROFETAS SÃO INOFENSIVOS NA APARÊNCIA

Os falsos profetas não têm uma aparência ameaçadora. De início, eles não agem perigosamente. Algumas vezes, eles parecem até mesmo inofensivos. Mas os falsos profetas são as "espécies" mais perigosas do mundo. Suas palavras enganam milhões, levando-os a um abismo de destruição eterna.

Os falsos profetas, intencionalmente ou não, costumam acreditar que suas mensagens ajudarão outras pessoas, mesmo quando sabem que essas mensagens são falsas. Afinal de contas — pensam alguns —, o que haveria de errado com uma mensagem que oferece a seus seguidores felicidade momentânea e relativa segurança? Em geral, eles não têm a intenção de prejudicar os outros, da mesma forma que a esposa de um agricultor que o alimentou de linguiça, bacon e ovos por 35 anos, até que ele morreu de ataque cardíaco, com as artérias entupidas de colesterol! Lembre-se: Cristo disse que os falsos profetas não se assemelhariam a lobos, mas a lobos disfarçados de cordeiro. Essa aparência inofensiva foi denunciada

CARACTERÍSTICAS APARENTEMENTE POSITIVAS DOS FALSOS PROFETAS

pelo Senhor no Sermão do Monte:

> Acautelai-vos dos falsos profetas, que se vos apresentam disfarçados em ovelhas, mas por dentro são lobos roubadores. Pelos seus frutos os conhecereis. Colhem-se, porventura, uvas dos espinheiros ou figos dos abrolhos? Assim, toda árvore boa produz bons frutos, porém a árvore má produz frutos maus. Não pode a árvore boa produzir frutos maus, nem a árvore má produzir frutos bons. Toda árvore que não produz bom fruto é cortada e lançada ao fogo. Assim, pois, pelos seus frutos os conhecereis. Nem todo o que me diz: Senhor, Senhor! entrará no reino dos céus, mas aquele que faz a vontade de meu Pai, que está nos céus. Muitos, naquele dia, hão de dizer-me: Senhor, Senhor! Porventura, não temos nós profetizado em teu nome, e em teu nome não expelimos demônios, e em teu nome não fizemos muitos milagres? Então, lhes direi explicitamente: nunca vos conheci. Apartai-vos de mim, os que praticais a iniquidade (Mt 7.15-23).

Observe quão séria é a questão do falso profeta. Jesus disse coisas terríveis a respeito deles. Em sua aparência externa, eles se mostram inofensivos, mas, internamente, são como lobos devoradores. Eles se servem de seus próprios poderes satânicos (que eles têm na conta de divinos!) para fazer coisas miraculosas em nome de Jesus, a fim de enganar os crentes. Mas, ao fazerem essas coisas miraculosas, eles praticam iniquidade.

De acordo com a passagem de Mateus, acima transcrita, o critério apresentado por Jesus para a identificação do falso profeta tem a ver com os frutos. Os falsos profetas podem enganar o povo de Deus por algum tempo, mas logo demonstrarão, por meio dos frutos (obras/atitudes/valores), sua verdadeira condição, de falsos profetas, e não de homens enviados para anunciar a Palavra de Deus. Dessa forma, o ensino não pode estar desassociado da vida (comportamento), pois isso é inaceitável na fé cristã. Todo falso profeta dará frutos que apresentarão claramente quem são, assim como o profeta verdadeiro apresentará frutos que condizem e atestam sua vida e sua mensagem.

10. OS FALSOS PROFETAS SÃO REALMENTE FALSOS

Por óbvio, o termo "falso" significa "errado". Os falsos profetas não possuem a verdade. Mas é raro que estejam totalmente errados. Seus ensinamentos representam uma versão distorcida da verdade. E, dependendo do grau das deformidades da verdade, isso implica um comportamento traiçoeiro, torto e ampliado para além do normal. Jesus disse: "por suas obras os conhecereis".

O comportamento do falso profeta pode envolver engano, mentira, ambição, egoísmo e imoralidade (tudo é feito em "nome de Deus"), ódio, preconceito, racismo, violência, assassinato, tortura, guerras, homicídios em massa, genocídio, imoralidade e terrorismo (tudo em "nome de Deus").

Muitas vezes, esse comportamento é transmitido aos outros como "a vontade de Deus", e tal comportamento deformado tem sido tristemente testemunhado nos tempos modernos e reiterado ao longo da história. Em verdade, esse tipo de comportamento é a razão de alguns rejeitarem todas as formas de religião e se voltarem para o ateísmo.

Isso foi denunciado pelo apóstolo Pedro em sua Segunda Epístola:

> Assim como, no meio do povo, surgiram falsos profetas, assim também haverá entre vós falsos mestres, os quais introduzirão,

CARACTERÍSTICAS APARENTEMENTE POSITIVAS
DOS FALSOS PROFETAS

dissimuladamente, heresias destruidoras, até ao ponto de renegarem o Soberano Senhor, que os resgatou, trazendo sobre si mesmos repentina destruição. E muitos seguirão as suas práticas libertinas, e, por causa deles, será infamado o caminho da verdade; também, movidos por avareza, farão comércio de vós, com palavras fictícias; para eles, o juízo lavrado há longo tempo não tarda, e a sua destruição não dorme (2Pe 2.1-3).

Pedro nos lembra que, no passado, havia falsos profetas no meio do povo de Israel; no presente, os falsos mestres (o mesmo que falsos profetas) se introduzem na igreja para espalhar, dissimuladamente, heresias destruidoras. Com essas heresias, eles negam o Senhor Jesus Cristo, que morreu por seu povo na cruz e, ao agir assim, trazem sobre si mesmos repentina destruição.

O problema, destaca Pedro, é que muitos os seguirão e viverão de forma libertina e, por causa disso, o caminho da verdade, a Palavra e a vontade de Deus serão infamados. Esses falsos profetas amam o dinheiro, e não as ovelhas, razão pela qual farão do rebanho comércio em benefício próprio através de palavras falsas. Eles conseguem praticar tais coisas porque se escondem atrás de aparências inofensivas. Porém, para eles, assim como para todo falso profeta, o juízo será aplicado e a destruição será grande.

CONCLUSÃO

Encerramos este capítulo apresentando como devemos vencer os falsos profetas de acordo com o ensino do apóstolo João em sua Primeira Epístola:

> Amados, não deis crédito a qualquer espírito; antes, provai os

espíritos se procedem de Deus, porque muitos falsos profetas têm saído pelo mundo fora. Nisto reconheceis o Espírito de Deus: todo espírito que confessa que Jesus Cristo veio em carne é de Deus; e todo espírito que não confessa a Jesus não procede de Deus; pelo contrário, este é o espírito do anticristo, a respeito do qual tendes ouvido que vem e, presentemente, já está no mundo. Filhinhos, vós sois de Deus e tendes vencido os falsos profetas, porque maior é aquele que está em vós do que aquele que está no mundo. Eles procedem do mundo; por essa razão, falam da parte do mundo, e o mundo os ouve. Nós somos de Deus; aquele que conhece a Deus nos ouve; aquele que não é da parte de Deus não nos ouve. Nisto reconhecemos o espírito da verdade e o espírito do erro (1Jo 4.1-6).

De acordo com João, o teste para saber se a mensagem é ou não de um falso profeta consiste em discernir o que ele anuncia a respeito de Jesus. Se a mensagem atesta a divindade e a humanidade de Jesus, como ensinam os Evangelhos, e se concentra em nosso Senhor, é, de fato, de Deus; caso contrário, é mensagem de falso profeta e deve ser ignorada.

CAPÍTULO 5
CARACTERÍSTICAS NEGATIVAS DOS FALSOS PROFETAS

Os falsos profetas, por óbvio, sempre são vistos como reunindo características extremamente negativas. A Escritura confirma essa verdade ao mostrar não apenas o caráter deles, mas também as coisas que fazem. Observe, a seguir, algumas dessas características negativas.

1. OS FALSOS PROFETAS SÃO FINANCEIRAMENTE GANANCIOSOS

Acautelai-vos dos falsos profetas, que se vos apresentam disfarçados em ovelhas, mas por dentro são lobos roubadores (Mt 7.15).

A Escritura aponta para a aparência *externa* dos falsos profetas (eles se apresentam com disfarce), que os leva a serem enganadores. Entretanto, quando Jesus olha para a *interioridade* deles (olhando-os "por dentro"), a opinião é muito perspicaz e denunciadora de seu caráter.

EU SOU | A FALSIFICAÇÃO DA REVELAÇÃO VERBAL NO ENSINO DO ANTIGO TESTAMENTO

Jesus Cristo adverte contra o caráter ganancioso dos falsos profetas. Os falsos profetas, na época de Jesus Cristo, haveriam de mostrar seu caráter leviano, algo que os profetas do Antigo Testamento já haviam feito. O caráter de um falso profeta é o mesmo em todas as épocas.

Nos tempos do Novo Testamento, eles se apresentavam disfarçados de seguidores de Jesus, mas eram lobos roubadores, invadindo o rebanho verdadeiro e tentando arrancar a verdade deles, a fim de ensinar sua própria "verdade" e explorar financeiramente a vida deles.

O espírito de Cristo, que estava por trás dos verdadeiros profetas do Antigo Testamento, apresenta alguns elementos muito tristes acerca do caráter dos falsos profetas do Antigo Testamento:

> Os seus cabeças dão as sentenças por suborno, os seus sacerdotes ensinam por interesse, e os seus profetas adivinham por dinheiro; e ainda se encostam ao SENHOR, dizendo: Não está o SENHOR no meio de nós? Nenhum mal nos sobrevirá (Mq 3.11).

Por trás de muitas ações dos falsos profetas, ainda hoje percebemos claramente a mão suja deles que surrupia muitos crentes sinceros e desejosos de agradar a Deus. Hoje, de maneira espantosa, esses crentes são vítimas da sanha gananciosa dos falsos profetas! Os falsos profetas revelam seu caráter leviano limpando os bolsos dos crentes e ainda dizem que a mão do Senhor não virá sobre eles. Eles não têm temor do que lhes possa acontecer e ensinam destemor aos crentes.

> As suas casas passarão a outrem, os campos e também as mulheres, porque estenderei a mão contra os habitantes desta terra, diz o SENHOR, porque desde o menor deles até ao maior, cada

um se dá à ganância, e tanto o profeta como o sacerdote usam de falsidade (Jr 6.12-13).

Nos tempos em que vivemos, observamos nitidamente o mesmo caráter naqueles que se autointitulam profetas de Deus, reivindicando a mesma autoridade que possuíam os profetas do Antigo Testamento e vivendo como se a mão do Senhor nunca viesse a pesar sobre eles.

APLICAÇÃO
Os falsos profetas de nossa época se preocupam imensamente com o dinheiro da igreja, não para que as despesas do culto sejam pagas, mas para que eles se satisfaçam em sua ganância! Hoje, o enriquecimento dos líderes espirituais é quase proverbial! São homens e mulheres que extorquem dinheiro dos incautos desejosos de sucesso. Na verdade, o sucesso é mostrado nesses falsos profetas que conseguem enganar aqueles que não pautam sua vida espiritual pela Escritura Sagrada.

Como eles pregam que nenhum mal lhes sucederá, continuam, descaradamente, na prática da imoralidade do dinheiro extorquido dos fiéis, através de falsas promessas que lhes são feitas. Se o povo fosse um povo da Escritura, saberia quem são os falsos profetas, mas eles estão enceguecidos pelas falsas promessas que lhes são feitas. Certamente, no tempo devido, o juízo de Deus virá sobre os falsos profetas e sobre aqueles que dão ouvidos a eles!

2. OS FALSOS PROFETAS FAZEM PROMESSAS FALSAS

As esperanças vãs trazidas pelos falsos profetas sempre se expressam em promessas feitas falsamente. Essas promessas tornam desapontadora a vida dos homens que dão ouvidos a eles, mas esses ouvintes ficam tão enfeitiçados pelos ensinos deles que não conseguem ver o que está por trás de seus ensinos. Praticamente, as mesmas palavras são repetidas logo à frente:

Análise de Texto
Curam superficialmente a ferida do meu povo, dizendo: Paz, paz; quando não há paz (Jr 8.11).

A) OS FALSOS PROFETAS PROMETEM CURA SUPERFICIAL

Curam superficialmente a ferida do meu povo (Jr 8.11a) (Cf. 6.14).

Os falsos profetas "curam superficialmente a ferida do povo" porque diziam às pessoas que não estavam debaixo de perigo algum, que nenhum mal lhes aconteceria, que a morte não as rondava. Como alguns médicos irresponsáveis fazem, os falsos profetas diziam que o povo não haveria de morrer, mas que seria sarado de seus males. Eles matavam o povo trazendo-lhe esperanças vãs, em vez de trazer cura real. Eles enganavam o povo.

Os falsos profetas curavam superficialmente as feridas do povo, mas, na realidade, não se tratava de cura. Essa promessa apenas faz adiar o período de inquietação. A cura é chamada *superficial* porque fecha a ferida sem tratá-la, causando ainda mais infecção moral e espiritual. Ao curarem superficialmente o povo, os falsos profetas o levam a uma septicemia espiritual, fazendo com que todo o povo tenha uma infecção espiritual generalizada.

CARACTERÍSTICAS NEGATIVAS DOS FALSOS PROFETAS

Os falsos profetas "curam superficialmente a ferida do povo" porque praticavam uma espécie de terapêutica sem que houvesse verdadeiro arrependimento por parte do povo. A religião pregada pelos falsos profetas incluía a ideia de que o povo ficaria bem, de que nenhum mal o acometeria e de que tudo se resolveria, a despeito do sofrimento enfrentado. Eles enganavam o povo, prometendo bons tempos, tempos de felicidade, tempos de prosperidade e, então, superficialmente, aliviavam as dores do povo. Essa é a cura superficial!

Os falsos profetas tratam levianamente o povo de Deus fazendo alguma coisa para aliviar suas dores, mas o alívio é apenas passageiro, pois é superficial. A superficialidade do socorro é porque eles prometem coisas que nunca vêm a acontecer. Muitas autoridades religiosas do Antigo Testamento, tanto o profeta como o sacerdote, "usaram de falsidade" (Jr 6.13). A falsidade das promessas dá alívio temporário, curando superficialmente a ferida do povo.

B) OS FALSOS PROFETAS PROMETEM PAZ FALSAMENTE

(...) dizendo: Paz, paz; quando não há paz (Jr 8.11b).

A promessa de paz é a mais comum entre os falsos profetas. O povo vivia constantemente em meio a guerras, e reclamava, pois a guerra trazia sérias consequências para a economia do país e para a vida das famílias, que acabavam perdendo seus filhos. Tirando proveito dessas dificuldades, os falsos profetas, com vistas a chamar a atenção do povo, faziam promessas que eles próprios não podiam cumprir. Eram promessas de paz para uma nação sobre a qual eles não tinham controle.

Essa espécie de promessa foi feita pelos falsos profetas no Antigo Testamento. Jeremias reclama várias vezes desse tipo de pregação:

> Curam superficialmente a ferida do meu povo, dizendo: Paz, paz; quando não há paz (Jr 6.14) (cf. 8.11).

Esse tipo de pregação era o que o povo realmente queria ouvir. O povo estava interessado em "boas-novas", não em "más novas". Isso acontecia porque o povo andava em pecado e não queria ouvir o que os verdadeiros profetas diziam. Eles prefeririam enganar a si mesmos com as "boas-novas" falsas, trazidas pelos profetas falsos. Esses falsos profetas não conseguiam curar profundamente os crentes, pois sempre anunciavam o que não era verdadeiro: a paz, algo impossível naquela época, por causa da manifestação da ira divina em virtude dos pecados de seu povo.

> Dizem continuamente aos que me desprezam: O Senhor disse: Paz tereis (Jr 23.17a).

A promessa de paz falsa era contínua. Nós temos essa promessa registrada algumas vezes, mas, segundo Jeremias, era uma promessa feita com bastante frequência no Antigo Testamento. Tanto Jeremias como Ezequiel falam dessa promessa falsa:

> Visto que andam enganando, sim, enganando o meu povo, dizendo: Paz, quando não há paz, e quando se edifica uma parede, e os profetas a caiam (...) (Ez 13.10).

Uma "boa-nova" falsa produz real engano. Nessa época, o povo vivia na iminência de ir para o cativeiro, oprimido e aflito. Não é de se estranhar que todos sonhassem com um tempo melhor. Sabedores disso, os falsos profetas se aproveitavam para trazer um falso consolo, a fim de dar esperanças falsas.

C) OS FALSOS PROFETAS PROMETEM FALSAMENTE QUE O CASTIGO ESTARÁ AUSENTE

> Dizem continuamente aos que me desprezam: O Senhor disse: Paz tereis; e a qualquer que anda segundo a dureza do seu coração dizem: Não virá mal sobre vós (Jr 23.17).

A fim de encorajar os desobedientes a Deus e os endurecidos de coração, os falsos profetas lhes prometiam que não somente teriam paz, como também que nenhum mal haveria de vir sobre eles, ou que ficariam livres de qualquer punição. Além disso, eles tinham a petulância de dizer que fora o Senhor Deus quem lhes dissera tais palavras.

> Os seus cabeças dão as sentenças por suborno, os seus sacerdotes ensinam por interesse, e os seus profetas adivinham por dinheiro; e ainda se encostam ao Senhor, dizendo: Não está o Senhor no meio de nós? Nenhum mal nos sobrevirá (Mq 3.11).

Com base na realidade de que o Senhor está no meio de seu povo (e isso é verdade), eles simplesmente afirmavam que a ira de Deus não estaria sobre eles. Eles profetizavam que não haveria vingança nem dura disciplina de Deus sobre o povo que andasse sob as orientações dos falsos profetas.

APLICAÇÃO

Os falsos profetas modernos prometem coisas que não são a expressão da realidade prometida por Deus. Os falsos profetas prometem riqueza, saúde, lares restaurados, paz e ausência de punição. Eles prometem coisas que o povo quer ouvir em tempos como os de hoje, tão cheios de conturbação.

As pessoas, em geral, sempre prestaram atenção a mensagens que lhes fazem sentir-se bem, seguras e felizes — em paz. Essa é uma terapêutica que, até hoje, se aplica nos círculos evangélicos, sem que os profetas chamem o povo ao verdadeiro arrependimento. Mas uma pregação que não conta com esse elemento traz apenas falsas esperanças.

3. OS FALSOS PROFETAS SÃO DESAVERGONHADOS

> Serão envergonhados, porque cometem abominação sem sentir por isso vergonha; nem sabem que coisa é envergonhar-se. Portanto, cairão com os que caem; quando eu os castigar, tropeçarão, diz o SENHOR (Jr 6.15).

A vergonha é uma sensação muito triste que deveria atingir alguém que está em pecado e tem seu pecado denunciado perante outras pessoas. Em geral, a vergonha vem quando esse pecado é trazido à tona. Essa vergonha está baseada na opinião que as outras pessoas têm dos infratores da lei, e não no fato de haverem feito o que é contrário ao Senhor. A vergonha vem pelo temor de homens, e não pelo temor do julgamento divino.

Todavia, nem esse tipo de vergonha os falsos profetas possuíam. Na verdade, o senso de vergonha não os atingia. A vergonha deles só seria vista depois da aplicação da pena divina, que tinha o propósito de causar vergonha neles, trazendo-lhes desgraça. Todavia, antes da ação punitiva divina, os falsos profetas não sabiam o que significava envergonhar-se.

Os falsos profetas não apresentam "o corar de vergonha" por suas culpas. Nos tempos de Esdras, os líderes espirituais do povo caíram em si e sentiram vergonha pelos pecados pessoais e pelos pecados do povo (Ed 9), mas isso não aconteceu com os falsos profetas nos tempos do profeta Jeremias. Nenhum deles tinha senso de vergonha. Eles não ruborizavam. Eles não sabiam o que isso significava. A consciência deles estava cauterizada pelas infidelidades, e eles não sentiam constrangimento em seu pecado de trazer falsa esperança ao povo.

Os falsos profetas não sabem o que vergonha significa quando praticam sua abominação. Eles vivem como se jamais nada de vergonhoso possa vir sobre eles. Todavia, o Senhor prometeu envergonhar os falsos profetas e prometeu trazer-lhes castigo. Quando o Senhor faz ameaça, ele tem poder para cumprir. Todos os homens que são desavergonhados haverão de sofrer o castigo que vem do Senhor. Que se cuidem aqueles que cometem abominação sem sentir vergonha alguma!

APLICAÇÃO

Os falsos profetas de nosso tempo são homens (e mulheres) que também não sabem o que significa sentir vergonha. Eles não estão preocupados com a opinião de irmãos contrários à sua teologia e à sua ética. O que lhes importa é que seus propósitos de lucro sejam cumpridos. Um dia, no tempo apropriado, a vergonha lhes será aplicada pelo Senhor, e não pela igreja genuinamente cristã. Um dia, o castigo divino os fará envergonhadamente humilhados perante o povo de Deus, e não perante outros homens. Os justos verão a vergonha deles no tempo de Deus. Por enquanto, eles fazem parte do cenário que está conduzindo muitos à apostasia da verdade. Hoje, eles são instrumentos divinos para a consecução de seus propósitos. Eles contam com a honra de muitos seguidores que estão interessados nas falsas promessas deles. Todavia, quando o devido tempo chegar, a vergonha virá sobre eles e, então, não haverá mais tempo de arrependimento, mas de juízo divino.

4. OS FALSOS PROFETAS SÃO CONSPIRADORES

> Conspiração dos seus profetas há no meio dela; como um leão que ruge, que arrebata a presa, assim eles devoram as almas; tesouros e coisas preciosas tomam, multiplicam as suas viúvas no meio dela (Ez 22.25) (cf. vv. 28-29).

Os falsos profetas sempre conspiram contra o Senhor e contra seu povo. Eles traem o Senhor ao roubar suas ovelhas, devorando-lhes as almas, arrebatando seus tesouros e seus bens mais preciosos. Além disso, os falsos profetas estão por trás da morte dos homens fiéis, porque o texto diz que eles *"multiplicam as suas viúvas no meio dela"*. Poucos crimes são tão vergonhosos quanto a conspiração, que é sinônimo de traição!

Observe que infidelidade dos falsos profetas traz uma reação em cadeia aos outros setores de liderança do povo: os sacerdotes e os príncipes.

CARACTERÍSTICAS NEGATIVAS DOS FALSOS PROFETAS

A) ENQUANTO OS FALSOS PROFETAS ERAM CONSPIRADORES, OS SACERDOTES TRANSGREDIAM A LEI DO SENHOR

Os seus sacerdotes transgridem a minha lei e profanam as minhas coisas santas; entre o santo e o profano, não fazem diferença, nem discernem o imundo do limpo e dos meus sábados escondem os olhos; e, assim, sou profanado no meio deles (Ez 22.26).

Quando um profeta, que deveria ser a voz de Deus, cessa de pregar a verdade, abre caminho para o pecado dos sacerdotes. Um ofício mal exercido traz grande influência sobre outros ofícios. Estes, então, começam a desprezar o próprio ofício, misturando pureza com imundície.

Quando os profetas falsos exercem seu ministério em Israel (e mesmo em Judá!), traziam corrupção para a classe sacerdotal, que era enorme. Assim, muitos de Israel seguiam seus líderes espirituais e transgrediam (a exemplo dos sacerdotes) as leis de Deus, profanando as coisas santas.

- Quando os falsos profetas expõem sua mensagem, os sacerdotes profanam as coisas do Senhor.
- Quando os falsos profetas expõem sua mensagem, os sacerdotes perdem a noção diferencial entre santo e profano.
- Quando os falsos profetas expõem sua mensagem, os sacerdotes não discernem o imundo do limpo.

- Quando os falsos profetas expõem sua mensagem, os sacerdotes fogem de suas obrigações legais.

Por essas traições dos sacerdotes, os falsos profetas também têm culpa. As falsas profecias de alguns líderes espirituais conduzem ao comportamento pecaminoso de outros.

B) ENQUANTO OS FALSOS PROFETAS ERAM CONSPIRADORES, OS PRÍNCIPES DO POVO TIRAVAM PROVEITO DE SEU PODER

> Os seus príncipes no meio dela são como lobos que arrebatam a presa para derramarem o sangue, para destruírem as almas e ganharem lucro desonesto (Ez 22.27).

Quando os pregadores no meio do povo Deus são traidores da mensagem verdadeira, abrem o caminho para que outras autoridades do povo se corrompam. Quando não há profetas verdadeiros de Deus (os representantes de Deus) para conduzir o povo ao caminho da justiça, há maldade por parte dos representantes dos homens diante de Deus (os sacerdotes) e maldade por parte dos governantes dos homens (os príncipes). Estes se tornam devoradores das ovelhas de Deus e "ganham lucro desonesto". Essa é uma prática bastante conhecida em uma nação na qual não há temor de Deus.

APLICAÇÃO

Em nosso país, há muitos falsos profetas que são traidores de Deus. Eles pregam outro "evangelho". Eles se apartam dos verdadeiros ensinos do Senhor. Eles enfatizam que não fazem parte da revelação divina, ao serem desleais ao Senhor. Eles são os que mais arrebanham seguidores, pois lhes fazem promessas falsas de prosperidade financeira, de cura de enfermidades do corpo e de aflições da alma. Quando os profetas são traidores, as outras autoridades "deitam e rolam" em suas injustiças, trazendo uma carga insuportável ao povo em geral e ao povo cristão, em particular.

5. OS FALSOS PROFETAS ESTAVAM ENVOLVIDOS COM A MENTIRA

Várias vezes, a Escritura afirma a atitude mentirosa dos falsos profetas. Veja apenas dois textos que apontam para esse triste procedimento no meio da igreja de Deus:

> Tenho ouvido o que dizem aqueles profetas, proclamando mentiras em meu nome, dizendo: Sonhei, sonhei (Jr 23.25).

O engano deve ser equiparado à mentira. Quando a verdade de Deus não é expressa, é a mentira que está sendo dita. É importante entender que nada do que os falsos profetas dizem passa despercebido por Deus. Por isso, ele diz: "Tenho ouvido o que dizem aqueles profetas". Deus está atento aos mentirosos e lhes trará a paga de seus pecados contra seu povo.

Análise de Texto

> Portanto, eis que eu sou contra esses profetas, diz o Senhor, que furtam as minhas palavras, cada um ao seu companheiro. Eis que eu sou contra esses profetas, diz o Senhor, que pregam a sua própria palavra e afirmam: Ele disse. Eis que eu sou contra os que profetizam sonhos mentirosos, diz o Senhor, e os contam, e com as suas mentiras e leviandades fazem errar o

meu povo; pois eu não os enviei, nem lhes dei ordem; e também proveito nenhum trouxeram a este povo, diz o Senhor (Jr 23.30-32).

Deus ama sua própria palavra porque ela é como fogo que queima ou como o martelo que esmiúça a rocha. A palavra de Deus que vem aos verdadeiros profetas é poderosa! O verdadeiro profeta não pode deixar de falar a palavra de Deus, a fim de que ela produza fruto até mesmo no coração mais empedernido. Ela é poderosa porque é acompanhada do poder do Espírito de Deus, que faz o pecador sentir o peso e a importância da verdadeira palavra profética que vem através de sonhos.

Há alguns pecados dos falsos profetas, mencionados no texto em estudo, que não devem ser esquecidos:

A) OS FALSOS PROFETAS FURTAM AS PALAVRAS DE DEUS DA MENTE DE SEUS VIZINHOS

(...) furtam as minhas palavras, cada um ao seu companheiro (Jr 23.30b).

Essa passagem indica que os falsos profetas, que falam de seus sonhos falsos, acabam arrancando de seus vizinhos aquilo que foi plantado pelos verdadeiros profetas. Eles fazem uma espécie de "lavagem cerebral", levando os crentes a pensar de modo diferente do que costumavam pensar quando ouviam os verdadeiros profetas. Eles costumam expor com inteligência seus argumentos, com o propósito de retirar o que existe de verdade de Deus dentro deles. Esse é um trabalho maligno, ainda que os falsos profetas não se considerem instrumentos do maligno, porque eles próprios estão enganados pelo que ouvem de seus próprios corações enganosos.

B) OS FALSOS PROFETAS USAM SUAS PALAVRAS DIZENDO QUE ELAS SÃO DE DEUS

(...) que pregam a sua própria palavra e afirmam: Ele disse (Jr 23.31).

Eles praticam uma leviandade muito grande com Deus, porque dizem ser de Deus as palavras que vêm de seus próprios corações enganosos. Já mencionei que os falsos profetas são sinceros quanto ao que creem, mas são insinceros com relação ao que Deus quer que o povo ouça.

Temos de admitir que, segundo os falsos profetas, o que eles falam é verdade para o coração deles, porque é isso que seu coração enganoso diz. Eles são enganados por si mesmos. A Escritura diz, pelo mesmo Jeremias, que "enganoso é o coração mais do que todas as coisas e desesperadamente corrupto. Quem o conhecerá?" (Jr 17.9).

Portanto, o próprio falso profeta é enganado por seu coração. Essa é uma espécie de autoengano que também conduz outros ao engano. Eles são culpados não somente de autoengano, mas também por enganar os outros.

C) OS FALSOS PROFETAS USAM SUAS PRÓPRIAS PALAVRAS, FAZENDO O POVO DE DEUS ERRAR EM SEUS CAMINHOS

Eis que eu sou contra os que profetizam sonhos mentirosos, diz o Senhor, e os contam, e com as suas mentiras e leviandades fazem errar o meu povo; pois eu não os enviei, nem lhes dei ordem; e também proveito nenhum trouxeram a este povo, diz o Senhor (Jr 23.32).

As palavras pregadas pelos falsos profetas, que procedem dos sonhos de seu próprio coração, são chamadas por Deus de "mentiras" e "leviandades", pois "não trazem proveito algum" ao povo. Por causa dessas qualificações terríveis dos falsos profetas, o texto diz que o Senhor é contra aqueles que profetizam sonhos mentirosos. O Senhor é contra os profetas que, ao dizerem suas próprias palavras, alegam que provêm de Deus. Por isso, Deus diz que eles *"furtam as minhas palavras, cada um ao seu companheiro"*. Eles tomam as palavras deles e dizem que são de Deus.

Não há dificuldade maior do que ter Deus como inimigo neste mundo. Nenhum inimigo pode ser mais poderoso do que Deus. E os falsos profetas haverão de tê-lo como inimigo porque Deus diz que é contra os profetas falsos, que falam suas próprias palavras e dizem que o sonho veio de Deus (Jr 23.21)! Aqueles que praticam esse tipo de profetismo vão prestar contas a Deus ainda neste presente tempo!

D) OS FALSOS PROFETAS RECEBEM OPOSIÇÃO DE DEUS

Em Jeremias 23.30-32, Deus mostra sua oposição aos falsos profetas dizendo: *"Eu sou contra eles"*. Deus tem sido bastante paciente com os falsos profetas. Deus os tem suportado por um longo tempo, mas virá a hora em que sua ira será derramada sobre eles. Deus colocará um fim na imundície de seu ensino e de sua pregação.

Deus lhes mostrará quanto ama a própria verdade. Os falsos profetas haverão de experimentar a ira de Deus por causa da falsidade de suas mensagens. Desse modo, todos nós veremos a justiça de Deus sendo manifestada.

6. OS FALSOS PROFETAS ESTÃO ENVOLVIDOS COM O ENGANO

Os falsos profetas não somente enganam; eles próprios são enganados. Eles podem ser enganados pelos espíritos malignos, como examinaremos ainda, mas há outros fatores importantes sobre o engano que não podemos ignorar. O engano pelo qual o falso profeta passa pode ter outras origens:

A) O FALSO PROFETA PODE SER ENGANADO PELO PRÓPRIO CORAÇÃO

> Até quando sucederá isso no coração dos profetas que proclamam mentiras, que proclamam só o engano do próprio coração? (Jr 23.26)

O falsificador da revelação verbal é uma pessoa que pratica o autoengano, porque, naquilo que ela engana, também é enganada. O falsificador da revelação é enganado por seu próprio coração. Aprendemos, na Escritura, que o homem é aquilo que seu coração é. Portanto, o comportamento do falso profeta ou do falso mestre é determinado pelos ditames de seu próprio coração. Por isso chamamos a esse fenômeno "autoengano".

A Escritura é pródiga em falar do engano do coração:

EU SOU | A FALSIFICAÇÃO DA REVELAÇÃO VERBAL NO ENSINO DO ANTIGO TESTAMENTO

I) Em todos os sentidos, o coração pode enganar:

> (...)enganoso é o coração do homem e desesperadamente corrupto; quem o conhecerá? (Jr 17.9)

Nada é mais corrupto no ser humano do que o engano que ele causa. O texto diz que o coração é "desesperadamente corrupto". Nada se assemelha ao coração na questão do engano. O coração humano pode exercer enorme poder sobre outras pessoas. Na verdade, o ser humano reflete aquilo que seu coração é, pois o homem é o que seu coração é. O homem não é diferente de seu coração. Todavia, o coração humano determina o que o homem faz, a quem adora etc. O coração humano é especialista em engano. Ele tem sensações, pensamentos e volições que se manifestam nos atos praticados. O coração humano é enganoso e desesperadamente corrupto. E, até que seja regenerado pelo Espírito Santo, produz somente o que é mau, razão pela qual precisa ser transformado por Deus. A vida do Espírito tem de estar presente nele, a fim de que ele possa começar a fazer coisas boas. O profeta fala algo maravilhoso sobre a promessa de Deus de nos dar um coração novo:

> Dar-vos-ei coração novo e porei dentro de vós espírito novo; tirarei de vós o coração de pedra e vos darei coração de carne. Porei dentro de vós o meu Espírito e farei que andeis nos meus estatutos, guardeis os meus juízos e os observeis (Ez 36.26-27).

Para que o coração não seja mais plenamente enganoso, é necessário que Deus nos dê um coração renovado, um coração sensível às coisas espirituais, um coração que nos faça principalmente andar segundo os preceitos de Deus.

II) Em todos os sentidos, o coração pode ser enganado:

> Guardai-vos não suceda que o vosso coração se engane, e vos desvieis, e sirvais a outros deuses, e vos prostreis perante eles (Dt 11.16).

O falso profeta, ao proclamar coisas enganosas ao povo, é ludibriado por seu próprio coração. Em geral, os falsos profetas são sinceros no que pregam. Em geral, eles não são hipócritas, pregando aquilo em que realmente creem. A realidade, no entanto, é que eles pensam que estão falando a verdade, mas estão sendo enganados pelas disposições ímpias de seu próprio coração, que eles próprios desconhecem. Assim, não somente os falsos profetas, como também os crentes sinceros, podem ser enganados por seu próprio coração. Por essa razão, o escritor sacro alerta para que "não suceda que o vosso coração se engane".

Nós, os crentes, se não cuidarmos, poderemos ser enganados tanto teológica como culticamente. Há muita gente boa nos arraiais evangélicos que tem sido levada por modismos cúlticos e pensamentos teológicos estranhos. Essas pessoas pertencem a Deus, mas não são imunes aos descaminhos religiosos do engano.

O resultado do engano pode conduzir a comportamentos cúlticos muito sérios: podemos cair no grande pecado da idolatria, passando a adorar os líderes espirituais mais do que ao próprio Deus. A igreja evangélica está cheia de gurus espirituais que são venerados pelos crentes. Eles têm sido desviados para um caminho de grande perigo, praticando o que desagrada a Deus.

O coração enganado faz coisas que jamais imaginaríamos vir a fazer. Jamais passaria pela cabeça de um cristão adorar a outro deus, mas, quando ele é enganado por seu próprio coração, pode sentir amor por outras coisas mais do que por Deus. Então, Moisés nos adverte para que não nos desviemos de modo a prestar culto a coisas que não devem ser idolatradas.

B) O FALSO PROFETA PODE SER ENGANADO PELO PRÓPRIO DEUS

> Se o profeta for enganado e falar alguma coisa, fui eu, o Senhor, que enganei esse profeta; estenderei a mão contra ele e o eliminarei do meio do meu povo de Israel (Ez 14.9).

A ação penetrante de Deus sobre o coração humano é tão grande que ele se serve de homens para enganar outros homens. Esses homens são instrumentos das mãos de Deus para a realização de seus propósitos. No que diz respeito ao engano, via de regra, Deus não age imediatamente (ou seja, sem o uso de meios). Em última instância, o engano que vem sobre o profeta é produto de uma determinação divina. Portanto, além de ser enganado pelo próprio coração, o falso profeta pode ser enganado por quem nunca imaginaríamos: o próprio Deus.

I) O engano provocado por Deus ao profeta é produto do juízo de Deus sobre o povo idólatra

Ser enganado por Satanás é muito ruim; ser enganado pelo próprio coração é pior ainda, porém o mais terrível é ser enganado pelo próprio Deus.

A mente de Deus é mais poderosa do que a dos homens, e

ele tem poder de convencimento e até mesmo de fazer alguém pensar de maneira diferente, usando o diabo ou outros homens. A palavra hebraica *pathah*, traduzida como "enganar", descreve uma pessoa que é facilmente enganada, que cai sob engano ou convencimento, para pensar de maneira diferente do que pensava antes.

Quando a Escritura diz que Deus "engana" o falso profeta, está dizendo que Deus seduz e persuade o falso profeta num sentido bem qualificado. O que Deus faz não é pecaminoso, porque ele não está debaixo daquilo que ele próprio proíbe aos homens. Deus se serve de sua capacidade de convencer para ter seus propósitos cumpridos.

Quando um profeta, desejosamente, rejeita a Palavra de Deus, Deus coloca uma nuvem de escuridão sobre ele e faz com que não consiga enxergar a verdade. Deus esconde a verdade dele, deixando-o entregue à mentira. Nesse sentido, ele é enganado pela ação divina. O juízo de Deus sobre os falsos profetas é expresso nos seguintes versos de Ezequiel:

> (...) porque não executaram os meus juízos, rejeitaram os meus estatutos, profanaram os meus sábados, e os seus olhos se iam após os ídolos de seus pais; pelo que também lhes dei estatutos que não eram bons e juízos pelos quais não haviam de viver; e permiti que eles se contaminassem com seus dons sacrificiais, como quando queimavam tudo o que abre a madre, para horrorizá-los, a fim de que soubessem que eu sou o Senhor (Ez 20.24-26).

Quando os falsos profetas recusam a verdade divina, Deus os

deixa entregues a si mesmos, sem discernimento espiritual. Essa é uma ira justa de Deus, que Paulo descreve magistralmente em Romanos 1.24, 26, 28.

Deus engana o profeta em um sentido específico, como uma punição em virtude de seus próprios pecados. Nesse sentido, Deus entrega os profetas a si mesmos como produto de sua justiça. Entretanto, há momentos em que Deus faz isso em virtude da sua soberania, não em virtude de sua justiça. As razões para esse soberano procedimento divino estão escondidas nele mesmo.

II) O engano provocado por Deus ao profeta produz castigo tanto para o profeta como para os que o consultam

> Ambos levarão sobre si a sua iniquidade; a iniquidade daquele que consulta será como a do profeta; para que a casa de Israel não se desvie mais de mim, nem mais se contamine com todas as suas transgressões. Então, diz o Senhor Deus: Eles serão o meu povo, e eu serei o seu Deus (Ez 14.10-11).

O texto diz que tanto o pregador como seus ouvintes receberão a manifestação da justiça divina: *"ambos levarão sobre si a sua iniquidade"* (Ez 14.10). Ambos, o falsificador da revelação verbal e aquele que o ouve, haverão de colher os frutos daquilo que plantaram: a rejeição da revelação divina. Eles receberão a demonstração do desagrado de Deus ou a manifestação da retribuição divina.

a) O castigo imposto ao falso profeta

O primeiro dos culpados é o que prega falsidade. O falso profeta sempre foi violentamente condenado por Deus, pois a falsificação da revelação verbal é coisa abominável ao Senhor. O falso profeta recebe castigo por não prestar atenção à palavra dos verdadeiros profetas de Deus, acolhendo, por outro lado, as palavras de engano de seu próprio coração. Deus não tem por inocente um falso profeta, ainda que este creia no que está ensinando, porque o falso profeta, via de regra, não é hipócrita. Deus não tolera aquele que se apresenta como profeta e fala coisas que não procedem da boca de Deus.

b) O castigo imposto aos que consultam o falso profeta
Quando falamos de juízo de Deus sobre os homens, logo pensamos apenas nos falsos profetas que são os emissores "de Deus" ao povo. No entanto, tanto aqueles que falam como os que ouvem a mensagem recebem o castigo de Deus. Uma consulta ao falso profeta é tão grave quanto a mensagem enganosa do profeta.

Lembro-me de que, há três décadas, na igreja em que viria a me tornar pastor, havia várias pessoas que apreciavam consultar profetas, para que eles falassem sobre sua vida futura. Deus castigou essas pessoas, pois algumas não mais estão na fé cristã. Elas abandonaram a verdade de Deus e não mais cultuam com o verdadeiro povo de Deus. Não estou dizendo que, com isso, essas pessoas sejam castigadas para sempre. Elas podem ser trazidas de volta à fé, mas não podemos negar o juízo de Deus sobre elas.

O povo de Deus pode receber castigo exatamente por dar ouvidos à falsa palavra de Deus que procede da boca do profeta. Portanto, aprenda a não dar ouvidos ao falso profeta, nem a fazer consulta a ele para saber do futuro de sua vida.

III) O engano provocado por Deus ao profeta é engano

que não pode ser revertido no meio do povo idólatra

Podemos corrigir os dois primeiros enganos (ou seja, o engano do falso profeta e daqueles que o ouvem), mas é *impossível* corrigir quando o engano vem de Deus, pois é engano de juízo! O falso profeta pode ser objeto do desagrado de Deus a ponto de o próprio Deus colocar esse profeta sob engano.

a) Há um exemplo característico desse procedimento de Deus no Antigo Testamento:

> Micaías prosseguiu: Ouve, pois, a palavra do SENHOR: Vi o SENHOR assentado no seu trono, e todo o exército do céu estava junto a ele, à sua direita e à sua esquerda. Perguntou o SENHOR: Quem enganará a Acabe, para que suba e caia em Ramote-Gileade? Um dizia desta maneira, e outro, de outra. Então, saiu um espírito, e se apresentou diante do SENHOR, e disse: Eu o enganarei. Perguntou-lhe o SENHOR: Com quê? Respondeu ele: Sairei e serei espírito mentiroso na boca de todos os seus profetas. Disse o SENHOR: Tu o enganarás e ainda prevalecerás; sai e faze-o assim. Eis que o SENHOR pôs o espírito mentiroso na boca de todos estes teus profetas e o SENHOR falou o que é mau contra ti (1Rs 22.19-23).

Esse é um dos textos mais estranhos da Escritura aos crentes. Não lhes é fácil entender essa passagem, pois eles pensam que, neste universo, Deus tem a ver *somente* com as coisas boas que acontecem, enquanto Satanás está por trás de todas as obras más. Entretanto, o texto é claro. Deus tem a ver com todos os afazeres dos homens e nada escapa ao seu controle absoluto. Deus se serve de todos os seus anjos, que são "ministros dele", seja para o bem, seja para o mal, a fim de executar seus juízos, que começam no engano dos que lhe são desobedientes.

No texto em estudo, seu "servo enganador" é um anjo mau que faz as coisas que lhe são próprias. Eles são auxiliares do pai da mentira e exercem sua função com maestria. Todavia, não se esqueça de que todos os anjos de Deus, bons ou maus, estão em sua presença e prontos a executar suas ordens, pois eles são funcionários do governo divino, estando a serviço de sua administração! Não se esqueça de que o próprio Satanás está a serviço de Deus!

Não há remédio para aquele que cai no desagrado de Deus! Acabe foi enganado por seres celestiais, a mando de Deus. Não há retorno nessa ação de juízo de Deus. Todos os que são enganados por esse terrível método divino não têm escapatória! Acabe foi vencido por causa de sua maldade.

b) Há um exemplo bem típico desse procedimento de Deus, patente nos escritos do Novo Testamento

> É por este motivo, pois, que Deus lhes manda a operação do erro, para darem crédito à mentira, a fim de serem julgados todos quantos não deram crédito à verdade; antes, pelo contrário, deleitaram-se com a injustiça (2Ts 2.11-12).

Nesses versos, há menção inequívoca a uma ação soberana de Deus. Por razões que lhe são suficientes, ele resolve deixar de lado muitas pessoas, entregando-as à "operação do erro". Essas pessoas vão seguir e adorar o Homem da Iniquidade, sendo enganadas por sua própria falta de luz. Nesse caso, Deus resolve não fazer nada em prol de sua recuperação, deixando de iluminar suas mentes. Antes, cada vez mais, essas pessoas trilharão o caminho do engano.

Por isso, elas sempre haverão de dar "crédito à mentira", fazendo com que eles, obedecendo à sua própria inclinação pecaminosa, "se deleitem na injustiça". Quando Deus decide não recuperar determinadas pessoas do erro, elas afundam ainda mais em seus pecados. Essa é uma manifestação da ação soberana de Deus, que decide não conceder sua graça regeneradora e iluminadora!

Nesse caso, também não há escapatória para os que são enganados por Deus. Eles jamais poderão ser objetos da graça divina se estiverem sob o resultado de sua preterição.

7. OS FALSOS PROFETAS FAZEM O POVO SE ESQUECER DO DEUS VERDADEIRO

> Os quais cuidam em fazer que o meu povo se esqueça do meu nome pelos seus sonhos que cada um conta ao seu companheiro, assim como seus pais se esqueceram do meu nome, por causa de Baal (Jr 23.27).

Nos tempos do Antigo Testamento, muitos israelitas tornaram-se adoradores de Baal porque foram enganados pela astúcia dos falsos profetas. Por uma questão de convicção pessoal em sua própria pregação, os falsos profetas tentam desviar o povo do caminho da verdade. Em consequência, o povo adquire a disposição de se esquecer do Nome de Deus. Os sonhos da mentira dos falsos profetas provocam o afastamento do povo em relação a Deus.

Essa mesma atitude de afastamento de Deus tornou-se recorrente no decorrer dos séculos. Esse pecado do abandono do Nome de Deus não é típico e exclusivo dos tempos do Antigo Testamento. Ainda hoje, é bastante comum os falsos profetas, com muito jeito, levarem crentes para cultos que nada têm de cristianismo genuíno. Eles se mostram tão cativantes que enganam os incautos do meio da igreja. Eles fazem isso de maneira astuta, driblando o pensamento dos crentes e conduzindo-os ao esquecimento do verdadeiro Deus, ao lhes apresentar os encantamentos que os sonhos do engano lhes trazem. O pior é que o falso profeta pensa que está certo no que diz. Ele não pode ser qualificado como um hipócrita, mas deve ser considerado sincero dentro do engano de seu próprio coração. Ele consegue enganar os crentes porque prega com convicção, em virtude de crer que seus sonhos são provenientes de Deus. Quem não prega com convicção não atrai ninguém. Contudo, os falsos profetas atraem muitas pessoas para ouvir seus sonhos, que são falsos, porque Deus diz que eles são falsos. São sonhos produzidos pelo engano do coração deles. Eles são culpados não somente porque creem sinceramente no erro, mas também porque conduzem outras pessoas a uma escuridão espiritual ainda maior, fazendo com que se esqueçam do Deus verdadeiro.

8. OS FALSOS PROFETAS COSTUMAM FALAR DE FORMA SOBERBA

> Sabe que quando esse profeta falar, em nome do Senhor, e a palavra dele se não cumprir nem suceder, como profetizou, esta é palavra que o Senhor não disse; com soberba a falou o tal profeta; não tenhas temor dele (Dt 18.22).

Os falsos profetas costumam imitar os verdadeiros profetas, para que possam ser ouvidos. O texto em estudo trata do grande profeta que falaria de modo semelhante a Moisés (uma referência a Jesus

Cristo, o grande profeta). Ser profeta "de modo semelhante a Moisés" era uma grande ambição nos tempos do Antigo Testamento, pois essa pessoa falaria em nome de Deus. Por isso, muitos tentavam ser parecidos com Moisés, talvez na forma de falar, mas não no conteúdo. Quando isso acontece, o privilégio de querer falar em nome de Deus pode trazer soberba, pois induz o indivíduo a acreditar que está investido de grande autoridade. Afinal de contas, um profeta deve ser ouvido, crido e obedecido. Por essa razão, até mesmo nos tempos do Antigo Testamento, várias pessoas tentaram exercer o ofício profético. Quando adquiriam certo prestígio, enchiam-se de soberba, falando de forma presunçosa. O que tornava o profeta presunçoso? Era o fato de ele pretensamente falar "em nome do Senhor" (v. 22).

Tanto no Antigo Testamento como no período moderno, quando o profetismo está sendo revivido, costumamos ver esses profetas agindo de forma soberba. Pretensamente, eles falam em nome de Deus, ainda que não tenham seus vaticínios cumpridos. Eles tomam a palavra e falam em nome de Deus, o que lhes permite expressar sua soberba. Todavia, eles procedem de modo disfarçado, para que muitas pessoas que prestam atenção ao que dizem não se deem conta do engano que vem de sua parte. Quando esses falsos profetas percebem a própria capacidade de influenciar as pessoas, enchem-se de soberba.

CAPÍTULO 6
O QUE FAZER COM OS FALSOS PROFETAS EXISTENTES NA PRÓPRIA FAMÍLIA

Todos nós sabemos que o governo do povo de Israel, no tempo de Moisés, era teocrático. Não é fácil transpor alguns mandamentos daquela época para nossa situação presente.

Em nosso país, por causa da influência do movimento de direitos humanos, até mesmo os homens mais ímpios não devem morrer. A pena de morte recebe fortíssima oposição de vários segmentos da sociedade. E a oposição seria maior se alguém morresse por questões religiosas ou teológicas, como é o caso em foco neste capítulo. E mais violenta ainda seria a oposição quando se considera matar os próprios parentes que se afastam da doutrina de Deus e também afastam outros dela.

Há um texto extremamente oportuno e de difícil assimilação em nossa cultura influenciada por várias filosofias que têm sido perniciosas, dando oportunidade às licenciosidades tanto moral como teológica que permeiam nosso tempo.

EU SOU | A FALSIFICAÇÃO DA REVELAÇÃO VERBAL NO ENSINO DO ANTIGO TESTAMENTO

Análise de Texto

Se teu irmão, filho de tua mãe, ou teu filho, ou tua filha, ou a mulher do teu amor, ou teu amigo que amas como à tua alma, te incitar em segredo, dizendo: vamos, e sirvamos a outros deuses, que não conheceste, nem tu nem teus pais, dentre os deuses dos povos que estão em redor de ti, perto ou longe de ti, desde uma até a outra extremidade da terra, não concordarás com ele, nem o ouvirás; não o olharás com piedade, não o pouparás, nem o esconderás, mas certamente o matarás. A tua mão será a primeira contra ele, para o matar, e depois a mão de todo o povo. Apedrejá-lo-ás até que morra, pois te procurou apartar do Senhor teu Deus, que te tirou da terra do Egito, da casa da servidão. E todo o Israel ouvirá e temerá, e não se tornará a praticar maldade como esta no meio de ti (Dt 13.6-11).

Perceba que o texto fala de alguns familiares muito próximos: (a) irmão (ou filho de tua mãe); (b) filho ou filha; (c) esposa; (d) amigo muito amado (vv. 6-7). Depois de ler cuidadosamente esse texto, algumas perguntas surgem aflitivamente:

O que fazer quando os falsos ensinos partem de dentro da própria família ou de dentro de nosso círculo íntimo de relacionamento?

O que fazer quando os de dentro da própria família nos induzem a cultuar deuses estranhos?

O que fazer com esses falsos profetas que são objetos de nosso amor?

Há algumas ordens divinas muito importantes que podem e devem, em alguma medida, ser seguidas, mesmo no tempo presente:

O QUE FAZER COM OS FALSOS PROFETAS EXISTENTES NA PRÓPRIA FAMÍLIA

1. NÃO CONCORDARÁS COM OS FALSOS PROFETAS

(...) não concordarás com eles (...) (Dt 13.8a).

Vemos, nesse texto, que as ameaças surgem não somente no meio de nosso povo, mas também dentro de nossa própria casa, por meio de pessoas próximas, com as quais mantemos um relacionamento mais estreito, pessoas que têm grande influência sobre nós (vv. 6-7).

Independentemente das consequências de uma convivência familiar, as Escrituras afirmam que não devemos concordar com aqueles que ensinam erroneamente. Aqui, o princípio é o mesmo exposto pelo apóstolo Paulo: "Ainda que desça um anjo do céu e nos pregue um evangelho que vá além das Escrituras", devemos pronunciar anátema sobre eles" (Gl 1.8). A maldição proposta por Deus tem de ser aplicada. Porém, para chegarmos a esse ponto, é preciso que se leve em conta o seguinte:

A) OS CRISTÃOS PRECISAM ESTAR ATENTOS

> Sede sóbrios e vigilantes. O diabo, vosso adversário, anda em derredor, como leão que ruge procurando alguém para devorar; resisti-lhe firmes na fé, certos de que sofrimentos iguais aos vossos estão-se cumprindo na vossa irmandade espalhada pelo mundo (1Pe 5.8-9).

Nosso adversário está à espreita, aguardando um titubeio, um descuido. O fato de estarmos atentos implica estarmos preparados para as inúmeras batalhas espirituais que travamos em nossa história pessoal, às vezes até mesmo sem perceber. Não podemos cochilar diante do erro que começa em nossa própria casa. Por isso, Pedro fala para sermos *sóbrios e vigilantes*. Precisamos ter os olhos bem abertos para averiguar o que acontece teologicamente dentro de nossa própria casa! A finalidade do Enganador é devorar-nos teologicamente, alterando a maneira correta de crer. Se permitirmos que o engano aconteça em nossa própria casa, certamente também se espalhará pela igreja. A sobriedade e a vigilância devem ser fatores importantes no combate pela fé.

A expressão *resisti-lhe firmes na fé* significa uma luta incessante contra o engano, firmada na verdade de Deus. Fé, nessa passagem, significa o conjunto de verdades que Deus nos deu em sua Palavra. Significa a revelação que recebemos de Deus. Com essa revelação, devemos resistir firmemente àqueles de nossa família que estão se enveredando pelos caminhos do engano.

Para você não concordar com os falsos profetas nascidos em sua própria casa, deve lutar bravamente contra eles.

B) OS CRISTÃOS PRECISAM CONHECER AS ESCRITURAS

(...) e conhecereis a verdade, e a verdade vos libertará (Jo 8.32).

A ordem de Cristo é "*Examinai* as Escrituras". O conhecimento da verdade de Deus, no exame das Escrituras, é essencial ao bom andamento de nosso conhecimento, para que sejamos capazes de detectar os erros que porventura vierem pela instrumentalidade de um membro de nossa família.

O QUE FAZER COM OS FALSOS PROFETAS EXISTENTES NA PRÓPRIA FAMÍLIA

Quando não temos familiaridade com a revelação escrita, conhecemos pouco de Deus, de seu poder, de sua graça e de seus planos. É através da Bíblia que o Espírito desfere seus golpes. Afinal, a Escritura é sua espada. Entretanto, Deus se serve de nós para que essa tarefa seja feita. O exame é feito por nós, razão pela qual devemos estar afiados no conhecimento da Palavra de Deus.

Se não conhecermos as Escrituras, como poderemos discordar dos parentes e amigos que divergem de nós, dentro de nossa própria casa?

> Por esta razão, não vos torneis insensatos, mas procurai compreender qual a vontade do Senhor (Ef 5.17).

Essa "vontade do Senhor" pode ser compreendida como os deveres que temos diante de Deus para combater a eventual falsidade de pensamento em nosso meio. Como você vai discordar de um membro da sua família se não compreende a vontade revelada de Deus que está registrada na Escritura? Para não concordar com os falsos profetas nascidos em sua própria casa, é preciso conhecer as Escrituras.

C) OS CRISTÃOS PRECISAM AFERIR AS PROFECIAS COM A ESCRITURA

Examinai as Escrituras porque elas testificam de mim (Jo 5.19).

Jesus disse essas palavras para que o povo soubesse quem ele era. As Escrituras é que davam a base do conhecimento cristológico para os crentes daquela época e de todas as épocas. Nesse sentido, é razoável afirmar que o conhecimento das Escrituras é fundamental para uma correta avaliação das palavras dos vários profetas que estão em nosso meio, venham eles de fora ou estejam dentro da Igreja.

A Escritura é o parâmetro para se aferir o conteúdo da pregação. Há vários profetas contemporâneos que precisam ter sua pregação e seu ensino averiguados pela liderança da igreja e até mesmo por crentes comuns que querem entender o sentido das Escrituras. Em toda comunidade cristã, deveria haver pessoas com conhecimento da Escritura para conferir a veracidade das pregações.

Os crentes da Igreja de Bereia exerceram perfeitamente essa ordem divina.

> E logo, durante a noite, os irmãos enviaram Paulo e Silas para Bereia; ali chegados, dirigiram-se à sinagoga dos judeus. Ora, estes de Bereia eram mais nobres que os de Tessalônica; pois receberam a palavra com toda a avidez, examinando as Escrituras todos os dias para ver se as coisas eram, de fato, assim. Com isso, muitos deles creram, mulheres gregas de alta posição e não poucos homens (At 17.10-12).

Não se esqueça de que Paulo não era um profeta comum, mas alguém portador de autoridade apostólica. Entretanto, quando Paulo lhes pregou a Palavra, eles estavam cientes da verdade do Antigo Testamento. É possível até que tivessem uma cópia da Lei e dos Profetas, bem como dos Salmos, o que lhes permitia conferir a veracidade do ensino e da pregação de Paulo. Se Paulo, com toda a sua autoridade apostólica, teve sua pregação aferida, com muito mais razão devemos aferir nossos pregadores, os quais não possuem a mesma autoridade.

Além disso, você precisa conhecer as Escrituras para praticar o que a teologia diz ser *analogia scripturae*, ou *analogia fidei*, comparando Escritura com Escritura, a fim de entendê-la melhor. Se você não faz isso, não será capaz de discordar de um ente querido sobre algum ponto teológico importante.

Se não estivermos atentos e se não conhecermos as Escrituras, não teremos como aferir as profecias que nos chegam, e, eventualmente, nem mesmo perceberemos que se trata de um falso profeta, pessoa com quem jamais poderemos concordar!

Para você não concordar com os falsos profetas nascidos em sua própria casa, tem de conhecer as Escrituras, aprendendo a conferir as profecias emitidas no seio de sua família com a totalidade das Escrituras, o que somente é possível quando praticamos firmemente a *analogia fidei*.

D) OS CRISTÃOS PRECISAM TER CORAGEM PARA ENFRENTAR ESSA BATALHA ESPIRITUAL

Não tenha medo de começar a luta contra o erro dentro de sua própria casa. Lembre-se de que a autoridade da Escritura deve sobrepor-se ao seu amor pelos parentes e amigos. É nosso dever afastar de nossa família aqueles que se opõem à verdade revelada. O amor à verdade de Deus deve estar acima de nossas relações de sangue.

Portanto, aprenda a não fazer concessões teológicas em nome do amor! Você, que é chefe espiritual de sua casa, faça todo o possível para lutar contra as ideias que partem de membros de sua casa e que começam a influenciar sua própria família. Esse é um desafio muito grande, e você não pode temer enfrentá-lo, pois se trata da saúde espiritual de toda a sua progênie.

Para você não concordar com os falsos profetas nascidos em sua própria casa, deve batalhar com força e diligência. Não é uma luta fácil. É preciso ter coragem para entrar nela.

2. NÃO OUVIRÁS OS FALSOS PROFETAS

(...) não concordarás com ele, nem o ouvirás (...) (Dt 13.8b).

É óbvio que não podemos concordar ou rejeitar uma palavra sem antes ouvi-la. Você nunca poderá exercer qualquer juízo sem antes conhecer o que uma pessoa diz. Entretanto, Deus é taxativo nesta ordem: os crentes não devem dar ouvidos aos falsos profetas.

O verbo hebraico *shama*, aqui traduzido por *ouvir*, normalmente envolve muito mais que uma mera audição: envolve prestar a atenção, apreender, compreender, interiorizar e obedecer. Se você dá ouvido a falsos profetas, é possível que também caia no engano deles. Afinal de contas, o alvo do falso profeta dentro da própria casa é fazer com que os parentes deem "ouvido" ao que ele propala. Veja o que Deus diz sobre a gravidade de deixar de lado a lei de Deus:

O que desvia os ouvidos de ouvir a lei, até a sua oração será abominável (Pv 28.9).

Os crentes devem ouvir, prioritária e prontamente, somente a pregação fundamentada na totalidade das Escrituras. Por essa razão, não devem arriscar-se a se envolver com o engano ouvindo os falsos profetas, e não a lei de Deus. Esse termo, igualmente, reprova a descontinuidade no ouvir, ou seja, você sempre deve estar disposto a ouvir, embora já conheça o baixo nível do conteúdo que será apresentado.

O QUE FAZER COM OS FALSOS PROFETAS EXISTENTES NA PRÓPRIA FAMÍLIA

Em nossos dias, é comum abrir a porta de nossas casas, seja de forma literal, seja através dos meios de comunicação, e permitir que os falsos profetas exponham, repetidas vezes, suas doutrinas, tanto aos chefes do lar como a seus filhos. A passagem em foco não dá margem a isso quando afirma que o "incitador" pode estar dentro de nossas portas ou ser alguém de nosso círculo familiar ou afetivo. A ordem é clara: *não os ouvirás*! Em outras palavras, o que Moisés diz é o mesmo que Paulo diz: "Não deis lugar ao diabo". Se você ouvir o que ele tem a dizer, pode ser enredado pelo falso profeta dentro da própria família.

3. NÃO OLHARÁS COM PIEDADE PARA OS FALSOS PROFETAS

(...) não o olharás com piedade, não o pouparás, nem o esconderás (Dt 13.8c).

Quando nos relacionamos com uma pessoa chegada a nós, seja por vínculo sanguíneo, seja porque a amamos como à nossa própria alma, é sempre muito difícil não concordar com ela ou não ouvi-la, em função da proximidade dos vínculos e da convivência. Se "não ouvi-la" já representa um grande conflito dentro de casa, imagine se não tivermos piedade de um membro da família que trilha os caminhos da falsa profecia!

Os laços familiares regularmente exigem compaixão, mas, como Deus ama muito sua verdade, não quer que os fiéis olhem para os falsos profetas, dentro de casa, com piedade. Devemos ter um coração amante do Senhor e, em virtude disso, não sentir qualquer temor em desagradar aos membros de nossa família que se encontram em rebelião doutrinária.

Nesse contexto, as Escrituras assinalam que, havendo incitamento à apostasia dentro de casa, seja ela secreta ou reservada, o que facilita sua disseminação, não devemos ter piedade em fazer o que deve ser feito. A expressão *não olhar com piedade* significa dispor-se a ouvir e buscar proteção ou livramento do incitador perante a lei. Por vezes, deparamos com o fato de que vínculos de diversas naturezas levam as lideranças a proteger pessoas com atitudes pecaminosas que conduzem à apostasia! Os valores envolvidos e o prejuízo que se vislumbra são altíssimos, razão pela qual as Escrituras não deixam outra opção: não podemos permitir que a piedade nos leve a ouvir ou concordar com algo que nos afaste de nosso Deus!

Jesus nos alertou sobre esse risco quando afirmou que aquele que amar os de sua própria casa mais que a ele, esse não lhe seria digno, pois, nessa matéria, os inimigos do homem estariam dentro de sua própria casa.

> Pois vim causar divisão entre o homem e seu pai; entre a filha e sua mãe e entre a nora e sua sogra. Assim, os inimigos do homem serão os da sua própria casa (Mt 10.35-36).

É preciso ter cuidado, pois os falsificadores da revelação verbal podem estar dentro de nosso círculo familiar. Eles, muitas vezes, não vêm de fora, mas estão dentro de nosso círculo consanguíneo. Você, então, tem de tomar uma atitude muito séria diante do erro que começa em sua própria casa. Portanto, peça a Deus coragem para agir corretamente diante desses membros da família que destoam do ensino da Escritura, falsificando a revelação verbal.

O QUE FAZER COM OS FALSOS PROFETAS
EXISTENTES NA PRÓPRIA FAMÍLIA

4. NÃO OS POUPARÁS

(...) não o olharás com piedade, não o pouparás, nem o esconderás (...) (Dt 13.8d).

Nesse texto, o termo empregado é *chamal*, que envolve repor o que alguém estava prestes a perder, no sentido de poupar, reter, ter compaixão e não deixar que seja justiçado. A condição para que o povo de Deus vivesse bem, ou seja, em paz com Deus, era não poupar do castigo as pessoas teologicamente pecaminosas. Quando deixamos de agir assim, mostramos que não temos muito amor pela verdade de Deus. Entretanto, a ordem divina é para que os falsificadores da revelação verbal de dentro da própria casa sejam extirpados de Israel.

I) Observe que os falsos profetas que estão dentro do círculo familiar não devem ser poupados

Geralmente, quando "olhamos com piedade", a primeira consequência é *poupar* a pessoa de castigo. Caímos na armadilha de confundir piedade com licenciosidade dentro de nossa própria casa. Em nome do "amor", poupamos aqueles que deveriam ser disciplinados.

A atitude de poupar o falso profeta de castigo pode trazer prejuízo duplo ao povo de Deus: em primeiro lugar, a pessoa poupada não se convencerá de estar laborando em erro e, assim, prosseguirá naquele caminho; em segundo lugar, essa pessoa se manterá em nosso seio sempre como alguém que, continuamente, nos incitará a servir a outros deuses.

II) Veja que os homicidas não devem ser poupados

Essa ordem de Deus, no sentido de o ímpio não ser poupado, é encontrada não somente no verso em estudo, mas também no caso de haver outros pecados no meio do povo. Há outros lugares em Deuteronômio em que Deus ordena que homicidas, falsos profetas e os que dão falso testemunho não sejam encontrados no meio do povo. Eles não devem receber piedade da parte daqueles que são fiéis. Entretanto, esse não é o espírito do tempo presente nas igrejas chamadas cristãs.

> Não o olharás com piedade; antes, exterminarás de Israel a culpa do sangue inocente, para que te vá bem (Dt 19.13).

Observe que aquilo que foi ordenado de juízo no que diz respeito aos falsos profetas também foi ordenado aos homicidas. Eles deveriam ser extirpados do meio de Israel, a fim de que a bênção viesse sobre o povo. As autoridades locais do povo de Deus tinham o dever de tomar os homicidas e removê-los da nação inteira. Eles deveriam ser exilados, e nunca mais poderiam voltar àquela terra. As autoridades locais não deveriam olhar o criminoso com piedade. Não havia tolerância de Deus para com os pecados de seu povo naquele regime teocrático.

Você precisa entender que essa era a lei absoluta de um regime teocrático, que era o sistema de governo de Israel. Deus é duro em suas penas, mas nós não podemos questionar as ordens do Rei e Senhor da terra e dos céus!

III) Veja que uma mulher agia de modo indevido para com um adversário do marido

> Quando brigarem dois homens, um contra o outro, e a mulher de um chegar para livrar o marido da mão do que o fere, e ela estender a mão, e o pegar pelas suas vergonhas, cortar-lhe-ás a mão; não a olharás com piedade (Dt 25.11-12).

A mesma expressão "não olhar com piedade" é aplicada à mulher que se porta indevidamente. No caso de a esposa, ainda que para defender o marido, recorrer a um meio indecente nessa defesa, a ordem divina era muito clara: por causa desse pecado, a esposa deveria ter sua mão cortada, olhando-se para ela sem piedade.

Segundo nossas leis atuais, não podemos cometer violência física com nossos parentes que praticam impureza moral, mas eles não podem sair ilesos, como se nada tivessem feito. Eles têm de receber a pesada disciplina por seu comportamento indevido no meio da família de Deus.

IV) Veja que os idólatras não podiam ser tratados com compaixão

> Consumirás todos os povos que te der o SENHOR, teu Deus; os teus olhos não terão piedade deles, nem servirás a seus deuses, pois isso te seria por ciladas (Dt 7.16).

Mais uma vez, a expressão "não olharás com piedade" aparece no texto transcrito acima. Podemos achar muito estranhas essas ordens de Deus, porque não compreendemos bem sua santidade. Todavia, não estamos em posição de discutir os mandamentos de Deus. Portanto, quando desobedecemos a esses mandamentos, merecemos ser tratados sem piedade. Em todos os casos acima mencionados, a ordem divina era para que os pecadores não fossem tratados com piedade. A lei de Deus é rígida. Portanto, não estamos em posição de nos contrapor ao que Deus ordena.

As penas de Deus são mais leves nos casos II, III e IV, mas, no caso dos falsos profetas dentro da própria família, as penalidades são ainda maiores, porque Deus tem em alta conta sua verdade. Ele não aceita que falsificação, o que lhe causa muita ira. E não devemos brincar, ainda hoje, com a falsificação de sua palavra, pois a santidade de Deus continua até hoje. A questão da fidelidade a ela ainda é fundamental para o bem viver do povo com Deus.

5. NÃO ESCONDERÁS OS FALSOS PROFETAS

(...) não o olharás com piedade, não o pouparás, nem o esconderás (DT 13.8e).

A consequência de "não olhar com piedade" é "não pouparás", culminando em *"não esconderás"*. O termo empregado no hebraico para "esconderás" é Kasah, que envolve cobrir, fechar, tampar, refugiar. Se "poupar" envolve um aspecto negativo, ao não se fazer algo que deve ser feito, *esconder* pressupõe uma ação positiva, ou seja, criar meios que dificultem a identificação do falso profeta "familiar".

Quando praticamos ações nesse sentido, contribuímos com a disseminação da falsa profecia, já que, além de não denunciarmos o falso profeta a quem de direito, criamos meios para que ele não seja descoberto. Em geral, é assim que as famílias que percebem o pecado em seu interior se comportam: protegem seus entes queridos, esquecendo-se de que Deus tem mandamentos muito específicos para os que falsificam sua palavra.

O QUE FAZER COM OS FALSOS PROFETAS EXISTENTES NA PRÓPRIA FAMÍLIA

O texto de Deuteronômio nos mostra que mesmo aqueles a quem devotamos amor como à nossa própria alma não têm o direito de tergiversar a revelação divina, interferindo negativamente em nossa atividade adoradora. Quando alguém afirma seu amor aos pais e aos filhos mais do que ao próprio Jesus, afirma sua indignidade. Pessoas assim não são bem-vindas ao Senhor e devem ficar fora dos privilégios que o Senhor dá aos que o amam. Veja o que o Redentor disse:

> Quem ama seu pai ou sua mãe mais do que a mim não é digno de mim; quem ama seu filho ou sua filha mais do que a mim não é digno de mim; e quem não toma a sua cruz e vem após mim não é digno de mim (Mt 10.37-38).

Portanto, não deixe que seu amor pelos de sua própria casa supere o amor que você deve ter por Jesus e por sua verdade. Nosso amor pelos de casa não deve incluir a proteção daqueles que transgridem a doutrina de Deus. Você não deve poupar nem esconder das penalidades da lei os transgressores.

6. CERTAMENTE MATARÁS OS FALSOS PROFETAS

> (...) mas certamente o matarás. A tua mão será a primeira contra ele, para o matar, e depois a mão de todo o povo. Apedrejá-lo-ás até que morra, pois te procurou apartar do Senhor teu Deus, que te tirou da terra do Egito, da casa da servidão (Dt 13.9-10).[25]

---

25 Veja algumas referências bíblicas que abordam as pessoas infratoras da lei de Deus: Deuteronômio 13.10; 17.5; 21.21; 22.21; 22.24; e Josué 7.25.

Nesta seção das punições, você vai perceber, com maior clareza, a importância fundamental que a verdade tem para o Senhor.

Esta parte é a mais delicada no que diz respeito às punições porque vivemos num tempo em que os ímpios podem matar e destruir, mas dificilmente um povo pode exercer o direito de matar aqueles que fazem as coisas erradas e condenadas por Deus. Esse é o ponto delicado no qual muitos crentes desprezam alguns ensinos do Antigo Testamento.

Perceba que a ordem de morte era muito comum nos tempos bíblicos, especialmente quando a teocracia esteve em vigor. Hoje, a democracia tem precedência sobre a teocracia. Os homens consideram mais positivo o regime democrático do que o regime teocrático. Por essa razão, estamos pagando muito caro pelas consequências dessa opção governamental.

Essa forma de punição com pena capital era muito comum nos tempos do Antigo Testamento. Entretanto, os crimes não eram só de natureza física, mas também de natureza espiritual. A não observância correta da lei de Deus levava as pessoas à pena capital. Isso soa muito estranho nos tempos modernos, em que o próprio homem determina o que lhe agrada ou o que não agrada a Deus.

I) A morte da pessoa amada envolvida com falsa profecia é uma declaração inequívoca

(...) mas certamente o matarás (...) (Dt 13.9a).

A severidade da punição reflete a importância da questão do falso ensino e da falsa profecia que culmina em culto falso.

O QUE FAZER COM OS FALSOS PROFETAS EXISTENTES NA PRÓPRIA FAMÍLIA

A nação hebraica ainda estava no começo de sua existência, e Deus quis cortar o mal pela raiz. Para os hebreus, era essencial a proteção espiritual em relação às pessoas infiéis, ainda que integrassem o próprio círculo amoroso. A morte de um parente amado ou de um amigo próximo era uma punição severa que revelava o caráter santo de Deus e, ao mesmo tempo, a hediondez do pecado do falso profeta no seio da família.

Deus sempre exigiu de seu povo exclusividade na adoração. Portanto, todo aquele que incitasse o povo a se inclinar para outras divindades de terras vizinhas deveria ser, incontestavelmente, morto. Essa lei divina é muito séria, especialmente para aqueles de nós que vivemos numa espécie de democracia repleta de libertinagem moral e espiritual. Veja outros textos que apontam para a mesma sentença de morte sobre o que adultera espiritualmente:

a) A desobediência dos filhos ensejava morte

> Se alguém tiver um filho contumaz e rebelde, que não obedece à voz de seu pai e à de sua mãe e, ainda castigado, não lhes dá ouvidos, seu pai e sua mãe o pegarão, e o levarão aos anciãos da cidade, à sua porta, e lhes dirão: Este nosso filho é rebelde e contumaz, não dá ouvidos à nossa voz, é dissoluto e beberrão. Então, todos os homens da sua cidade o apedrejarão até que morra; assim, eliminarás o mal do meio de ti; todo o Israel ouvirá e temerá (Dt 21.18-21).

Em vez de poupar e esconder o filho "rebelde e contumaz", era dever dos pais entregá-lo à justiça, para que fosse morto pelas autoridades constituídas. Entretanto, esse é um procedimento absolutamente estranho à nossa cultura. Em verdade, nossa cultura prevalece contra o mandamento divino. Desprezamos as ordenanças da justiça de Deus para ficar com as conveniências culturais de nossa época. E alguém pode perguntar: "Como um pai pode entregar seu filho para ser morto?". Parece loucura uma ação dessa natureza que provém de um pai, mas não é loucura se levarmos em conta a santidade da lei de Deus, à qual devemos obedecer.

A finalidade da punição de morte é *"eliminar o mal do meio de ti"*. É importante o leitor entender que, com frequência, não é possível separar a culpa do pecado da pessoa que o praticou, exceto em caso de substituição.[26] Por isso, para eliminar o mal, é preciso eliminar quem o pratica. Veja quão importante a lei do Senhor deveria ser para o povo de Deus.

A pergunta a ser feita é: "A quebra da lei por aqueles que transgridem em nossos dias é menos importante que no passado?". Se a resposta for "sim", então somos capazes de explicar a devassidão moral que tem atingido os círculos familiares de hoje, com os filhos fazendo o que querem, a despeito dos castigos impostos pelos pais. Não há nenhuma lei, acima da lei dos próprios pais, que puna a desobediência dos filhos. Tem crescido cada vez mais o número de filhos "contumazes e rebeldes" em nossa sociedade, e não há uma lei severa de punição para eles. Eles podem ser levados até uma instituição correicional (como, por exemplo, a antiga FEBEM), mas não existe outra medida corretiva para eliminar o mal do meio de nossa nação. Assim, a frouxidão das

---

[26] O único caso em que Deus aceita que a pena do pecado não seja paga pessoalmente pelo pecador é o da substituição. Jesus Cristo é singular nessa tarefa. Essa é a única ocasião em que a culpa (pena) do pecador não é assumida pessoalmente pelo próprio pecador.

leis governamentais em nosso país faz com que a maldade e a impiedade dos filhos cresçam. Por essa razão, no passado, a desobediência contumaz dos filhos ensejava sua morte.

Entretanto, nos dias do Antigo Testamento, os pais agiam severamente com os filhos, e as leis do Estado, que eram leis de Deus, extirpavam a maldade do meio do povo, com a punição de morte. Nesse exemplo, podemos ver que nossos parentes e entes queridos não devem ser poupados ou escondidos, nem mesmo por aqueles que os amam.

b) A licenciosidade moral ensejava a morte

> Se um homem casar com uma mulher, e, depois de coabitar com ela, a aborrecer, e lhe atribuir atos vergonhosos, e contra ela divulgar má fama, dizendo: Casei com esta mulher e me cheguei a ela, porém não a achei virgem, então o pai da moça e sua mãe tomarão as provas da virgindade da moça e as levarão aos anciãos da cidade, à porta. O pai da moça dirá aos anciãos: Dei minha filha por mulher a este homem; porém ele a aborreceu; e eis que lhe atribuiu atos vergonhosos, dizendo: Não achei virgem a tua filha; todavia, eis aqui as provas da virgindade de minha filha. E estenderão a roupa dela diante dos anciãos da cidade, os quais tomarão o homem, e o açoitarão, e o condenarão a cem siclos de prata, e o darão ao pai da moça, porquanto divulgou má fama sobre uma virgem de Israel. Ela ficará sendo sua mulher, e ele não poderá mandá-la embora durante a sua vida. Porém, se isto for verdade, que se não achou na moça a virgindade, então a levarão à porta da casa de seu pai, e os homens de sua cidade a apedrejarão até que morra, pois fez loucura em

Israel, prostituindo-se na casa de seu pai; assim, eliminarás o mal do meio de ti (Dt 22.13-21).

Há dois casos de punição nessa passagem: o do marido e o da mulher.

O pecado do marido

No caso do marido que se casava e cometia pecado ao acusar sua mulher de não ser virgem quando, de fato, ela o era, o pai da moça receberia uma compensação financeira pela injusta má fama atribuída à sua filha. O marido, por sua vez, por haver feito acusação falsa, teria de pagar cem siclos de prata e nunca mais poderia separar-se dela.

O pecado da mulher

O pecado da mulher tem a ver com uma espécie de imoralidade sexual. Em outras palavras, uma mulher que praticava o que chamamos hoje de fornicação, ou seja, que tivesse mantido relações sexuais antes do casamento e se casasse com outro homem podia receber pena de morte.

Não cabe a mim julgar os critérios de punição estabelecidos por Deus, mas tão somente mostrar como é severo com a deslealdade moral praticada contra ele. Entretanto, como na presente sociedade não existe penalidade para a fornicação, o pecado da imoralidade sexual tem-se multiplicado assustadoramente, tanto entre as moças como entre os rapazes. Para a nossa sociedade, as relações sexuais antes do casamento são perfeitamente admissíveis, porque dizem respeito a uma suposta necessidade física dos jovens, que não deve ser reprimida.

Você, caro leitor, já imaginou se Deus punisse com a morte o pecado da fornicação nos dias de hoje? Teríamos uma mortandade generalizada! A democracia dos tempos pós-modernos oferece oportunidade para a manifestação patente do pecado que habita em todos nós. Se houvesse punição séria, os de nossa casa morreriam bem cedo pela ira divina. As leis da teocracia, entretanto, tinham um alvo estabelecido que a democracia não tem: *"assim, eliminarás o mal do meio de ti"*. Hoje, somos frouxos em relação ao pecado, e o mal moral tem campeado no mundo, de modo que estamos colhendo o fruto de uma sociedade sem punição!

c) A adoração de outros deuses ensejava a morte

Quando no meio de ti, em alguma das tuas cidades que te dá o Senhor, teu Deus, se achar algum homem ou mulher que proceda mal aos olhos do Senhor, teu Deus, transgredindo a sua aliança, que vá, e sirva a outros deuses, e os adore, ou ao sol, ou à lua, ou a todo o exército do céu, o que eu não ordenei; e te seja denunciado, e o ouvires; então, indagarás bem; e eis que, sendo verdade e certo que se fez tal abominação em Israel, então levarás o homem ou a mulher que fez este malefício às tuas portas e os apedrejarás, até que morram (Dt 17.2-5).

A adoração de qualquer coisa que não fosse o Deus verdadeiro conduzia à pena capital. Todos os praticantes dessa leviandade cúltica, fossem homens ou mulheres, eram apedrejados até à morte.

Hoje, a adoração do Deus verdadeiro só é encontrada em poucos círculos da sociedade mundial. A maioria dos habitantes do mundo adora outros deuses, e não há lei que traga punição para eles, porque as nações pagãs estão fora da esfera capaz de puni-los.

É verdade que, hoje, não temos mais uma teocracia, mas, mesmo dentro da igreja cristã, temos crentes que se mostram tolerantes, sem impingir sobre os pecadores qualquer tipo de punição.

Aqui, atrevo-me a falar uma coisa que parece extremamente estranha: por causa de nossa ojeriza ao comportamento intolerante do muçulmano com relação aos cristãos, ou seja, o fato de eles matarem os cristãos em lugares nos quais formam maioria esmagadora, tornamo-nos muito tolerantes e admitimos que adoradores de outro deus permaneçam em nosso meio sem que uma penalidade recaia sobre eles.

Nos tempos da teocracia, a tolerância era zero com os que se mostravam desleais à verdade de Deus. Deus mandou que eles fossem mortos sem piedade, porque esse pecado era abominável a Deus. Deus não aceitava qualquer espécie de infidelidade do povo. Por isso, ele ordenou: *"então, levarás o homem ou a mulher que fez este malefício às tuas portas e os apedrejarás, até que morram".*

Deus quer ver esse mal eliminado do meio do povo, mas, em nosso tipo de governo, essa atitude de pena de morte é impensável! Por essa razão, o mal vai aumentando assustadoramente e até os ímpios estão começando a ver a situação insuportável a que vamos chegar se não houver um basta nessa situação. Certamente, não haverá melhora se as penas estabelecidas por Deus não forem usadas. Seria muito bom se os tempos da teocracia pudessem voltar! Entretanto, sabemos que isso acontecerá somente com a volta do Senhor Jesus.

II) A morte acontecerá pela mão do indivíduo que é fiel

A tua mão será a primeira contra ele, para o matar (Dt 13.9b).

O QUE FAZER COM OS FALSOS PROFETAS EXISTENTES NA PRÓPRIA FAMÍLIA

A pergunta que temos de fazer corajosamente é: "Devemos dar ouvidos ao familiar amado que é falso profeta ou dar ouvidos à ordenação divina?". Muitos pais, filhos ou amigos pensariam duas vezes antes de responder, pois, com frequência, os laços sanguíneos ou afetivos são mais fortes do que os laços com o Deus verdadeiro.

Entretanto, Deus não quer que o amor no âmbito familiar supere o amor devotado a ele. Os parentes que amam devem ser mais leais a Deus do que a entes queridos que se chocam com a verdade de Deus. O relacionamento entre os fiéis e Deus deve ser mais importante do que o relacionamento entre os parentes. Não temos o direito de desobedecer a Deus para dar apoio aos parentes e amigos infratores. Se os familiares estão em desobediência a Deus, aquele que é fiel na família tem o dever de tratar com dureza aquele que é infrator da lei.

Conforme a ordem divina, portanto, a responsabilidade de iniciar o processo de morte está nas mãos do parente que ama o transgressor da lei. Se esse membro da família, ou amigo do coração, incita à adoração de outros deuses, o dever do fiel é deixar de lado os laços afetivos, deixando de proteger aquele que é desobediente e infiel à Palavra do Senhor. Por causa dos valores espirituais invertidos, a tendência do homem é proteger aqueles com quem possui laços de sangue ou laços afetivos. Todavia, Deus não quer que os laços de sangue ou afetivos estejam na frente de sua ordem dada aos homens. Em primeiro lugar, vêm as coisas do reino de Deus e, em seguida, nossas preferências pessoais. Todos os fiéis têm de entender que, em primeiro lugar, devemos lealdade a Deus e, somente depois, às pessoas amadas. A ordem primeira de Deus, portanto, é que o fiel execute o princípio estabelecido sem levar em conta sangue ou afeto.

III) A morte se consumará pela mão do povo fiel

(...) e depois a mão de todo o povo (...) (Dt 13.9c).

Depois da ação daquele que ama, todo o povo deve ser solidário à atitude obediente do fiel. O povo temente a Deus na cidade, composto de parentes ou não, não pode cair na tentação de poupar os que apresentam tendências cúlticas ou teológicas errôneas, induzindo, inclusive, outros ao culto de deuses estranhos. Por exemplo, as afeições dos israelitas tementes a Deus não poderiam ser empecilho à sua participação na morte daquele que induz outras pessoas a erro. Se não houver o apoio do povo para extirpar o mal da cidade, outras cidades também podem ser influenciadas e todo o país cairá em plena idolatria.

O povo de Deus, que lhe é fiel, tem o dever de acompanhar o pai ou a mãe que entrega seu filho, que é falso profeta, para ser castigado. Os fiéis devem participar da imposição de pena de morte aos falsos profetas dentro da família.

IV) A morte será por apedrejamento

Apedrejá-lo-ás até que morra (...) (Dt 13.10a).

A morte por apedrejamento é parte da ordenação divina em seus mandamentos que atravessaram todo o Antigo Testamento até os tempos do Novo Testamento. Os falsos profetas deveriam ser duramente castigados pela instrumentalidade da própria família e dos demais fiéis do povo! Esse era um dever imposto pelos céus. Não há o que contestar.

Se alguém argumentar que a morte promulgada é apenas produto de um povo que ainda está no início de sua existência, contará com a oposição da própria revelação da Escritura. Centenas de anos depois, Deus disse aos profetas acerca de outros tipos de morte que recairiam sobre os falsos profetas: morte pela espada e morte pela fome:

> Portanto, assim diz o Senhor acerca dos profetas que, profetizando em meu nome, sem que eu os tenha mandado, dizem que nem espada nem fome haverá nesta terra: À espada e à fome serão consumidos esses profetas (Jr 14.15).

Os falsos profetas têm enorme capacidade de conduzir seus ouvintes à infidelidade a Deus. O pecado da falsa profecia é muito sério perante Deus. Por essa razão, Deus é severo com eles, impondo-lhes a morte. Nos dias de hoje, se nosso regime de governo fosse a teocracia, muitos pregadores evangélicos que são realmente falsos profetas, pois pregam "outro evangelho", seriam mortos. Entretanto, a lei do país não nos permite a imposição de morte em caso algum, muito menos por questão religiosa!

V) A morte tem sua razão afirmada

> (...) pois te procurou apartar do Senhor teu Deus, que te tirou da terra do Egito, da casa da servidão (Dt 13.10b).

O antigo Israel era não somente uma comunidade adoradora, como também uma comunidade regida por um ordenamento jurídico segundo o qual as leis determinadas pelo Supremo Legislador deviam ser cumpridas por todo aquele que estivesse sob aquele regime. Hoje, não podemos matar os falsos profetas, seja *intra* ou *extramuros*, porque não vivemos em um estado teocrático. Porém, o princípio maior prevalece: não devemos tolerar essa situação!

Transportando para nosso contexto de cristianismo, observemos que o texto não se refere àqueles que são declaradamente ímpios, mas àqueles que são declaradamente cristãos mas vivem como ímpios. Se essas pessoas estiverem dentro de nosso círculo familiar, o risco é maior ainda, pois terão acesso a nós e aos outros entes queridos nossos. Se são pessoas declaradamente cristãs, devem estar sob a jurisdição de alguma autoridade eclesiástica, e é nessa direção que devemos trilhar, com o firme propósito de não poupá-los nem escondê-los, mas, com espírito cristão, buscar, no meio eclesiástico, a restauração dos irmãos e a pureza do corpo de Cristo.

Se não podemos matar, por causa da proibição de nossas leis, ao menos podemos tratar com muita dureza *intramuros* os que trilham os caminhos do erro teológico. Os concílios e outras autoridades eclesiásticas deveriam ser mais severos no tratamento de ministros que se afastam do ensino da *Tota Scriptura*!

CAPÍTULO 7
OS CRENTES SÃO PROIBIDOS DE DAR OUVIDOS AOS FALSOS PROFETAS[27]

Não ouvirás as palavras desse profeta ou sonhador; Portanto, o Senhor vosso Deus vos prova para saber se amais o Senhor vosso Deus de todo o vosso coração e de toda a vossa alma (Dt 13.3).

Os falsos profetas podem surgir até mesmo no meio do povo de Deus e são capazes de realizar grandes sinais e maravilhas, conduzindo o povo para longe do Senhor. Daí a importância de o povo de Deus não dar ouvidos àqueles que afirmam falar em nome de Deus, mas contradizem o que ele diz claramente em sua Lei, inclusive com exibições extraordinárias de poder. Deus permite que tais coisas aconteçam a fim de testar se seu povo o ama com todo o seu coração e com toda a sua alma.[28]

27 Algumas notas contidas neste capítulo se devem à pesquisa realizada pelo acadêmico Jailson Jesus dos Santos, como exigência da disciplina Teologia da Revelação, ministrada no CPAJ, no primeiro semestre de 2014.

28 PETT, Peter. "Commentary on Deuteronomy 13:1". In Commentary on the Bible. Disponível em: http://www.studylight.org/commentaries/pet/view.cgi?bk=4&ch=13. Acesso em abril de 2014.

EU SOU | A FALSIFICAÇÃO DA REVELAÇÃO VERBAL NO ENSINO DO ANTIGO TESTAMENTO

1. O SIGNIFICADO DE "NÃO OUVIR OS FALSOS PROFETAS"

Análise de texto

Não ouvirás as palavras desse profeta ou sonhador; Portanto, o Senhor vosso Deus vos prova para saber se amais o Senhor vosso Deus de todo o vosso coração e de toda a vossa alma (Dt 13.3).

A) A EXPRESSÃO "NÃO OUVIRÁS" SIGNIFICA NÃO CRER NO FALSO PROFETA

Não ouvirás as palavras desse profeta ou sonhador (Dt 13.3a).

O verbo ouvir é usado muitas vezes em Deuteronômio (por exemplo, em 1.16; 4.1; 5.1; 6.3, 4; 9.1; 20.3; 27.10; 33.7), e seu significado básico, na forma positiva, é "ouvir de um modo que leve a fazer o que é correto". Centra-se na ação, e não somente no ato de ouvir (cf. Tg 1.22-25). Caso similar é visto quando João escreve: "Se alguém *tem ouvidos, ouça* (αvκου,w = *akouo*)!" (Ap 13.9). Portanto, há um fluxo lógico que tem início no ato de escutar e, em seguida, de meditar e avaliar a partir de determinados parâmetros que nos serão dados por padrão.

Paulo nos recomenda julgar todas as coisas, o que pressupõe ouvi-las e avaliá-las. O texto de Deuteronômio não nos convida a ouvir "cegamente" o profeta, mas a avaliá-lo e assumir uma posição diante do que ele diz. Não importa quão impressionantes sejam os milagres ou as profecias cumpridas de um falso profeta, se suas palavras visam levar o povo de Deus para longe do caminho estabelecido. A esse tipo de profeta falso, o crente não deve ouvir.

OS CRENTES SÃO PROIBIDOS DE DAR OUVIDOS AOS FALSOS PROFETAS

Não tendo acesso aos ouvidos, o inimigo não será capaz de atingir o coração. Aqueles que são verdadeiros falam o que é verdadeiro (1Jo 4.1-2) e aqueles que são da verdade ouvem somente o que é verdade. Nessa passagem, o termo "não ouvir", portanto, não se limita a "não escutar". Envolve também, na forma negativa (como presente no texto), "não atender", "não acompanhar", "não concordar" e "não seguir".

Ezequiel escreveu, sobre a casa de Israel, que eles "têm ouvidos para ouvir e não ouvem, porque é casa rebelde" (Ez 12.2). Ou seja, a casa de Israel tinha ouvido para escutar, mas não para obedecer e praticar o que ouvia. Esse verbo significa também não atender, não acompanhar, não concordar e não seguir.

O termo *shama* pode significar ouvir, ouvir falar, ouvir com atenção, ter poder para ouvir, ouvir para obedecer e ouvir para ser obediente, como é o caso de Deuteronômio 13.3. "Ter ouvidos" implica estar de posse de todos os órgãos essenciais à audição. Em outras palavras, não significa ter um problema que só um otorrinolaringologista possa resolver, mas obedecer. Caso similar vê-se em Apocalipse, quando João escreve: "Se alguém tem ouvidos, *ouça* (*akouo*)!" (13.9). Em outras palavras, "se você ouvir, obedeça!".

Paulo nos recomenda julgar todas as coisas, o que pressupõe ouvi-las e avaliá-las. Depois, ordena-nos a reter apenas o que é bom (1Ts 5.21). O texto de Deuteronômio não nos convida a ouvir "cegamente" o profeta, mas a avaliá-lo, com uma tomada de posição diante do que ouvimos à luz da revelação verbal de Deus.

B) NÃO OUVIR O FALSO PROFETA É SINAL DE QUE SABEMOS ESTAR SOB PROVA DIVINA

Não ouvirás as palavras desse profeta ou sonhador; Portanto, o Senhor vosso Deus vos prova para saber se amais o Senhor vosso Deus de todo o vosso coração e de toda a vossa alma (Dt 13.3b).

O texto afirma que o Senhor prova (*nasah*), ou testa, seu povo por vezes o expondo a determinadas circunstâncias, como nos afirma o livro de Juízes, quando Deus decide não expulsar as nações de diante de Israel para colocá-la "à prova, se guardará ou não o caminho do Senhor, como seus pais o guardaram" (Jz 2.22).

Sabiamente, Calvino observa que, sempre que essa palavra é aplicada a Deus, não é usada em sentido negativo, "para colocar armadilhas do engano" ou "para apanhar os incautos". Mas tão somente para "provar ou examinar" seu povo, a fim de conhecer e fortalecer sua fé, sua confiança e sua obediência nele.[29] Além disso, o fato de Deus provar o coração dos homens não quer dizer que ele faça isso para saber o que antes era desconhecido por ele. Na verdade, ele apenas externaliza o que já é tácito no coração. Como assevera Agostinho, "que ele deve saber, ou seja, que ele pode fazer com que você saiba".[30]

Por essa razão, Deus permite não apenas que profetas e sonhadores se levantem no meio de seu povo, como também que suas profecias se cumpram naquele arraial. Quando o vaticínio de suas profecias acontece, o teste de Deus está lançado com toda a sua força. Portanto, não nos esqueçamos de que a realização de uma profecia não é o teste último da autenticidade do profeta. É o Senhor nosso Deus que está nos provando! Ele quer testar se o amamos e se vamos permanecer em seus caminhos ou se vamos

---

29 Calvin, John. "Commentary on Deuteronomy 13:1-5". *Calvin's Commentary on the Bible*. Disponível na Bíblia Eletrônica E-Sword (cf. Gn 22.1-12; Êx 15.25; 16.04; 20.20; Dt 8.2,16; Jz 2.22; 3.1,4; 2Cr 32.31).

30 Ibid.

abandoná-lo, em busca de coisas extraordinárias, as quais, contudo, estão divorciadas de sua Palavra.

Quando temos essa consciência, fugimos das palavras dos falsos profetas. Ao contrário, quando somos ignorantes dessa verdade, ouvimos e prestamos atenção às palavras de engodo que os falsos profetas nos trazem.

Assim, Deus permite não apenas que profetas e sonhadores se levantem no meio de seu povo, mas também que suas profecias se cumpram naquele arraial. Quando seus portentos se cumprem, o teste de Deus está estabelecido. Portanto, não nos esqueçamos de que a realização de uma profecia não é o teste definitivo da veracidade do profeta. É o Senhor nosso Deus que está nos provando!

Enquanto Israel se aproxima da terra da promissão, e enfrenta o desafio de ouvir vozes que ameaçariam sua comunhão com Deus, os israelitas eram preparados pelo *Shemá* (Dt 6.3) para ouvir a única voz que os tornaria bem-sucedidos naquela terra! Através do *Shemá*, o Senhor ordena ao povo que sua voz seja una em seus ouvidos, como um solo cultivado por aqueles corações para produzir amor e testemunho, fazendo-o ignorar todas as outras vozes destoantes! Se o povo ouvisse qualquer outra voz, estaria sob prova do Senhor! Não se esqueça de que o Senhor sempre testa a fidelidade de seu povo!

C) NÃO OUVIR O FALSO PROFETA É EVIDÊNCIA DE NOSSO AMOR A DEUS

Não ouvirás as palavras desse profeta ou sonhador; Portanto o Senhor vosso Deus vos prova para saber se amais o Senhor vosso Deus de todo o vosso coração e de toda a vossa alma (Dt 13.3c).

Todos nós sabemos quão facilmente o coração humano é iludido por qualquer coisa em forma de sinal ou prodígio, especialmente quando há conexão com religião. Isso é um fato que não se limita à nação de Israel; nós vemos isso em todos os lugares e em todas as religiões. Qualquer coisa sobrenatural ou que vá além das leis ordinárias da natureza age poderosamente sobre o coração humano. Um profeta que faz milagres, sinais e maravilhas quase sempre conquista audiência e influência em qualquer comunidade.[31] Por essa razão, a aparência de um falso profeta, em Deuteronômio 13.3, não é um evento aleatório. Foi um teste de Deus, para descobrir se Israel havia internalizado o *Shemá* e se, portanto, estava amando "o Senhor, o seu Deus, de todo o seu coração, de toda a sua alma e de todas as suas forças" (Dt 6.5, NVI). O Senhor havia feito muitas coisas para que Israel soubesse que ele somente era Deus (Dt 4.39; 7.9; 8.5; 9.3, 6; 11.2), mas Deus também queria saber se seu povo o amava de forma exclusiva. Ele desejava confirmar se seu povo o amava das profundezas de seu ser, e que nada (nem mesmo as coisas extraordinárias) seria capaz de convencê-lo a abandoná-lo. Quando o Senhor prova seu povo, quer "alijar do mundo as superstições, para que a religião pura floresça".[32] A atitude do fiel que não ouve aqueles que querem afastá-lo de seu Senhor constitui prova de amor de Deus por eles.

Ainda hoje, o coração humano pouco tem resistido à influência dos "grandes sinais e prodígios" e, consequentemente, tem-se inclinado a outros deuses ou a gurus religiosos. Pessoas sobre as quais as Escrituras não exercem influência são iludidas por sinais e continuam a dar ouvidos aos falsos profetas. Jeremias nos declara a realidade de

---

31 MACKINTOSH, C.H. *Genesis to Deuteronomy*: Notes on the Pentateuch. Neptune: Loizeaux Brothers, 1972. Disponível na Bíblia Eletrônica Logos.

32 CALVINO, João. *As Institutas*. São Paulo: CEP, 1985, I.06.04.

seu tempo, que não é muito diferente da realidade presente: "Furtais e matais, cometeis adultério e jurais falsamente, queimais incenso a Baal e andais após outros deuses que não conheceis" (Jr 7.9).

Há apenas uma coisa que pode fortalecer o coração nos tempos modernos: a Palavra de Deus. Por isso, ter a preciosa verdade de Deus guardada no coração é o segredo divino da preservação de todo erro, mesmo que o cristão contemple milagres surpreendentes! A astúcia, os sinais e os prodígios de mentira, além de todos os recursos dos falsos profetas, são inteiramente impotentes diante um coração que é governado pelo amor a Deus e à sua verdade.[33]

Ouçamos o alerta do profeta: "Não deis ouvidos às palavras dos profetas que entre vós profetizam e vos enchem de vãs esperanças; falam as visões do seu coração, não o que vem da boca do Senhor" (Jr 23.16). Repetindo: "Devemos alijar do mundo as superstições, para que a religião pura floresça".[34]

D) NÃO OUVIR O FALSO PROFETA É PARÂMETRO IMPOSTO POR DEUS

A lei levanta a questão da verdadeira profecia e da falsa profecia — um tema significativo tanto nos primeiros profetas como nos últimos, dentro do cânone da Sagrada Escritura. O cerne da lei é que, quando houver discrepância entre o texto escrito dos Dez Mandamentos e as reivindicações orais de quaisquer profetas, a palavra escrita é dominante em autoridade.[35] As palavras do pacto, então, eram absolutas e normativas, e estavam acima da autoridade

---

33 MACKINTOSH, C.H. *Genesis to Deuteronomy*: Notes on the Pentateuch. Neptune: Loizeaux Brothers, 1972. Disponível na Bíblia Eletrônica Logos.

34 CALVINO, João. *As Institutas*. São Paulo: CEP, 1985. I, 06, 04.

35 CHRISTENSEN, Duane L. *Word Biblical Commentary*: Deuteronomy 1-21:9. Dallas: Word, 2002 (Word Biblical Commentary 6). Disponível na Bíblia Eletrônica Logos.

do profeta, acima do cumprimento de qualquer profecia e até mesmo acima dos sinais e maravilhas.

Christensen assevera que, "desde o princípio, cria-se que uma das marcas do verdadeiro profeta era a consistência com a revelação de Deus previamente existente".[36] Nesse sentido, a principal função dos verdadeiros profetas do antigo pacto era lembrar Israel de suas obrigações e anunciar bênçãos ou maldições, de acordo com a fidelidade da nação (Dt 18.15-22; 28). Por essa razão, os teólogos costumam chamar os profetas de "promotores da aliança".[37] Eles eram conhecidos não por suas predições cumpridas, mas, sim, pela natureza de seu ensino, que estava em consonância com os preceitos básicos da lei de Deus. Berkhof lembra que os profetas "eram os monitores ministeriais do povo, os intérpretes da lei, especialmente em seus aspectos morais e espirituais".[38]

No Novo Testamento, o princípio do Antigo não é alterado, pois o espírito dos profetas está sujeito aos próprios profetas. Portanto, se, mesmo nas igrejas locais, os profetas fossem reconhecidos como tais, "deveriam ter sua palavra examinada, ou julgada, nos cultos (1Co 14.29)",[39] pois as profecias e o ensino devem passar pelo crivo da Palavra de Deus, diante da qual não resistirão.

E) NÃO OUVIR O FALSO PROFETA NÃO É A TOTALIDADE DA VERDADE

> Esse profeta ou sonhador será morto, pois pregou rebeldia contra o SENHOR, vosso Deus, que vos tirou da terra do Egito e vos

---

36 Ibid

37 "The False Prophet". Disponível em: http://www.ligonier.org/learn/devotionals/false-prophet/. Acesso em abril de 2014.

38 BERKHOF, Louis. *Manual de doutrina cristã*. 3 ed. São Paulo: Cultura Cristã, 2012, p. 329.

39 LOPES, Augustus Nicodemus. *O culto espiritual*. São Paulo: Cultura Cristã, 2007, p. 230.

OS CRENTES SÃO PROIBIDOS DE DAR OUVIDOS AOS FALSOS PROFETAS

resgatou da casa da servidão, para vos apartar do caminho que vos ordenou o Senhor, vosso Deus, para andardes nele. Assim, eliminarás o mal do meio de ti (Dt 13.5).

A punição divina deveria vir, obrigatoriamente, sobre o falso profeta, por duas razões: 1) por causa da santidade de Deus; e 2) por causa da necessidade de eliminar o mal do meio do povo de Deus.

Os falsos profetas colocaram o povo de Deus diante de uma escolha: ouvir e obedecer a Deus ou seguir os falsos deuses apresentados por eles. Se os israelitas escolhessem agarrar-se a Deus e aos seus mandamentos, então deveriam "eliminar" (literalmente, "queimar" em hebraico) os falsos profetas de seu meio.[40] Nos textos jurídicos, essa é a linguagem para descrever os crimes com penas capitais. No contexto legal, isso significava que o poder judiciário de Israel prosseguiria com a acusação e a imposição da pena sobre cada culpado.[41] A pena era severa por causa do elevado grau de destruição que a falsa profecia poderia causar na vida do povo de Deus.

É evidente que, por não vivermos em um estado teocrático, como nos dias da antiga aliança, não é possível julgar e condenar os falsos profetas que se levantam dentro da igreja, embora continuem a levar muitos para longe do Senhor. Todavia, extirpar os falsos ensinos do meio do arraial do Senhor pode aliviar grandemente essa questão. Hoje, não podemos tirar a vida dos falsos

---

40 DEFFINBAUGH, Bob. "False Prophets". Disponível em https://bible.org/seriespage/false-prophets-part-i. Acesso em abril de 2014.

41 Outras pessoas más condenadas e queimadas em Deuteronômio foram aquelas que, por exemplo, agiram com rebeldia contra juízes e sacerdotes (17.12), a testemunha maliciosa (19.19), o filho rebelde (21.21), o adúltero (22.21) e o sequestrador (24.7). Cf. HALL, Gary Harlan: *Deuteronomy*. Joplin: College Press Pub. Co., 2000 (The College Press NIV Commentary). Disponível na Bíblia Eletrônica Logos.

profetas, mas temos a obrigação de tirá-los do seio da igreja, para que não afastem o povo em relação a Deus.

A orientação dada por Deus para seu povo agir rápida e decisivamente quando depara com um falso profeta é atemporal. Quer se trate de pessoas próximas, quer se trate de pessoas distantes, temos de perceber o perigo que representam e, portanto, comprometer-nos a agir de forma decisiva para livrar a igreja de sua influência e ensino.[42] As palavras do apóstolo Paulo ecoam essa ideia:

> Mas agora estou lhes escrevendo que não devem associar-se com qualquer que, dizendo-se irmão, seja imoral, avarento, idólatra, caluniador, alcoólatra ou ladrão. Com tais pessoas vocês nem devem comer. Pois, como haveria eu de julgar os de fora da igreja? Não devem vocês julgar os que estão dentro? Deus julgará os de fora. Expulsem esse perverso do meio de vocês (1Co 5.11-13).

Já que não podemos matar os falsos profetas, ao menos cumpre-nos afastá-los de nosso meio. Não devemos ter nenhum envolvimento com eles, nem mesmo nas refeições comuns. Ou seja, nenhuma comunhão! No entanto, por que essa não é uma realidade na igreja moderna? Por que os falsos profetas e mestres não são confrontados? Por que não há mais orações imprecatórias contra eles?

Se não nos sentimos confortáveis com os falsos profetas, não é por causa de nossa maior sensibilidade cristã, mas em virtude de nossa infeliz e atual apatia moral e teológica. Já não sentimos mais a zelosa paixão do salmista por Deus, o que nos levaria a reivindicar a própria ordem moral de Deus no mundo.

---

42 DEFFINBAUGH, Bob. *False Prophets*. Disponível em https://bible.org/seriespage/false-prophets-part-i. Acesso em abril de 2014.

Nesse mesmo sentido, Calvino, comentando as seções imprecatórias do Salmo 69, assevera que foi o zelo santo pela glória divina que impeliu o salmista a intimar o perverso ao assento do julgamento de Deus.[43] Não respondemos mais ao mal dos falsos ensinos com um clamor imprecatório, mas com uma tolerância politicamente correta. Embora não devamos ser contenciosos acerca de questões menores, nunca devemos ter medo de apontar aqueles que negam ou pervertem as doutrinas centrais do cristianismo ou aqueles que pregam um evangelho diferente, conforme ensina Paulo aos gálatas.

F) NÃO OUVIR OS FALSOS PROFETAS AINDA É UM MANDAMENTO PARA OS TEMPOS DE HOJE

Os falsos profetas surgiram em dias remotos, mas ainda permanecem em nosso meio, porque o inimigo de nossas almas sempre lançará as sementes da infidelidade à Sagrada Escritura, ainda que as use em suas pregações. Veja o alerta de Pedro:

> Assim como, no meio do povo [uma referência a Israel], surgiram falsos profetas, assim também haverá entre vós falsos mestres, os quais introduzirão, dissimuladamente, heresias destruidoras, até ao ponto de renegarem o Soberano Senhor que os resgatou (...) (2Pe 2.1).

Aqui, eles estão como estiveram lá, e suas estratégias não mudaram muito com o passar dos anos. À semelhança do passado, enquanto os verdadeiros profetas não ousam, nem por um

---

[43] Calvin, John. "Commentary on Psalm 69:22". In *Calvin's Commentary on the Bible*. Disponível na Bíblia Eletrônica E-Sword.

só momento, suprimir ou acrescentar uma só vírgula à Palavra de Deus, os falsos profetas, não contentes em mentir com suas próprias bocas, tentam colocar mentiras na boca de Deus. Assim como no passado, ainda hoje uma de suas estratégias é usar nosso vocabulário, mas não usar nosso dicionário. Em outras palavras, eles usam a mesma terminologia, mas não a mesma teologia. Eles até falam sobre as grandes palavras da fé cristã, mas sem dizer o que queremos dizer.[44] Eles entregam uma mensagem cujo conteúdo é parecido mas, ao mesmo tempo, distorcido. Não pensemos que sua falsa profecia seja declaradamente infiel, frontalmente anticristã ou liturgicamente inaceitável; ao contrário, ela é sutil, maliciosa e secreta, apresentando reais intenções escusas!

Os falsos profetas continuam dizendo o que muitas pessoas querem ouvir, e apelam à inclinação caída delas. Eles recorrem aos seus apetites carnais, prometendo o que Deus nunca haverá de dar. Pedro fala que eles, "proferindo palavras jactanciosas de vaidade, engodam com paixões carnais, por suas libertinagens, aqueles que estavam prestes a fugir dos que andam no erro, prometendo-lhes liberdade, quando eles mesmos são escravos da corrupção" (2Pe 2.18, 19). Geerhardus Vos afirma que "os mais antigos profetas eram profetas da calamidade pura e simples, e eles até encontraram a distinção entre eles e os falsos profetas nisto: que os falsos profetas profetizavam coisas agradáveis por vir".[45] Os falsos profetas, como médicos que mentem para seus pacientes, recusando-se a lhes dar más notícias, continuam a curar superficialmente a ferida do povo, dizendo: "Paz, paz; quando não há paz" (Jr 6.14). Hoje

---

44 WIERSBE, Warren W. *The Bible Exposition Commentary*. Wheaton: Scripture Press Publications, Victor Books, 1989, 2 vv., p. 2447.

45 VOS, Geerhardus. *Teologia bíblica*: Antigo e Novo Testamentos. São Paulo: Cultura Cristã, 2010, p. 349.

em dia, os conselhos de medicina disciplinam os médicos que agem assim. A igreja não pode ter menor rigor.[46]

2. RAZÕES PARA O POVO DE DEUS NÃO DAR OUVIDOS AOS FALSOS PROFETAS

Além do texto de Deuteronômio 13, que trata sobre o não dar ouvidos aos falsos profetas, há outros textos que abordam a mesma temática. Um deles é Jeremias.

Análise de Texto
Assim diz o SENHOR dos Exércitos: Não deis ouvidos às palavras dos profetas que entre vós profetizam e vos enchem de vãs esperanças; falam as visões do seu coração, não o que vem da boca do SENHOR. Dizem continuamente aos que me desprezam: o SENHOR disse: Paz tereis; e a qualquer que anda segundo a dureza do seu coração dizem: Não virá mal sobre vós.

Deus proíbe que seu povo dê ouvidos aos falsos profetas, que, durante toda a história da redenção, têm aparecido nas assembleias santas e na vida dos crentes individuais. Eles sempre penetram sorrateiramente no meio do povo de Deus para lhes trazer palavras que não são verdadeiras, embora até possam acreditar nessa veracidade, porque eles próprios estão enganados pelos ensinos errôneos dos demônios.

Por que Deus não quer que o povo lhes dê ouvidos? Há várias respostas no próprio texto em estudo:

---
46 WIERSBE, Warren W. *Comentário bíblico expositivo*. Santo André: Geográfica, 2010, v. I, p. 355.

EU SOU | A FALSIFICAÇÃO DA REVELAÇÃO VERBAL NO ENSINO DO ANTIGO TESTAMENTO

A) PORQUE OS FALSOS PROFETAS ENCHEM O POVO DE VÃS ESPERANÇAS

> Não deis ouvidos às palavras dos profetas que entre vós profetizam e vos enchem de vãs esperanças (...) (Jr 23.16a).

Esperanças vãs são o resultado de promessas boas que, contudo, nunca serão realizadas. Essas esperanças apontam para uma quimera, mas o povo que as ouve não consegue, a princípio, perceber essa realidade. Tais esperanças são enganadoras. O que o povo de Israel ouvia dos falsos profetas animava sua vida sofrida e levantava seu ânimo, mas o tempo passava e as promessas não eram cumpridas, porque não eram produto da boca do Senhor, mas do coração enganoso dos falsos profetas. Elas não procediam da doutrina de Deus, mas da doutrina de homens, invenção da mente sonhadora e tresloucada de pessoas insanas. As esperanças revelavam a vontade dos homens, mas não a vontade de Deus. Por essa razão, eram esperanças vãs!

O profeta verdadeiro instava o povo a não dar ouvidos às palavras dos falsos profetas. Eles eram enganadores, ainda que não soubessem que eles próprios eram enganados pelo Maligno.

- Por que Deus não quer que o povo lhes dê ouvidos?

B) PORQUE OS FALSOS PROFETAS FALSEIAM A PALAVRA DE DEUS

> (...) falam as visões do seu coração, não o que vem da boca do Senhor (Jr 23.16b).

OS CRENTES SÃO PROIBIDOS DE DAR OUVIDOS AOS FALSOS PROFETAS

O coração desses profetas era tão enganoso que eles próprios eram enganados. O que a Escritura chama de "enganoso coração" não passa de autoengano, porque o coração não é nada mais do que o cerne do próprio homem. O homem é aquilo que seu coração é. Não é sem razão que o profeta fala que o coração caído é tremendamente enganoso. Veja o que ele diz:

> Enganoso é o coração, mais do que todas as coisas, e desesperadamente corrupto! Quem o conhecerá? (Jr 17.9).

Quando o coração faz os profetas terem visões, eles pensam que tais visões vêm de Deus, mas estão sendo enganados pelo próprio coração. A Escritura é bastante clara no ensino sobre o engano do coração. Veja alguns textos a respeito desse assunto:

> Disse-me o SENHOR: Os profetas profetizam mentiras em meu nome, nunca os enviei, nem lhes dei ordem, nem lhes falei; visão falsa, adivinhação, vaidade e o engano do seu íntimo são o que eles vos profetizam (Jr 14.14).

Todos os falsos profetas contemporâneos também são enganados pelo próprio coração que envia mensagens. O maior risco, contudo, não é somente o engano do coração do profeta, mas o engano que o falso profeta traz a milhões de pessoas, dando-lhes falsas esperanças de cura e de sucesso na vida. O autoengano e o engano dos outros são os grandes responsáveis pela apostasia em alguns redutos evangélicos.

- Deus é contra os falsos profetas, que alegam ter sido vocacionados por ele, mas, em verdade, profetizam o que lhes vem do coração:

> Filho do homem, profetiza contra os profetas de Israel que, profetizando, exprimem, como dizes, o que lhes vem do coração. Ouvi a palavra do Senhor (Ez 13.2).

Nem tudo o que vem do coração é necessariamente maligno, mas todo erro e todo engano vêm do coração. O coração é a fonte de todo ensino errôneo e conduz ao engano os próprios profetas falsos.

- Deus também é contra as falsas profetisas que falam enganadas pelo próprio coração:

> Tu, ó filho do homem, põe-te contra as filhas do teu povo que profetizam de seu coração, profetiza contra elas (Ez 13.17).

Todos nós já testemunhamos experiências de mulheres que assumem o papel de profetisas, mas que cometem grande engano — e o engano também atinge muitas pessoas, que acabam por incorrer em erros graves.

- Por que Deus não quer que o povo lhes dê ouvidos?

C) PORQUE OS FALSOS PROFETAS PROMETEM UMA FALSA PAZ

> Dizem continuamente aos que me desprezam: O Senhor disse: Paz tereis (Jr 23.17a).

OS CRENTES SÃO PROIBIDOS DE DAR OUVIDOS AOS FALSOS PROFETAS

A promessa de paz feita pelos falsos profetas foi constante nos tempos do Antigo Testamento. Jeremias reclama várias vezes desse tipo de pregação:

> Curam superficialmente a ferida do meu povo, dizendo: Paz, paz; quando não há paz (Jr 6.14) (cf. 8.11).

A tentativa de curar os males de um povo que vive aturdido e cheio de inquietação vem com a promessa de paz. Os falsos profetas tendem a curar superficialmente, o que, na realidade, não é cura. Essa promessa apenas faz adiar o período de inquietação. A cura é chamada "superficial" porque fecha a ferida sem tratá-la, causando ainda mais infecção moral e espiritual. Como curam apenas superficialmente, os falsos profetas levam o povo a uma septicemia espiritual, fazendo com que todo o povo tenha uma infecção generalizada em sua alma.

O profeta Ezequiel também revela o descontentamento de Deus em relação a essa falsa promessa de paz:

> Visto que andam enganando, sim, enganando o meu povo, dizendo: Paz, quando não há paz, e quando se edifica uma parede, e os profetas a caiam (Ez 13.10).

Essa é uma promessa mentirosa porque não existe paz para os ímpios (Is 57.21), que são os que desprezam o Senhor! Nunca o povo desprezador de Deus terá paz. No entanto, o profeta falso, para agradar aos pecadores, promete a eles o que nunca haverá de acontecer a um povo rebelde.

• Por que Deus não quer que o povo lhes dê ouvidos?

EU SOU | A FALSIFICAÇÃO DA REVELAÇÃO VERBAL NO ENSINO DO ANTIGO TESTAMENTO

D) PORQUE OS FALSOS PROFETAS AFIRMAM A AUSÊNCIA DE CASTIGO

O S̃enhor disse: Paz tereis; e a qualquer que anda segundo a dureza do seu coração dizem: Não virá mal sobre vós (Jr 23.17b).

Em geral, as pessoas ímpias de um povo querem uma mensagem que lhes favoreça, uma mensagem que lhes garanta força para agir como bem entendem. Essas pessoas desejam ter a oportunidade de agir de uma forma libertina. Por isso, uma das mensagens mais comuns dos falsos profetas do Antigo Testamento era a ausência de punição por parte de Deus. Com isso, eles liberavam o povo de coração endurecido para cometer pecados sem temor de castigo. E, consequentemente, a impunidade conduz a uma vida devassa.

Nós, brasileiros, temos evidências muito claras das consequências da impunidade dos governantes e das pessoas dos três Poderes que pecam porque nenhum castigo as afetará. Quando alguém começa a pôr um fim nessa libertinagem, os que fazem as leis tentam mudá-las, a fim de se livrar de eventual punição. Não era diferente a situação nos tempos da governança de Israel, no Antigo Testamento.

Deus não queria que seu povo desse ouvidos aos falsos profetas porque eles anunciavam que "o mal não viria sobre eles", liberando-os para continuar na mesma toada de pecados.

- Por que Deus não quer que o povo lhes dê ouvidos?

E) PORQUE OS FALSOS PROFETAS PREGAM DE FORMA DESOBEDIENTE

Não mandei esses profetas; todavia, eles foram correndo; não lhes falei a eles; contudo, profetizaram (Jr 23.21).

OS CRENTES SÃO PROIBIDOS DE DAR OUVIDOS AOS FALSOS PROFETAS

Os falsos profetas não perdem a oportunidade de fazer a própria vontade em prejuízo da vontade preceptiva de Deus. A razão desse comportamento é que eles não sabem quem é o Deus verdadeiro. Sem esse conhecimento, eles dão ouvidos aos demônios, que não impõem castigo sobre eles, pois seu agir corresponde exatamente ao que os demônios ensinam.

Quem reclama dos falsos profetas é Deus, e não os demônios. Deus vê desobediência porque vê suas palavras sendo distorcidas, sendo substituídas pelas palavras dos falsos profetas, e constata o engano que isso causa ao povo. A desobediência, que é um pecado desde o princípio dos tempos, continua na vida dos falsos profetas. Eles falam quando Deus não lhes manda falar e falam palavras mentirosas, dizendo o que Deus não disse. Por isso, Deus não queria que o povo desse ouvidos aos falsos profetas.

- Por que Deus não quer que o povo lhes dê ouvidos?

F) PORQUE OS FALSOS PROFETAS NÃO QUEREM TRAZER O POVO DE VOLTA DE SEUS ERROS

> Mas, se tivessem estado no meu conselho, então, teriam feito ouvir as minhas palavras ao meu povo e o teriam feito voltar do seu mau caminho e da maldade das suas ações (Jr 23.22).

Como já sabemos, os falsos profetas são enganadores muito persistentes, e sua persistência e sua crença convicta na mensagem pregada levam o povo a permanecer no pecado. O povo acaba crendo que os falsos profetas falam a verdade, de modo que não se volta dos maus caminhos.

EU SOU | A FALSIFICAÇÃO DA REVELAÇÃO VERBAL NO ENSINO DO ANTIGO TESTAMENTO

A reclamação de Deus é que aqueles profetas "que não estavam no conselho do Senhor" não traziam o povo de volta de seus pecados, de seu mau caminho. Não podemos nos esquecer de que é tarefa dos profetas trazer o povo de Deus de volta ao caminho santo. A pregação profética tem essa finalidade. Os falsos profetas, contudo, são responsáveis pelo descaminho de seus ouvintes, mas são incapazes de trazê-los de volta ao caminho certo.

Houve homens na Escritura que pecaram contra o povo, desencaminhando-o, e, quando se arrependeram, não puderam recuperar o povo espiritualmente. Muitos do povo ainda permaneceram em seus pecados cúlticos. Foi o caso do rei Manassés, que desencaminhou o povo e não conseguiu trazê-lo de volta aos caminhos de Deus, ainda que estivesse arrependido. De uma forma diferente do rei, o falso profeta, por falar diretamente ao povo, tem muito mais força teológica, porque, supostamente, fala em nome de Deus, mas, mesmo assim, não consegue trazer o povo de volta. Portanto, não havia maior desagrado em Deus do que ver um povo que ele havia libertado da escravidão do Egito permanecer em seus pecados por dar ouvidos à palavra da falsa profecia. Os falsos profetas não transmitiam as palavras do Senhor e, consequentemente, o povo chafurdava na lama do pecado. Por isso, Deus não queria que o povo lhes desse ouvidos. Os falsos profetas são muito maléficos para o povo de Deus.

- Por que Deus não quer que o povo lhes dê ouvidos?

G) PORQUE OS FALSOS PROFETAS INSISTEM EM DIZER MENTIRAS

Tenho ouvido o que dizem aqueles profetas, proclamando mentiras em meu nome, dizendo: Sonhei, sonhei (Jr 23.25).

OS CRENTES SÃO PROIBIDOS DE DAR OUVIDOS AOS FALSOS PROFETAS

A mentira é a tônica pecaminosa de um falso profeta, ainda que ele não pense que esteja falando mentira, porque ele também está debaixo de engano. Ele inverte as coisas, crendo que a mentira é a verdade e vice-versa. Além disso, maldosamente, os falsos profetas atribuem a mentira que pregam a Deus. Eles tornam Deus mentiroso.

O dito bíblico se torna realidade, mas de forma invertida. A Escritura diz: "Seja Deus verdadeiro e mentiroso todo o homem" (Rm 3.4), mas os falsos profetas dizem: "Seja Deus mentiroso e verdadeiro todo homem". Para terem respaldo naquilo que dizem, os falsos profetas usam o nome de Deus e atribuem sua própria fala a ele, chamando, continuamente, de mentiroso aquele que, por essência, é a Verdade. Por essa razão, Deus não quer que seu povo dê ouvidos aos falsos profetas. Eles pervertem a fé do povo de Deus.

- Por que Deus não quer que o povo lhes dê ouvidos?

H) PORQUE OS FALSOS PROFETAS PODEM SER ENGANADOS PELO PRÓPRIO CORAÇÃO

Até quando sucederá isso no coração dos profetas que proclamam mentiras, que proclamam só o engano do próprio coração? (Jr 23.26)

O falso profeta não somente engana; ele próprio é enganado. O engano pelo qual o falso profeta passa pode ter duas origens: em todos os sentidos, "enganoso é o coração do homem e desesperadamente corrupto; quem o conhecerá?" (Jr 17.9) O profeta que proclama coisas enganosas ao povo é ludibriado pelo engano de seu próprio coração. Em geral, os falsos profetas são sinceros no que pregam. Usualmente, eles não são hipócritas e pregam aquilo em que, de fato, creem. A realidade, no entanto, é que eles pensam que estão falando a verdade, embora estejam sendo enganados pelas disposições ímpias do próprio coração, que eles desconhecem.

- Por que Deus não quer que o povo lhes dê ouvidos?

I) PORQUE OS FALSOS PROFETAS PODEM SER ENGANADOS PELO PRÓPRIO DEUS

> Se o profeta for enganado e falar alguma coisa, fui eu, o Senhor, que enganei esse profeta; estenderei a mão contra ele e o eliminarei do meio do meu povo de Israel (Ez 14.9).

Esse ponto é alvo de muita controvérsia dentro do segmento sinergista. Os estudiosos dessa linha odeiam a ideia de Deus enganar alguém. A teodiceia deles difere muito da teodiceia dos Reformados. Estes últimos admitem perfeitamente a ideia de Deus trazer engano a um falso profeta, para que seus propósitos sejam cumpridos na vida do povo.

O ponto mais difícil é que esse profeta não apenas é enganado por Deus; ele também é punido por assim agir, porque prega segundo os ditames do próprio coração. Na Teologia Reformada, essa liberdade é chamada de *liberdade natural*. Porque ele faz uso dessa liberdade, é eliminado do meio do povo de Deus, como expressão da justiça divina, que pune os pecadores em virtude do conceito da liberdade natural.[47]

---

[47] A liberdade natural é a capacidade que os seres racionais têm de fazer todas as coisas que estão

Esse ponto frisado por Deus é mais grave ainda. O falso profeta pode ser objeto do desagrado divino a ponto de o próprio Deus pôr esse profeta sob engano. Nesse caso, não há saída para ele. Ele nunca poderá ser objeto da graça divina se está sob o domínio de sua preterição.

- Por que Deus não quer que o povo lhes dê ouvidos?

J) PORQUE OS FALSOS PROFETAS AFIRMAM-SE CAPAZES DE FAZER PRODÍGIOS EM NOME DE DEUS

Quando profeta ou sonhador se levantar no meio de ti e te anunciar um sinal ou prodígio, e suceder o tal sinal ou prodígio de que te houver falado, e disser: Vamos após outros deuses, que não conheceste, e sirvamo-los (...) (Dt 13.1-2).

O uso de sinais para autenticar a palavra do profeta como uma verdade divina é parte da própria história das profecias do Israel antigo. Moisés, por exemplo, recebeu do Senhor a capacidade de fazer sinais que comprovavam que ele estivera com ele e que ele o enviara. Por isso, quando Moisés apresentou as palavras do Senhor, acompanhadas dos sinais, ao povo, eles acreditaram que ele era um verdadeiro profeta (Êx 4.30-31).[48]

Somos informados e alertados, contudo, de que os "falsos profetas" são capazes de realizar atos parecidos ou até mesmo

---

em consonância com a inclinação moral dominante na alma deles. Se Deus lhes pôs no coração o engano, eles vão agir de acordo com suas próprias disposições interiores. Eles nunca pecam forçados de fora. Eles sempre obedecerão ao seu próprio coração. É importante saber que Deus não atua na vontade humana, mas no coração do homem. Portanto, quando o homem age, age em obediência aos ditames de seu próprio coração. Por essa razão, são culpáveis diante de Deus.

48 BARRETT, Rob. *Curtailing Disloyalty and Disaster*: Deuteronomy 13. Disponível em http://www.coffeewithbarretts.com/writings/Deut13.pdf. Acesso em abril de 2014.

idênticos aos já realizados pelos verdadeiros profetas, a fim de asseverar que estão realmente falando em nome do Senhor. Moisés descreve, por exemplo, um profeta que predisse um acontecimento que se cumpriu, de modo que foi aprovado no teste do verdadeiro profeta (Dt 18.21, 22).

Além disso, sua palavra veio acompanhada de "sinais e maravilhas". O termo "sinais" é usado na Bíblia para descrever algo previsto e cumprido.[49] A palavra "maravilhas", por sua vez, refere-se a um ato milagroso feito na presença de testemunhas.[50] Portanto, se os falsos profetas podem realizar coisas extraordinárias, eles são de Deus. Era esse poder do falso profeta que enganava as pessoas. O próprio Jesus nos advertiu para que estivéssemos atentos (Mc 13.22), pois eles operariam sinais que, se possível, enganariam até mesmo os próprios eleitos (Mt 24.24).

Observe, no entanto, que, depois disso, o falso profeta (ou sonhador) convidou o povo para acompanhá-lo na adoração a outros deuses, o que ia de encontro à Lei de Deus e evidenciava que sua mensagem era falsa, pois os falsos profetas, que eram aqueles que não pregavam a aliança de Deus, não advertiam o povo para fugir da imoralidade e da idolatria.

Portanto, essas provas (cumprimento de profecia, sinais e maravilhas),[51] presentes nas verdadeiras profecias, não devem ser olhadas como critério definitivo para se aferir a veracidade de uma profecia.

---

49 BROWN, F.; DRIVER, S. R.; BRIGGS, C. A. *A Hebrew and English Lexicon of the Old Testament*. 6 ed. Oxford: Clarendon Press, 1951. 1.127p. Disponível na Bíblia Eletrônica E-sword.

50 Ibid.

51 A realização desses sinais ou prodígios não significa que os deuses defendidos por esses falsos profetas ou sonhadores tivessem poder real, mas tão somente que o Deus verdadeiro permitiria que certas coisas acontecessem, a fim de testar se o povo realmente o amava. Cf. CRAIGIE, Peter C. apud BARRETT, Rob. *Curtailing Disloyalty and Disaster*: Deuteronomy 13. Disponível em http://www.coffeewithbarretts.com/writings/Deut13.pdf, nota 38. Acesso em abril de 2014.

Esses sinais ainda permaneceriam como parte da vida religiosa de Israel, mas não poderiam contradizer o conteúdo da mensagem, ou seja, deveria haver lealdade exclusiva para com o Senhor, pois nada poderia violar os primeiros mandamentos dados por Deus.

Assim, não importa quão incrível seja a exibição de autoridade de um profeta, por meio de sinais e maravilhas, se a mensagem dele não conduz ao amor exclusivo ao Senhor, essa palavra é falsa e não deve ser ouvida, rejeitando-se-a de forma contundente.[52]

- Por que Deus não quer que o povo lhes dê ouvidos?

K) PORQUE OS FALSOS PROFETAS DESVIAM O POVO DO CAMINHO DE DEUS

> Quando profeta ou sonhador se levantar no meio de ti e te anunciar um sinal ou prodígio, e suceder o tal sinal ou prodígio de que te houver falado, e disser: Vamos após outros deuses, que não conheceste, e sirvamo-los (...) (Dt 13.1, 2).

Se, por um lado, os profetas de Deus levavam o povo ao caminho do Senhor, por outro, os falsos profetas levavam o povo aos caminhos de outros deuses. É nítido, na língua hebraica, o contraste entre as palavras sedutoras dos falsos profetas, "*Vamos após outros deuses*" (Dt 12.3), e as palavras sensatas de Moisés: "*Andareis após o* SENHOR" (Dt 12.4). Em ambos os versos, Moisés usa o mesmo verbo (*yalák* — andar, seguir). Mayes observa que esse é o único lugar no corpo da lei em que a expressão "andar após" é

---

[52] BARRETT, Rob. *Curtailing Disloyalty and Disaster*: Deuteronomy 13. Disponível em http://www.coffeewithbarretts.com/writings/Deut13.pdf, Acesso em abril de 2014.

usada no sentido do Senhor como objeto, ou, caso contrário a ele, "outros deuses".[53] Em outras palavras, esses caminhos nunca se encontram, pois são opostos e excludentes.

Nesse sentido, o verbo "andar" (*yalák*, cf. Dt 13.3, 4) não é necessariamente uma metáfora para ser influenciado por alguém; no contexto do Israel antigo, "andar" aponta para um significado legal entre um escravo e um Senhor num relacionamento exclusivo de fidelidade indivisa.[54] De forma análoga, o verbo "conhecer" é muito mais que saber sobre algo; significa reconhecer com estatuto legal. Nos tratados antigos entre um senhor e um vassalo, "conhecer" um rei significava reconhecê-lo como governante legítimo, com todas as obrigações correspondentes.[55]

Nesse contexto, conhecer um deus "desconhecido" significaria tratar essa divindade ilegítima de forma legítima. Consequentemente, o legítimo "conhecido", ou seja, o Senhor, já não seria mais reconhecido como tal. Por isso, a questão aqui não é apenas familiaridade. *Ir após outros deuses* acarreta mudança de lealdade de um para outro, como se observa no exemplo dado por Elias: "Então, Elias se chegou a todo o povo e disse: Até quando coxeareis entre dois pensamentos? Se o SENHOR é Deus, segui-o; se é Baal, segui-o..." (1Rs 18.21).

Essa mudança de caminho não afeta apenas o hábito espiritual; produz também implicações para a orientação da vida pessoal e social. O afastamento do caminho do Senhor não é apenas uma rejeição

---

53 MAYES apud CHRISTENSEN, Duane L. *Word Biblical Commentary*: Deuteronomy 1-21:9. Dallas: Word, 2002 (Word Biblical Commentary 6A), Disponível na Bíblia Eletrônica Logos.

54 DEFFINBAUGH, Bob. "False Prophets". Disponível em https://bible.org/seriespage/false-prophets-part-i. Acesso em abril de 2014.

55 Cf. BARRETT, Rob. *Curtailing Disloyalty and Disaster*: Deuteronomy 13. Disponível em http://www.coffeewithbarretts.com/writings/Deut13.pdf. Acesso em abril de 2014.

à pessoa, mas também uma rejeição à sociedade que ele apoia e está construindo. Wright observa que "ir após outros deuses" era o mesmo que assumir uma maneira diferente de viver em todas as esferas da vida, adotando novos valores pessoais, econômicos e políticos.[56]

Rob Barrett lembra que, embora o mundo moderno separe religião e política, as duas esferas estão entrelaçadas aqui: a devoção ao Senhor implica também um compromisso com sua cosmovisão política e social, já apresentada nas leis dadas a Moisés. Por isso, a devoção a outro deus, tal como apresentada pelos falsos profetas, implica mover-se na direção de diferentes formas políticas e sociais. A idolatria representa a ameaça mais nítida ao bem-estar e à segurança nacional (13.17, 18).[57]

Observe, então, que os falsos profetas não desviam apenas o povo do caminho de Deus; eles desviam a sociedade dos valores de seu Reino. O falso ensino não é um câncer que afeta apenas a igreja; ele se espalha por toda a sociedade, deixando-a totalmente debilitada. Essa é uma das razões para se extirpar a falsa profecia o mais rápido possível de nosso meio.

3. A GRAVIDADE DO PECADO DE OUVIR DESEJOSAMENTE OS FALSOS PROFETAS

> Coisa espantosa e horrenda se anda fazendo na terra: os profetas profetizam falsamente, e os sacerdotes dominam de mãos dadas com eles; e é o que deseja o meu povo. Porém que fareis quando estas coisas chegarem ao seu fim? (Jr 5.30-31).

---

56 WRIGHT, Christopher J. H. apud BARRETT, Rob. *Curtailing Disloyalty and Disaster*: Deuteronomy 13. Disponível em http://www.coffeewithbarretts.com/writings/Deut13.pdf. Acesso em abril de 2014.

57 BARRETT, Rob. *Curtailing Disloyalty and Disaster*: Deuteronomy 13. Disponível em http://www.coffeewithbarretts.com/writings/Deut13.pdf. Acesso em abril de 2014.

EU SOU | A FALSIFICAÇÃO DA REVELAÇÃO VERBAL NO ENSINO DO ANTIGO TESTAMENTO

A gravidade do pecado de seguir a falsa profecia era um desejo do coração do povo de Deus. O povo não era pego a laço pelo falso ensino; ao contrário, eles procuravam o falso ensino por causa das esperanças que o acompanhavam. Eles tinham o coração inclinado para o erro teológico. Sempre haverá aqueles, no meio do povo de Deus, que gostam de ouvir as mensagens falsas dos falsos profetas. Foi assim desde os tempos do Antigo Testamento. Os profetas Isaías e Jeremias, em períodos diferentes do povo de Israel, fizeram observações similares.

> Ambos levarão sobre si a sua iniquidade; a iniquidade daquele que consulta será como a do profeta (...) (Ez 14.10).

As coisas espantosas e horrendas acontecem dos dois lados da questão: os pecadores não são simplesmente os falsos profetas ou os sacerdotes que andam de mãos dadas com eles; o povo tem culpa ainda maior. Tanto o que fala como o que ouve a falsa profecia, ambos são culpados diante do Senhor.

Eles se deliciam na falsa profecia por causa das falsas expectativas que os falsos profetas criam neles. Os profetas Isaías e Jeremias, em períodos diferentes da história do povo de Israel, fizeram observações similares. Sempre há aqueles, no meio do povo de Deus, que procuram ouvir as falsas mensagens dos falsos profetas — que o profeta Jeremias chama de "coisa horrenda".

A) COISA ESPANTOSA E HORRENDA É DESEJAR OUVIR A FALSA PROFECIA

> Coisa espantosa e horrenda se anda fazendo na terra: os profetas profetizam falsamente, e os sacerdotes dominam de mãos dadas com eles; e é o que deseja o meu povo (Jr 5.30-31).

- O profeta Jeremias chama "o gosto de ouvir a falsa profecia" de uma "coisa espantosa e horrenda". É supremamente espantoso que o povo, em geral, gostasse de ouvir as coisas falsas, ainda que não soubessem que eram falsas. Mesmo na ignorância, permanecia a gravidade do fato. Veja as coisas espantosas e horrendas que o povo rebelde de Deus desejava:

Análise de Texto
Porque povo rebelde é este, filhos mentirosos, filhos que não querem ouvir a lei do Senhor. Eles dizem aos videntes: Não tenhais visões; e aos profetas: Não profetizeis para nós o que é reto; dizei-nos coisas aprazíveis, profetizai-nos ilusões; desviai-vos do caminho, apartai-vos da vereda; não nos faleis mais do Santo de Israel (Is 30.9-11).

I) O povo rebelde não queria ouvir a lei do Senhor

Porque povo rebelde é este, filhos mentirosos, filhos que não querem ouvir a lei do Senhor (Is 30.9).

Quando os líderes espirituais e, por extensão, o povo são rebeldes, a primeira reação é a indisposição de ouvir a Palavra de Deus. Certa vez, Lutero disse: "A Bíblia fará você afastar-se do pecado ou o pecado fará você afastar-se da Bíblia". Esse foi o caso dos falsos profetas e do povo de Israel.

Nós mesmos, quando estamos em pecado, fugimos da leitura da Escritura e não queremos que ninguém venha falar conosco sobre o que Deus pensa. Nossos pecados nos afastam da verdade de Deus, e nós não queremos ouvi-la. Assim aconteceu com Israel durante muitos séculos, até que a medida da paciência de Deus foi trocada pela manifestação de sua justiça!

As pessoas do povo de Deus que gostam de ouvir a palavra do falso profeta perdem todo o prazer de ouvir a lei do Senhor. Se o coração deseja a falsa profecia, não pode desejar, ao mesmo tempo, a verdadeira profecia, porque são opostas entre si.

Eles preferiam a mentira dos falsos profetas à boa, santa e verdadeira palavra de Deus; eles preferiam as prescrições da mentira às prescrições do Senhor; eles preferiam ouvir os oráculos de Satanás a ouvir os "oráculos de Deus". Por essa razão, o povo era chamado de "rebelde".

II) O povo rebelde não queria as visões do Senhor

> Eles dizem aos videntes: Não tenhais visões (...) (Is 30.10a).

Desde que Deus trocou seu modo de revelação através da teofania pelo modo da profecia, dirigia-se ao profeta em sonhos e visões. Não se esqueça de que os videntes eram os profetas, e suas visões, que tinham caráter enigmático, não mais eram desejadas pelo povo, pois o povo sabia que Deus somente falava a verdade através das visões dos verdadeiros profetas. O povo rebelde dizia aos profetas de Deus que não tivessem visões porque não gostava da verdade de Deus que vinha através deles.

Um pecado sempre conduz a outro. Quando o povo negligenciava a Lei do Senhor, que era perfeita, também rejeitava as visões do Senhor. Eles rejeitavam os porta-vozes de Deus porque, antes de tudo, rejeitavam o próprio Senhor. Quem rejeita as palavras do Senhor rejeita o próprio Senhor.

III) O povo rebelde não queria as profecias retas

(...) e aos profetas: Não profetizeis para nós o que é reto (Is 30.10b).

A palavra dos verdadeiros profetas de Deus não era crida pelo povo rebelde, pois esse povo sabia que Deus só mandava falar as coisas que combinavam com a verdade sobre Deus e sobre eles próprios. Deus não se enganava a respeito da pecaminosidade deles, e o profeta era portador dessas profecias retas sobre eles. Por isso, o povo rebelde não queria ouvir os verdadeiros profetas, os quais desnudavam sua pecaminosidade com as profecias. Em outras palavras, os profetas de Deus fotografavam corretamente o que se passava na vida do povo, e o povo não queria que ninguém se intrometesse em sua vida.

Ainda havia alguns profetas que ficavam coxeando entre a verdade e o erro. O povo rebelde lhes fez mais pedido espantoso e horrendo. É como se eles tivessem dito aos profetas: "Se vocês continuarem a falar do Deus verdadeiro, que é o Santo de Israel, não vamos mais querer ouvi-los. Se vocês quiserem ser ouvidos por nós, então parem de falar do Santo de Israel".

Eles não conseguiam mais suportar as verdades de Deus a seu respeito, porque lhes traziam somente condenação. À semelhança do rei Acabe, o povo rebelde pedia mensagens que lhe favorecessem e mensagens que lhe trouxessem ilusões. Eles preferiam o autoengano à verdade de Deus.

Portanto, de forma atrevida, esse povo rebelde dizia ao profeta: "Não nos mande profecias retas". Eles queriam que os verdadeiros profetas ouvissem o reclamo deles próprios, e não a vontade de Deus para eles.

B) COISA ESPANTOSA E HORRENDA É QUERER SOMENTE COISAS QUE FAVORECIAM A ELES

Eles queriam somente coisas enganosas sobre si mesmos. Eles prefeririam enganar a si mesmos.

I) Eles queriam coisas aprazíveis

(...) dizei-nos coisas aprazíveis (Is 30.10c).

Esse é um pedido espantoso e horrendo! Eles estavam pedindo coisas que não eram verdadeiras sobre si mesmos e sobre seu futuro. Eles queriam apenas ouvir coisas boas sobre si, coisas das quais se agradavam. Não é sem razão que os falsos profetas profetizavam "paz quando não havia paz". Eles profetizavam as coisas que o povo queria ouvir, coisas aprazíveis, e não as palavras que Deus enviava!

Esse povo estava imitando o que a própria liderança ímpia fazia. Não nos esqueçamos de que o rei Acabe condenou o profeta de Deus simplesmente porque ele não trazia coisas agradáveis a seu respeito, mas apenas desgraças. A seguir, veja-se o que Acabe queria que o profeta de Deus fizesse. O rei Josafá perguntou a Acabe, rei de Israel:

> Não existe aqui mais nenhum profeta do Senhor, a quem possamos consultar? O rei de Israel respondeu a Josafá: "Ainda há um homem por meio de quem podemos consultar o Senhor, porém eu o odeio, porque nunca profetiza coisas boas a meu respeito, mas sempre coisas ruins. É Micaías, filho de Inlá (2Cr 18.6-7).

O rei Acabe vivia em pecado e ainda queria que o profeta de Deus, Micaías, desse boas notícias a respeito de seu reinado e dele próprio. Acabe queria ouvir somente coisas aprazíveis. Tal rei, tal povo! Isso mostra que um rei tem enorme capacidade de influenciar seu povo. Assim como os verdadeiros profetas eram odiados pelo conteúdo da mensagem divina, também o povo só queria ouvir coisas que agradassem aos seus ouvidos.

II) Eles queriam coisas ilusórias

(...) profetizai-nos ilusões (Is 30.10d).

O povo rebelde faz mais um pedido espantoso e horrendo. Em uma atitude incompreensível de autoengano, esse povo rebelde pedia para que o profeta pregasse coisas ilusórias, para que eles pudessem sonhar com dias melhores para si próprios. Eles viviam em impiedade, mas queriam sonhar com coisas boas que os anestesiassem e os conduzissem à ilusão. Eles pediam coisas que somente os fariam sonhar com a irrealidade. Eles queriam viver iludidos por causa de suas próprias paixões pecaminosas. Pior que isso: os profetas falsos satisfaziam a esses desejos através de suas profecias ilusórias.

C) COISA ESPANTOSA E HORRENDA FOI QUERER QUE OS PROFETAS SE AFASTASSEM DO CAMINHO DE DEUS

(...) desviai-vos do caminho, apartai-vos da vereda (...) (Is 30.11a).

Os falsos profetas incitavam os crentes do povo a "se desviar do caminho e a se apartar da vereda". Eles não tinham tolerância para com os fiéis. Essa é uma rebeldia em alta dose!

Os falsos profetas incitavam o povo a não mais falar de Deus, o Santo de Israel. Esse título de Deus é uma especialidade do profeta Isaías. Os falsos profetas não queriam ouvir esse nome do Senhor. A rebeldia chegava a esse ponto! Eles preferiam os homens do pecado ao Santo de Israel! Eles preferiam a mentira à verdade!

D) COISA ESPANTOSA E HORRENDA FOI O CASTIGO QUE OS REBELDES RECEBERAM DE DEUS

> Pelo que assim diz o Santo de Israel: Visto que rejeitais esta palavra, confiais na opressão e na perversidade e sobre isso vos estribais, portanto esta maldade vos será como a brecha de um muro alto, que, formando uma barriga, está prestes a cair, e cuja queda vem de repente, num momento. O Senhor o quebrará como se quebra o vaso do oleiro, despedaçando-o sem nada lhe poupar; não se achará entre os seus cacos um que sirva para tomar fogo da lareira ou tirar água da poça (Is 30.12-14).

Os rebeldes de Israel haveriam de receber justa punição por seus pecados de recusa à verdade de Deus. A punição era uma maldição terrível! Em sua rebeldia, eles confiavam mais nos homens egípcios, que iriam protegê-los, ainda que eles os tivessem oprimido no passado. Mesmo assim, os falsos profetas ficavam tranquilos, como se Deus, em poucos instantes, não pudesse destruí-los integralmente. No final das contas, Deus entregou o povo infiel, que ouvia as palavras dos profetas, à escravidão da Babilônia.

Os egípcios não puderam evitar o desastre porque eles mesmos foram conquistados por Babilônia. O rei de Babilônia foi chamado "o martelo de Deus", pois acabou com a arrogância deles.

Recentemente, vi um documentário sobre a queda dos edifícios do World Trade Center, em Nova Iorque. Os edifícios eram feitos de aço, de modo que as grandes colunas ficassem seguras no lugar pelos próprios pisos. Os pisos tinham barras de aço em cada canto, com o objetivo de suportar cada um dos andares, uns em cima dos outros.

No momento da explosão, causada pelo impacto dos aviões, houve um calor tão forte que as barras de aço derreteram, de modo que os andares não mais puderam ficar em seus devidos lugares. Quando um andar alto não suportou, veio em cima dos outros e assim por diante, e toda a estrutura dos prédios desabou, por causa do peso de cada andar com as barras de aço. Israel foi derrubado por Deus como as torres do WTC. Israel caiu repentinamente, e o estrago foi catastrófico.[58]

O Senhor quebrou Israel numa queda espetacular, como um oleiro quebra um vaso. Deus não poupou nenhum falso profeta. O castigo foi generalizado!

O profeta Isaías anuncia a condenação divina sobre os que gostam de ouvir os falsos profetas. Deus lhes prepara juízo muito pesado. Deus, em sua justiça, lhes faz uma pergunta, através da profecia de Jeremias:

Porém que fareis quando estas coisas chegarem ao seu fim?
(Jr 5.31b)

---

58 Ilustração encontrada no comentário do texto em estudo, por Jim Bomkamp. Disponível em http://jimbomkamp.com/isaiah/Isaiah30.htm. Acesso em fevereiro de 2018.

A prática de pecados pelos falsos profetas e sacerdotes não durará para sempre; haverá um fim, e a situação não será diferente para os que os ouvem. O que eles farão quando essa "mamata" espiritual acabar? Só lhes resta condenação impiedosa! Deus não poupará ninguém que dá ouvidos aos falsos profetas. Deus é justo, e a manifestação de sua justiça certamente acontecerá e os que esperam no Senhor não perdem por esperar!

Essa palavra final de Isaías sobre o povo rebelde é muito pesada. Ela revela a ira de Deus contra um povo que rejeitava sua Palavra, que confiava na opressão e na perversidade. Eles se estribavam em tudo o que era ímpio e pensavam que tudo terminaria em "pizza". Todavia, não é assim com Deus. Alguns anos depois, Deus deixou aquele povo em miséria, em cacos. Deus acabou com a soberba e a rebeldia desse povo através de um reino que lhes trouxe somente vingança de morte.

Deus, em nossa visão, pode retardar sua retribuição, mas, no tempo devido, ela virá com toda a força. E foi isso que aconteceu a Israel e Judá.

4. PROCEDIMENTOS EM RELAÇÃO AOS QUE DÃO OUVIDOS AOS FALSOS PROFETAS

O profeta Moisés fornece algumas sugestões muito duras para resolver o problema daqueles que gostam de dar ouvidos aos falsos profetas.

Análise de Texto
Quando em alguma das tuas cidades que o Senhor teu Deus te dá, para ali habitares, ouvires dizer que homens malignos saíram do meio de ti, e incitaram os moradores da sua cidade, dizendo: Vamos, e sirvamos a outros deuses — que não conheceste, então

inquirirás, investigarás, e com diligência perguntarás; e eis que, se for verdade e certo que tal abominação se cometeu no meio de ti; então certamente ferirás ao fio da espada os moradores daquela cidade, destruindo-a completamente, e tudo o que nela houver, até os animais. Ajuntarás todo o seu despojo no meio da sua praça, e a cidade e todo o seu despojo queimarás por oferta total ao Senhor teu Deus, e será montão perpétuo de ruínas; nunca mais será edificada. Também nada do que for condenado deverá ficar em tua mão, para que o Senhor se aparte do ardor da sua ira; e te faça misericórdia, e tenha piedade de ti, e te multiplique, como jurou a teus pais, se ouvires a voz do Senhor teu Deus, e guardares todos os seus mandamentos, que hoje te ordeno, para fazeres o que é reto aos olhos do Senhor teu Deus (Dt 13.12-18).

A palavra dita pelo Senhor, através de Moisés, diz respeito a falsos profetas que saem do meio do povo (v. 13) para desviar o povo do verdadeiro Deus em direção a deuses falsos. A palavra dita pelo Senhor aponta para uma prudência muito grande, a fim de que não houvesse injustiça no meio do povo. O que fazer na hipótese da situação mencionada nos versos 12 e 13?

A) INVESTIGAR A QUESTÃO

(...) então inquirirás, investigarás, e com diligência perguntarás; e eis que, se for verdade e certo que tal abominação se cometeu no meio de ti (...) (Dt 13.14).

Observe que o texto inicia com a acusação contra pessoas que saíram "do meio de ti", o que implica que deviam conhecer acerca do culto ao Senhor, mas agiram impiamente, incitando os habitantes da terra ao falso culto! O verso está tratando de *abominação* cometida no meio do povo, quando não se faz a devida investigação.

> O termo *abominação* é usado no Antigo Testamento para algo que é totalmente desagradável a Deus e denota alguma coisa impura, imunda e totalmente esvaziada de santidade.[59]

No caso em questão, é um pecado grosseiro e ofensivo, como é o caso da idolatria causada pela falsa profecia. O procedimento legal era conseguir testemunhas para que o caso pudesse ser julgado. Esse processo exige inquirição e investigação diligente. Ninguém poderia instaurar qualquer processo apenas pela fama dos acusados ou por ter ouvido alguém dizer, mas deveria examinar as provas. O processo jamais poderia ser instaurado, a menos que a evidência estivesse clara. O próprio Deus, ao estabelecer o julgamento das cidades ímpias de Sodoma e Gomorra, procedeu da forma que ordena aos homens:

> Descerei e verei se, de fato, o que têm praticado corresponde a esse clamor que é vindo até mim; e, se assim não é, sabê-lo-ei (Gn 18.21).

Deus nunca exige a justiça dos homens que ele próprio não tenha praticado. Portanto, os homens têm de estabelecer a mesma conduta divina nos processos sob julgamento. Para que uma causa pudesse ser julgada no tribunal maior dos judeus — o Sinédrio —, todas as provas deveriam ser trazidas a lume. Nenhum julgamento e nenhuma punição poderiam vir se essas provas não fossem trazidas.

---

59 Citado por *David Guzik's Commentary on the Bible*. Disponível em http://www.studylight.org/com/guz/view.cgi?bk=4&ch=13. Acesso em março de 2014.

OS CRENTES SÃO PROIBIDOS DE DAR OUVIDOS AOS FALSOS PROFETAS

As questões da falsa profecia e da idolatria são tão graves que Deus exige que os fatos sejam devidamente investigados, apurados e inquiridos, para que não se cometa injustiça no tempo do julgamento. Essa ordenação divina de investigação aponta para o senso de justiça de Deus. Ele é Deus santo e não quer que falcatruas jurídicas aconteçam no meio de seu povo.

O trecho a seguir aponta para um importante princípio geral que deve vigorar em todas as épocas:

> Se você ouviu dizer, não deve fazer nada sem antes estabelecer uma investigação rigorosa. Essa é a diferença entre fofoca e verdade. A fofoca é danosamente baseada em rumores. A verdade é alguma coisa de que não se fala até que a plena investigação seja feita. É inestimável a quantidade de danos que teria sido evitada se cristãos e líderes cristãos tivessem essa proposta em seu coração.[60]

Portanto, não se devem formar opiniões definitivas sem que a questão seja devidamente investigada. O Senhor ordena um procedimento sensato e justo. Se assim procedessem todos os tribunais dentro do cristianismo!

B) FERIR OS MORADORES DA TERRA

> (...) então certamente ferirás ao fio da espada os moradores daquela cidade, destruindo-a completamente, e tudo o que nela houver, até os animais (Dt 13.15).

---

[60] Citação encontrada em *Peter Pett's Commentary on the Bible*. Disponível em http://www.studylight.org/com/pet/view.cgi?bk=4&ch=13. Acesso em março de 2014.

EU SOU | A FALSIFICAÇÃO DA REVELAÇÃO VERBAL NO ENSINO DO ANTIGO TESTAMENTO

Depois da investigação acurada, se o crime de idolatria (vv. 12-13) fosse provado, e os criminosos se mostrassem incorrigíveis, a ordem era para que a cidade fosse destruída, juntamente com seus moradores.

O texto pressupõe que não somente houve incitação, como também houve a concordância dos ouvintes, em adorar outros deuses. Essa é a razão para o texto mandar que sejam destruídos todos os habitantes, e não somente os homens, como também os animais. Trata-se de uma referência ao gado, que servia para alimentar o povo. Creio que seria justo dizer que, se houvesse homens fiéis a Deus, estes deveriam ser retirados da cidade, a fim de que não perecessem com ela, como aconteceu com a família de Ló. Todavia, os demais moradores da cidade (incluindo mulheres e crianças) deveriam ser mortos a fio de espada, como aconteceu em várias ocasiões nos tempos bíblicos. Veja o mandamento do Senhor:

> Não sacrificarás ao Senhor, teu Deus, novilho ou ovelha em que haja imperfeição ou algum defeito grave; pois é abominação ao Senhor, teu Deus. Quando no meio de ti, em alguma das tuas cidades que te dá o Senhor, teu Deus, se achar algum homem ou mulher que proceda mal aos olhos do Senhor, teu Deus, transgredindo a sua aliança, que vá, e sirva a outros deuses, e os adore, ou ao sol, ou à lua, ou a todo o exército do céu, o que eu não ordenei; e te seja denunciado, e o ouvires; então, indagarás bem; e eis que, sendo verdade e certo que se fez tal abominação em Israel, então, levarás o homem ou a mulher que fez este malefício às tuas portas e os apedrejarás, até que morram. Por depoimento de duas ou três testemunhas, será morto o que houver de morrer; por depoimento de uma só testemunha,

não morrerá. A mão das testemunhas será a primeira contra ele, para matá-lo; e, depois, a mão de todo o povo; assim, eliminarás o mal do meio de ti (Dt 17.1-7).

Esse texto, de difícil assimilação para a mentalidade de hoje, aponta claramente para uma investigação cuidadosa, incluindo testemunhas, para se verificar a veracidade da idolatria. Então, comprovado o delito, a morte era certa para os idólatras.

C) DESTRUIR A CIDADE COMPLETAMENTE

(...) então certamente ferirás ao fio da espada os moradores daquela cidade, destruindo-a completamente, e tudo o que nela houver, até os animais (Dt 13.15).

Esses versos apontam para a verdade de que o descuido em relação ao culto divino é conduta punida com toda a severidade: deviam ser feridos os moradores, devia-se destruir totalmente a cidade, queimando completamente todo o seu despojo, sem que nada sobrasse. E essa não é a única vez que Deus ordena a completa destruição de uma cidade, incluindo todos os seres viventes que ali habitam. Os homens e o gado deveriam ser mortos, sem reserva, assim como todos os bens ali existentes. Tudo deveria ser exterminado. Uma cidade completamente destruída deveria ser deixada como *monturo* para sempre. Nenhuma memória deveria ser deixada. Nunca mais uma cidade idólatra deveria ser reconstruída.

A palavra monturo é literalmente *tell*, e a palavra *tell* é usada no árabe para qualquer lugar em ruínas. Por toda Israel hoje, [há] monturos curiosos numa planície. Essas *tells* são monturos compostos de restos de antigas cidades destruídas, cobertas, durante séculos, por pó e sujeira acumulados.[61]

Os laços mais importantes que deveriam ligar o povo de Israel ao Senhor não eram os de etnia ou divisão geopolítica, mas os laços de fé, que deveriam expressar-se de maneira fiel no culto ao Senhor que os havia resgatado da escravidão. Se os laços cúlticos fossem quebrados pela idolatria, toda a cidade e seus habitantes infiéis deveriam ser destruídos. Nem mesmo os animais deveriam ser deixados vivos. Compare essa ordem de Deus, em Deuteronômio 13, com a ordem em Josué 7, passagem em que Deus manda matar aqueles que eram culpados de ficar com os despojos dos condenados. Observe a severidade do castigo divino por causa da gravidade do culto idólatra.

O caso de Josué refere-se à condenação de Acã, juntamente com sua família e animais:

> Então, Josué e todo o Israel com ele tomaram Acã, filho de Zera, e a prata, e a capa, e a barra de ouro, e seus filhos, e suas filhas, e seus bois, e seus jumentos, e suas ovelhas, e sua tenda, e tudo quanto tinha e levaram-nos ao vale de Acor. Disse Josué: Por que nos conturbaste? O Senhor, hoje, te conturbará. E todo o Israel o apedrejou; e, depois de apedrejá-los, queimou-os. E levantaram sobre ele um montão de pedras, que permanece até ao dia de hoje; assim, o Senhor apagou o

---

61 David Guzik, em seu comentário sobre o livro de Deuteronômio. Disponível em http://www.studylight.org/com/guz/view.cgi?bk=4&ch=13. Acesso em março de 2014.

furor da sua ira; pelo que aquele lugar se chama o vale de Acor até ao dia de hoje (Js 7.24-26).

Os pecados cúlticos são levados muito a sério pelo Senhor. Devemos todos ter muito temor quando violamos as leis cúlticas, pois o Senhor é vingador. Não pense, caro leitor, que Deus mudou de ideia no que diz respeito ao culto. Ele é o mesmo Deus imutável e haverá de punir todas as nossas transgressões cúlticas no tempo apropriado.

D) QUEIMAR TODO O DESPOJO

Ajuntarás todo o seu despojo no meio da sua praça, e a cidade e todo o seu despojo queimarás por oferta total ao Senhor teu Deus, e será montão perpétuo de ruínas; nunca mais será edificada (Dt 13.16).

Ninguém poderia levar para casa o despojo da cidade queimada. Ninguém poderia pegar vestes, móveis, joias e coisas semelhantes que estivessem nas casas ou tivessem sido colocadas nas ruas. Nenhum espólio deveria ser tomado dessa cidade. Tudo deveria ser queimado e destruído. Nada ficaria de pé; haveria somente ruínas na cidade.

Todas as coisas que ficavam na cidade tinham de ser queimadas, para que fossem "oferta total ao Senhor teu Deus". Para que fossem oferecidas a Deus, tinham de ser purificadas pelo fogo. Alguns comentaristas entendem que "foi uma destruição, e não propriamente uma oferenda...".[62] O comentarista justifica que a pa-

---

62 Citação extraída de *The Pulpit Commentaries*. Disponível em http://www.studylight.org/com/tpc/view.cgi?bk=4&ch=13.

lavra usada no texto em foco não é igual à palavra usada em outros textos relacionados às oferendas cúlticas. A cidade que, porventura, abrigasse o pecado da idolatria deveria ser destruída e nunca mais ser reconstruída. Assim, o pecado é tratado como nos demais lugares pagãos em que se pratica idolatria (Nm 21.3).

E) NÃO GUARDAR NADA DO QUE É CONDENADO

> Também nada do que for condenado deverá ficar em tua mão, para que o Senhor se aparte do ardor da sua ira, e te faça misericórdia, e tenha piedade de ti, e te multiplique, como jurou a teus pais, se ouvires a voz do Senhor, teu Deus, e guardares todos os seus mandamentos que hoje te ordeno, para fazeres o que é reto aos olhos do Senhor, teu Deus (Dt 13.17-18).

Aqui, o texto mostra-nos outra forma de expressão do ponto anterior, associada aos riscos e às consequências da contaminação. O culto ímpio e a distorção da revelação divina constituem comportamento tão grave que ninguém deve envolver-se com nada do que é condenado, para que a ira do Senhor se aparte e nós sejamos tratados com piedade e misericórdia.

Não guardar o que é condenado implica ouvir a voz de Deus e obedecer aos seus mandamentos, fazendo o que é reto não aos olhos dos homens, mas aos olhos de Deus!

LIÇÕES

1. Deus aplica essa severidade para mostrar quão zeloso é na questão da adoração de seu nome e quão grande é o crime de adoração de outros deuses. Nesses quesitos, Deus não reparte sua glória com ninguém!

2. Deus espera que os magistrados, que têm honra e poder dados por ele, também estejam preocupados com a honra divina, e usem seu poder para o terror dos malfeitores. Afinal de contas, a espada serve para esse fim, não devendo ser usada em vão.

3. Os fiéis adoradores do Deus verdadeiro devem aproveitar todas as oportunidades para mostrar sua justa indignação contra a idolatria, especialmente contra o ateísmo, a infidelidade e a falta de religiosidade.

4. A melhor forma de escapar da ira divina na terra em que vivemos consiste em executar justiça sobre os ímpios da terra (Dt 13.17). Se os governantes de um país não eliminam o foco cúltico errôneo de determinada cidade, exercendo a justiça estabelecida na lei, o próprio Deus se encarregará de executar justiça sobre a totalidade da nação — o que se torna ainda mais sério.

5. A nação judaica foi destruída várias vezes porque seus governantes deixaram de aplicar a lei estabelecida por Deus contra a idolatria reinante. Eles não executaram as cidades que adoravam ídolos, e Deus destruiu toda a nação pela intervenção dos caldeus sobre Jerusalém, levando cativos muitos milhares. O ensino do Novo Testamento fala da comunhão com os idólatras como um pecado que, acima de qualquer outro, provoca o Senhor à ira. Ninguém deveria atrever-se a desafiar o Senhor, que é mais forte do que os homens (1Co 10.21-22).[63]

Podemos aplicar os princípios estabelecidos para Israel ao governo eclesiástico do cristianismo?

---

63 Esses cinco pontos são encontrados, ainda que não literalmente, em *Matthew Henry's Complete Commentary on the Bible*. Disponível em http://www.studylight.org/com/mhm/view.cgi?bk=4&ch=13. Acesso em março de 2014.

Alguns aspectos dificultam a aplicação das leis vigentes em Israel nas igrejas cristãs:

- Não podemos esquecer que não existe nação de tradição religiosa judaico-cristã que se aventure a aplicar as leis em estudo aos seus cidadãos. Não há paralelo de constituição entre Israel e as nações cristãs. Israel era uma nação debaixo de um governo teocrático, enquanto as igrejas cristãs não estão debaixo de governos teocráticos, mas democráticos.
- Não podemos esquecer que as igrejas cristãs de nossa geração cederam aos (ou, ao menos, estão sob os) pressupostos humanistas e capitularam parcialmente perante uma cultura secularizada.
- Não podemos esquecer que a disciplina eclesiástica tornou-se frouxa em muitos setores, inclusive na igreja chamada evangélica. Ninguém é punido por pecados teológicos/cúlticos. Há punição ainda para alguns pecados morais, mas não por desobediência teológica ou cúltica ao Senhor. Hoje, os falsos profetas/mestres espalham-se pela cidade, levantam seus templos, impõem novidades cúlticas e, a cada dia que passa, aumentam mais seus seguidores, mas ninguém põe a mão neles.

Todavia, ainda que a igreja cristã viva em nações secularizadas e pós-cristãs:

- A Igreja tem o dever de preservar o culto santo ao Senhor.
- A Igreja tem de "batalhar pela fé que, uma vez por todas, foi entregue aos santos" (Jd 3).

- A Igreja é um corpo que governa a si mesmo, e não deve permitir que governos totalitários ou democráticos interfiram em suas deliberações cúlticas e teológicas, inclusive na tarefa de exercer disciplina sobre aqueles que cometem pecado cúltico.
- A Igreja deve ter coragem de ser guardiã da verdade de Deus e de punir com severidade aqueles que se misturam com cultos estranhos ao Deus verdadeiro, sem levar em conta o que é "politicamente correto". Essa lei humana deve estar sob a lei divina de fazer o que é certo e estabelecido pelo Senhor. A lei do culto ao Senhor é uma verdade central, não periférica.
- A Igreja não deve temer as leis do Estado quando ferem princípios divinos, especialmente em um país no qual o governo está se tornando cada vez mais anti-Deus.
- A Igreja deve lutar contra o *status quo* moralmente leniente dos países democráticos. De que forma? Lutando para que a disciplina eclesiástica seja restaurada (2Co 10.3-8) e para que as leis do país sejam justas e a espada seja usada com justiça (Rm 13.1-4) no caso de as leis divinamente estabelecidas serem descumpridas.

Fica claro, portanto, que, no estado de direito em que vivemos hoje, essas leis bíblicas expostas em Deuteronômio 13 constituem crime, mas os princípios de Deus são aplicáveis. Como os tempos são diferentes! Se hoje não temos cidades inteiras destruídas, é por causa da longanimidade de Deus, mas não devemos duvidar de que seu desprazer é o mesmo diante de atitudes dessa natureza!

CAPÍTULO 8

A OPOSIÇÃO DOS FALSOS PROFETAS AOS VERDADEIROS PROFETAS[64]

Os verdadeiros profetas de Deus nunca devem descansar quando se trata de combater o erro. Eles devem ter compromisso com a verdade. Como não dá para separar a falsa profecia dos falsos profetas, os verdadeiros profetas de Deus têm de fazer oposição a eles constantemente e orientar o povo de Deus de forma correta. Esses são os deveres esperados de todos os profetas que pertencem a Deus.

Análise de Texto

Os sacerdotes, os profetas e todo o povo ouviram a Jeremias, quando proferia estas palavras na Casa do SENHOR. Tendo Jeremias acabado de falar tudo quanto o SENHOR lhe havia ordenado que dissesse a todo o povo, lançaram mão dele os sacerdotes, os profetas e todo o povo, dizendo: Serás morto. Por

---

64 Devo a pesquisa desta seção ao acadêmico Flávio José Gomes Pato, mestrando do CPAJ, no cumprimento das exigências da disciplina Teologia da Revelação.

que profetizas em nome do SENHOR, dizendo: Será como Siló esta casa, e esta cidade, desolada e sem habitantes? E ajuntou-se todo o povo contra Jeremias, na Casa do SENHOR. Tendo os príncipes de Judá ouvido estas palavras, subiram da casa do rei à Casa do SENHOR e se assentaram à entrada da Porta Nova da Casa do SENHOR. Então, os sacerdotes e os profetas falaram aos príncipes e a todo o povo, dizendo: Este homem é réu de morte, porque profetizou contra esta cidade, como ouvistes com os vossos próprios ouvidos (Jr 26.7-11).

1. O VERDADEIRO PROFETA DE DEUS SEMPRE TERÁ DE MANIFESTAR A VONTADE DE DEUS AO POVO

Os sacerdotes, os profetas e todo o povo ouviram a Jeremias, quando proferia estas palavras na Casa do SENHOR. Tendo Jeremias acabado de falar tudo quanto o Senhor lhe havia ordenado que dissesse a todo o povo, lançaram mão dele os sacerdotes, os profetas e todo o povo, dizendo: serás morto (Jr 26.7-8).

A vida daqueles que anunciam as verdades do Senhor nem sempre é marcada por longos períodos de calmaria. De modo contrário, vemos vários homens de Deus com suas vidas marcadas por longos períodos de severidade e também de sofrimento impingido por um povo infiel. Nos relatos bíblicos, é comum encontrar histórias de homens que foram até as últimas consequências para anunciar a palavra de Deus a homens ímpios, chamando-os ao arrependimento e também indicando-lhes o caminho da restauração.

Cumprir a vontade de Deus implica anunciá-la ao povo, independentemente das consequências. Essa é a função de todo verdadeiro profeta. Os verdadeiros profetas são os responsáveis pela musculatura espiritual do povo de Deus, fazendo brilhar a Palavra revelada e interpretando a Verdade revelada e registrada, para que o povo de Deus trilhe os caminhos corretos. Os profetas sempre se preocupam com a vida ética do povo de Deus. Eles interpretam o texto da Escritura aplicando-o ao povo, de modo a nortear eticamente suas vidas.

Jeremias é citado como o profeta "da Palavra do Senhor", e não é sem razão que ele tem esse título. Walter Kaiser Jr., professor de Línguas e Semântica, refere-se a esse fato da seguinte forma:

> Jeremias empregou a expressão "Assim diz o SENHOR", ou frases semelhantes, cerca de cento e cinquenta vezes, das trezentas e quarenta e nove ocasiões em que essa frase é empregada no A.T.[65]

A) A VONTADE DE DEUS EM RELAÇÃO AO POVO TEM DE SER PREGADA COM SINCERIDADE

Análise de Texto
Porque nós não estamos, como tantos outros, mercadejando a palavra de Deus; antes, em Cristo é que falamos na presença de Deus, com sinceridade e da parte do próprio Deus (2Co 2.17).

Há alguns ensinamentos nesse texto sobre como um profeta de Deus deve agir, de modo a não se afastar da verdadeira profecia.

---

65 KAISER JR, Walter C. *Teologia do Antigo Testamento*. 2 ed. São Paulo: Edições Vida Nova, 1984, p. 236.

a) Paulo está dizendo que seu ministério não era marcado pelo desejo de lucro.

> Porque nós não estamos, como tantos outros, mercadejando a palavra de Deus (...) (2Co 2.17a).

Não era seu alvo enriquecer. Paulo está na contramão de muitos profetas modernos que nutrem forte desejo de riqueza, afirmando que os filhos de Deus não podem ser pobres. A doutrina do cifrão não é parte do pensamento paulino. Nesse sentido, se Paulo vivesse em nossa época, seria uma andorinha isolada que não faz verão. Em geral, ele se recusava a aceitar donativos para seu ministério. Ele preferia usar sua habilidade de fazer tendas, para não representar um fardo para outras pessoas.

Entretanto, entendemos que Paulo não esperava que todos fossem iguais a ele. Não ser um fardo para as outras pessoas foi uma opção dele. Ele deixou bem claro que aquele que se dedica ao evangelho deve viver do evangelho, mas ele próprio escolheu não viver do evangelho. Somente quando estava preso é que recebia alguns donativos de igrejas que o amavam. O ministério de pregação não estava à venda. Ele o fazia por ordem de Deus.

b) Paulo está dizendo que seu ministério era algo feito na presença de Deus.

> (...) antes, em Cristo é que falamos na presença de Deus (...) (2Co 2.17b).

A expressão *antes* deve ser entendida como "de modo contrário". O contraste tem como pano de fundo o hábito mercantilista de outros falsos profetas já naquele tempo. Eles eram mercadores da palavra de Deus, mas Paulo procedia de modo oposto porque tinha consciência de que o que ele fazia "era na presença de Deus".

Quando um profeta de Deus tem consciência e forte convicção de que Deus vê todas as coisas, faz tudo conforme manda o figurino. A presença constante de Deus é o principal motivador de seu ministério fiel. Nenhum de nós pode esquecer que o Senhor a tudo observa. Portanto, quando profetizarmos, saibamos que Deus está presente em tudo o que fazemos. Essa consciência pode ajudar muito em nossa pregação.

c) Paulo está dizendo que sua pregação era cheia de sinceridade.

(...) com sinceridade (...) (2Co 2.17c).

Paulo não tinha segundas intenções em seu ministério. Ele era transparente em seu trabalho porque entendia que seu ministério consistia em agradar a Deus, diante de quem ele se encontrava. Por essa razão, ele não podia mostrar qualquer tipo de falsidade em sua pregação.

A sinceridade da pregação também procede da convicção de que Deus nos observa. Ninguém pode ser falso ou insincero diante de Deus. A sinceridade da palavra profética em Paulo residia no entendimento de que seu ministério era "em Cristo". Esse reconhecimento o levava, obrigatoriamente, a fazer as coisas de forma transparente.

d) Paulo está dizendo que seu ministério procedia de Deus.

(...) com sinceridade e da parte do próprio Deus (2Co 2.17d).

A sinceridade do ministério profético de Paulo tinha origem em sua consciência plena de que estava na presença de Deus e de que seu ministério profético procedia de Deus. Quando temos consciência dessa verdade, tornamo-nos verdadeiros e sinceros no que fazemos.

Paulo era um profeta de Deus, o porta-voz da Divindade. Por isso, ele disse que pregava "da parte do próprio Deus". Era seu dever pregar sem ser mercenário. Por isso, o texto diz que ele não mercadejava a Palavra de Deus.

B) A VONTADE DE DEUS AO POVO TEM DE SER PREGADA DE MODO FIEL

Jeremias encarava sua vocação para o ofício profético com muita fidelidade. Sua obediência mostrava sua fé e seu respeito pelas leis do Senhor. E, como era fiel e cria nas leis de Deus, nunca desistia. Mesmo com uma mensagem dura para um povo que estava com sua vida totalmente arraigada nas coisas temporais, e não nas coisas eternas firmadas pela Aliança, esse povo preferia as vantagens imediatas a agradar ao Senhor. Então, vemos Jeremias proferindo uma mensagem que era indesejada, como afirma Goldsworthy: "Deus lhe deu a mensagem mais impopular que podemos imaginar. Jerusalém chegava ao fim".[66]

A ordem para a fidelidade à revelação divina, na pregação profética, é constantemente afirmada na Escritura:

> Nada acrescentareis à palavra que vos mando, nem diminuireis dela, para que guardeis os mandamentos do Senhor vosso Deus, que eu vos mando (Dt 4.2).

---

[66] GOLDSWORTHY, Graeme. *Pregando toda a Bíblia como Escritura cristã*. São José dos Campos: Fiel, 2013, 277.

> Nada acrescentes às suas palavras, para que não te repreenda e sejas achado mentiroso (Pv 30.6).
> Apliquem-se a fazer tudo que eu lhes ordeno; não acrescentem nem tirem coisa alguma (Dt 12.32).

A vida do profeta que fala a verdade ao povo é pautada pela obediência àquele que o chamou. Sobre a obediência do profeta, Hermisten Costa cita um comentário de Calvino em Deuteronômio 12.32:

> (...) nesta pequena cláusula, ele ensina que não há outro serviço considerado lícito por Deus a não ser aquele para o qual ele deu sua aprovação em sua palavra, no sentido de que a obediência é a mãe da piedade; é como se ele tivesse dito que todos os modos de devoção são absurdos e infectados com superstição quando não dirigidos por essa regra.[67]

A ordem de Jesus Cristo a todos os que leem o livro do Apocalipse não é diferente dos escritos anteriores. A fidelidade é fundamental para a inteira preservação da verdade de Deus.

> e se alguém tirar qualquer cousa das palavras do livro desta profecia, Deus tirará a sua parte da árvore da vida, da cidade Santa e das cousas que se acham escritas nesse livro (Ap 22.19).

> Porém o profeta que presumir de falar alguma palavra em meu nome, que eu lhe não mandei falar, ou o que falar em nome de outros deuses, esse profeta será morto (Dt 18.20).

---

[67] COSTA, Herminsten. *Calvino de A a Z*. São Paulo: Editora Vida, 2001, pp. 196-97 (grifos do autor).

Essas passagens reforçam como é importante manter nossa vida focada na obediência fiel ao Senhor. Os profetas de Deus são um grande exemplo de como os profetas não devem adequar-se às circunstâncias vigentes para tentar manter o *status quo*, mas, sim, assumir, com obediência, que têm de falar tudo o que Senhor lhes ordena.

C) A VONTADE DE DEUS EM RELAÇÃO AO POVO TEM DE SER PREGADA NA TOTALIDADE

A ordem de Deus é sempre falar sua verdade, e essa fala deve ser verdadeira e completa. Vemos isso em vários textos da palavra contidos tanto no Antigo Testamento como no Novo Testamento:

- Jeremias é convocado pelo próprio Deus a levar a totalidade de sua mensagem ao povo de Judá:

> Assim diz o Senhor: Põe-te no átrio da casa do Senhor e dize a todas as cidades de Judá, que vem adorar à Casa do Senhor, todas as palavras que eu te mando e não omitas nem um palavra sequer (Jr 26.2).

Assim, vemos Jeremias como um verdadeiro homem de Deus, alguém que cumpre, de forma integral, seu chamado. E seu chamado é pregar uma mensagem completa de juízo à Judá.

Falar o que o Senhor ordenou é a verdadeira função do profeta. Isso fica claro na vida de Jeremias, quando ele profere a mensagem ordenada pelo Senhor em todo o seu ministério profético. O verdadeiro comunicador da palavra do Senhor não diminui nem adapta a palavra à situação. O que ele faz é apresentar fiel e totalmente a mensagem, seja uma mensagem de restauração, seja uma mensagem de juízo, como era o caso das profecias proferidas a Judá por Jeremias.

- Paulo também entendeu que a mensagem de Deus tinha de ser pregada em sua totalidade. Os presbíteros da igreja de Éfeso tiveram o privilégio de ouvir todo o conselho de Deus:

> Porque jamais deixei eu de anunciar todo o desígnio de Deus (At 20.27).

Nessa passagem, vemos que Deus preza por sua verdade e, por meio desse imperativo, assumimos que o profeta é comissionado a falar sempre a verdade ao povo — e falar sua totalidade. Ele não deve omitir nada daquilo que o Senhor lhe mandou falar.

Por causa da pregação da palavra profética feita em sinceridade, com fidelidade e em sua totalidade, os profetas de Deus sempre receberam oposição em sua época. E hoje o panorama não é diferente!

2. O VERDADEIRO PROFETA DE DEUS SEMPRE SERÁ AMEAÇADO PELA CLASSE RELIGIOSA

Com frequência, a perseguição feita a um verdadeiro profeta de Deus tem nascedouro "intramuros", ou seja, na esfera de liderança do povo de Deus.

> Tendo Jeremias acabado de falar tudo quanto o Senhor lhe havia ordenado que dissesse a todo o povo, lançaram mão dele os sacerdotes, os profetas e todo o povo, dizendo: Serás morto (Jr 26.8).

Aqui, vislumbramos uma dura realidade dos tempos do profeta Jeremias que, ainda hoje, ecoa entre nós. Jeremias é ameaçado de morte pelos falsos profetas. O cerne dessa ameaça está em discernir que o pecado deliberado exige uma repreensão fiel da parte de Deus, mas o coração endurecido e envolto em pecado da parte dos sacerdotes, dos profetas e de todo o povo não dá atenção às suas palavras, mas, antes, ameaça o profeta verdadeiro, usando até mesmo formulações da própria lei de Deus.

Diante da mensagem de julgamento proferida por Jeremias, eles alegavam estar em paz e que o julgamento não teria lugar, pois eles estavam no templo. Mas essa sensação de segurança que tentavam passar a todos era totalmente falsa e não condizente com a realidade, muito menos com a palavra do Senhor. Adulterar a palavra ou torná-la adaptável às diversas situações é característica de todo falso profeta.

Na fidelidade de sua pregação, Jeremias despertou o ódio da classe dominante na teocracia judaica, recebendo ameaça de morte. Os falsos profetas tentavam manter Israel em um estado de triunfalismo, e uma mensagem de julgamento divino não cairia bem para todo aquele povo.

A mensagem de repreensão feita por Jeremias gerou repulsa imediata, por denunciar a prática de adoração do povo em relação à quebra do pacto com Deus. A esse respeito, Scott assinala:

> Era impossível adorar a Javé enquanto se adoravam o modo de vida, os costumes e as instituições próprias dos servos de Baal. Era tarefa ingrata para os profetas declarar que a vida nacional não podia aguentar o teste. Visto que o fruto era mau, algo devia estar errado com as videiras. A nação não tinha ordenado seus

caminhos de modo a produzir bom fruto na vida, no caráter e na ação, o fruto que a natureza de sua professada religião exigia.[68]

Aqui está o grande divisor de águas entre o que é falso e o que é verdadeiro: tornar claro o que está errado para trazer de volta o povo e toda a nação para os caminhos do Senhor, mesmo que, dessa ação, advenham ameaças de morte.

No presente, o verdadeiro profeta de Deus sofre grande *pressão* dos religiosos — especialmente os pregadores e os demais clérigos. Amanhã, ele será duramente *perseguido* e *morto* por eles, em razão de sua fidelidade na pregação. Observe o que Cristo fala aos discípulos sobre a perseguição por parte dos falsos profetas!

3. O VERDADEIRO PROFETA DE DEUS SEMPRE SERÁ CONFRONTADO PELO POVO

> Por que profetizas em nome do Senhor, dizendo: Será como Siló esta casa, e esta cidade, desolada e sem habitantes? E ajuntou-se todo o povo contra Jeremias, na Casa do Senhor (Jr 26.9).

A perseguição vinha dos líderes e dos liderados do povo de Israel. Era um tempo de tanta crise teológica que os líderes e os liderados não conseguiam saber o que era a verdade de Deus.

A) JEREMIAS FOI CONFRONTADO PELO POVO PORQUE PROFETIZAVA EM NOME DO SENHOR

> Por que profetizas em nome do Senhor (...) (Jr 26.9a).

---

[68] SCOTT, R.B.Y. *Os profetas de Israel*: nossos contemporâneos. São Paulo: Associação dos Seminários Teológicos Evangélicos,1968), p. 159.

Nos relatos de Jeremias 26, observamos que ser confrontado pelo povo era algo que acontecia naturalmente, pois o povo não tinha mais prazer na verdadeira lei de Deus. Questionar o profeta revelava um estilo de vida totalmente apartado dos caminhos do Senhor. O povo não queria ouvir a Palavra do Senhor; as pessoas ditavam sua própria regra de vida. O povo pregava e vivia uma mensagem diferente daquela proferida por Jeremias. Na verdade, a rebeldia do povo contra Jeremias era a rebeldia do povo contra Deus. O povo não queria um tipo de vida permeado por sofrimento e miséria. Eles queriam viver bem, a despeito de seus pecados.

B) JEREMIAS FOI CONFRONTADO PELO POVO PORQUE PROFETIZAVA COISAS TRISTES SOBRE JERUSALÉM

> Será como Siló esta casa, e esta cidade, desolada e sem habitantes? E ajuntou-se todo o povo contra Jeremias, na Casa do Senhor (Jr 26.9b).

Ao contrário dos falsos profetas que profetizavam "paz e segurança", os verdadeiros profetas tinham a dura tarefa de anunciar coisas terríveis ao povo. Não se esqueça de que Jeremias pregava coisas relativas ao tempo do cativeiro. Muita desgraça da parte de Deus haveria de cair sobre Jerusalém, com duas especialmente expressas nessa passagem:

I) Jeremias pregava que o templo seria esvaziado

O discurso de Jeremias contra o templo está relacionado ao tempo do reinado de Jeoaquim. Sob seu reinado, todos os esforços promovidos pela reforma de Josias se perderam. Restou apenas o culto no templo, articulado para manter o poder e mascarar os males da nação de Judá.

Identificamos que a primeira inserção desse discurso se dá no capítulo 7, que contém o discurso de Jeremias no templo e destaca o conteúdo dessa mensagem profética. No capítulo 26, vemos claramente a reação ao discurso profético por parte de seus ouvintes. Sem dúvida, trata-se de uma mensagem de julgamento contra uma falsa confiança que o povo tinha.

> Põe-te à porta da Casa do Senhor, e proclama ali esta palavra, e dize: Ouvi a palavra do Senhor, todos de Judá, vós, os que entrais por estas portas, para adorardes ao Senhor. Assim diz o Senhor dos Exércitos, o Deus de Israel: Emendai os vossos caminhos e as vossas obras, e eu vos farei habitar neste lugar. Não confieis em palavras falsas, dizendo: Templo do Senhor, templo do Senhor, templo do Senhor é este (Jr 7.2-4).

Observe o que Deus fez a um templo provisório anterior, situado em Siló:

> Que é isso? Furtais e matais, cometeis adultério e jurais falsamente, queimais incenso a Baal e andais após outros deuses que não conheceis, e depois vindes, e vos pondes diante de mim nesta casa que se chama pelo meu nome, e dizeis: Estamos salvos; sim, só para continuardes a praticar estas abominações! Será esta casa que se chama pelo meu nome um covil de salteadores aos vossos olhos? Eis que eu, eu mesmo, vi isto, diz o Senhor. Mas ide agora ao meu lugar que estava em Siló, onde, no princípio, fiz habitar o meu nome, e vede o que lhe fiz, por

> causa da maldade do meu povo de Israel. Agora, pois, visto que fazeis todas estas obras, diz o Senhor, e eu vos falei, começando de madrugada, e não me ouvistes, chamei-vos, e não me respondestes, farei também a esta casa que se chama pelo meu nome, na qual confiais, e a este lugar, que vos dei a vós outros e a vossos pais, como fiz a Siló (Jr 7.9-15).

O povo pensava que o templo garantiria a segurança da nação para sempre. Eles pensavam numa segurança que vinha do edifício religioso, mas se esqueceram de que a segurança vinha de Deus. E, em vez de apelar para Deus, eles apelavam para o templo. Por causa desse templarismo irrefletido, a ira de Deus veio sobre o lugar de culto e sobre o povo que tinha esperança no templo. É nesse ponto que acontece o grande confronto de Deus com o povo — Jeremias promete a destruição do santuário, que era símbolo da religiosidade judaica.

II) Jeremias pregava que a cidade seria esvaziada

> Lançar-vos-ei da minha presença, como arrojei a todos os vossos irmãos, a toda a posteridade de Efraim (Jr 7.15).

Além de esvaziar o significado do templo, por causa da infidelidade do povo, Deus prometeu que a cidade seria esvaziada, ou seja, o castigo dele viria por meio da ação violenta de Nabucodonosor contra a cidade, a qual ficaria sem seus habitantes. Deus levaria cativa uma grande parte de Jerusalém, de modo que a cidade seria esvaziada. A expressão "lançar-vos-ei da minha presença" é um indicativo muito claro da limpeza populacional de Jerusalém. Muitos seriam retirados à força pelas forças babilônicas.

A OPOSIÇÃO DOS FALSOS PROFETAS AOS VERDADEIROS PROFETAS

Em geral, esse tipo de pregação da verdadeira palavra de Deus não é popular, especialmente quando o povo anda em pecado, o que acontecia no tempo de Jeremias. O profeta conhece as condições espirituais do povo e anuncia a verdade, ainda que não seja popular. Entendemos que Jeremias se coloca como arauto de Deus e, mesmo enfrentando uma reação tão contrária, não vemos, em seu ministério, o desejo de que esse povo seja destruído, mas, sim, o de que pudesse reconhecer seus pecados. Jeremias 3 deixa clara essa intenção, no sentido de o povo voltar-se novamente para Deus, através de um apelo gracioso.

Porém, mesmo com todos os apelos e a mensagem de arrependimento que vemos no livro de Jeremias, o povo confronta o profeta, pois se encontra seduzido pela mentira e envolto em uma falsa esperança, o que produzia, no meio de Judá, uma religião oca. Aqui, a verdade que o profeta diz causa estranheza porque convoca todos a viverem em plena comunhão com Deus, e não em uma religiosidade vazia. A esse respeito, John Bright assinala:

> Nenhum personagem mais enérgico ou mais trágico subiu ao palco de Israel do que o profeta Jeremias. Sua voz era a voz autêntica do Javismo mosaico, falando, por assim dizer, extemporaneamente para a nação nas agonias da morte. Sua missão, durante toda a vida, foi dizer, repetidas vezes, que Judá estava condenada e que essa condenação era o julgamento justo de Yaweh pela violação da aliança por parte de Judá.[69]

Em Jeremias 26.8-9, observamos que o profeta quase morreu por haver feito tal denúncia. Para o povo, nesse momento, Jeremias

---

69 BRIGHT, John. *História de Israel*. Rio de Janeiro: Paulus, 2003, p. 401.

se tornara um profeta falso e blasfemo. Para eles (povo, sacerdotes e profetas), Jeremias está cometendo dois crimes: falar em nome de Deus e contra a casa de Deus.

É importante olhar para o texto de Jeremias com o objetivo de traçar um diagnóstico preciso sobre quanto o ser humano é totalmente depravado. Todo o seu ser está corrompido, desde a raiz. Steve J. Lawson afirma:

> Jeremias apresenta fielmente a mensagem de juízo de Deus sobre a apóstata Judá, e por isso, sofre grande oposição, terríveis surras e prisões solitárias (...) Jeremias estaria seguro de que o problema de um ministério aparentemente fracassado não estava nele nem na mensagem divina. A verdade era que o problema jazia profundamente dentro do homem, na arraigada corrupção do coração humano. Jeremias diagnosticou o coração humano como radicalmente depravado e em desesperada necessidade de um novo nascimento, que unicamente o Deus soberano poderia produzir.[70]

Encontramos um dos mais claros resultados de confronto com aquele que é um verdadeiro profeta em Jeremias 26.9. Sabemos que o confronto é gerado pela maldade encontrada no coração humano. E, mais uma vez, Lawson nos ajuda a entender o cerne desse confronto, exemplificado conforme se segue:

> 1. Afetos Sensuais. O coração não regenerado está cheio de adultério espiritual. Em vez de amar supremamente a

---

70 LAWSON, Steve J. *Fundamentos da graça*: 1400 a.C.–100 d.C. Longa linha de vultos piedosos. São José dos Campos: Fiel, 2013, v. I, p. 268.

Deus, ele dedica os seus afetos ilícitos à luxúria, à cobiça, seguindo falsos deuses, principalmente o maior ídolo de todos: o ego.

2. Mente insensata. A mente humana caída é estulta em preferir praticar o mal a buscar a Deus. "O meu povo é tolo, eles não me conhecem. São crianças insensatas que nada compreendem. São hábeis em praticar o mal, mas não sabem fazer o bem" (Jr 4.22).
3. Olhos que não veem. O incrédulo vive também numa cegueira espiritual, tateando nas trevas morais, e numa surdez espiritual, incapaz de ouvir a verdade. (...) Ouçam isto, vocês, povo tolo e insensato que têm olhos, mas não veem, têm ouvidos, mas não ouvem" (Jr. 5.21).
4. Língua pecaminosa. Todos os incrédulos são interiormente perversos, falando coisas enganadoras e mentiras venenosas. "Amigo engana amigo, ninguém fala a verdade. Eles treinam a língua para mentir; e, sendo perversos, eles se cansam demais para se converter" (Jr.9.5).[71]

Esses tópicos nos ajudam a refletir sobre a razão desse confronto, e, então, respondemos que realmente o verdadeiro profeta sofre confronto devido à revolta violenta do interior do coração humano, revolta que não aceita a palavra de Deus, pois ama demais o pecado. A causa de sua condenação foi ter-se atrevido a falar com tanta veemência contra as instituições da época.

Quando você, pregador, começar a pregar sobre a ira de Deus por causa da depravação moral do povo, em vez de o povo agradecer pela mensagem, haverá de se insurgir contra você, porque,

---
71 Idem, pp. 268-71.

em geral, o povo gosta de ouvir coisas boas e agradáveis, mesmo quando está em pecado. Não deixe de se preparar para a oposição que o povo vai lhe fazer, profeta de Deus!

4. O VERDADEIRO PROFETA DE DEUS SEMPRE SERÁ DELATADO PELOS FALSOS PROFETAS

> Tendo os príncipes de Judá ouvido estas palavras, subiram da casa do rei à Casa do SENHOR e se assentaram à entrada da Porta Nova da Casa do SENHOR. Então, os sacerdotes e os profetas falaram aos príncipes e a todo o povo, dizendo: Este homem é réu de morte, porque profetizou contra esta cidade, como ouvistes com os vossos próprios ouvidos (Jr 26.10-11).

Claramente, Jeremias foi delatado por falar contra as instituições da época. Os príncipes e todo o resto do povo foram influenciados pela opinião dos falsos profetas. Com falsas acusações, os sacerdotes e os profetas levaram Jeremias ao foro público. E diziam que, por causa de sua pregação, ele era digno de morte. Eles se firmaram em promessas que não eram de Deus e aplicaram essas promessas com fins hipócritas, de modo que condenaram Jeremias à morte.

A fala de Jeremias foi, basicamente, sobre as práticas do pacto e da adoração adequada, e, então, por causa dos pecados do povo, ele julgou a todos. Sua fala foi entregue em um lugar importante: o Templo. Vemos também que ele insistiu que a presença física do templo não garantiria que Jerusalém não seria destruída. E ainda disse: o que garante Jerusalém é apenas o cumprimento verdadeiro do Pacto com Deus, e não a existência do templo. Vemos isso na primeira parte de seu sermão no capítulo 7:

A OPOSIÇÃO DOS FALSOS PROFETAS AOS VERDADEIROS PROFETAS

> Assim diz o SENHOR dos Exércitos, o Deus de Israel: Emendai os vossos caminhos e as vossas obras, e eu vos farei habitar neste lugar. Não confieis em palavras falsas, dizendo: Templo do Senhor, templo do Senhor, templo do Senhor é este lugar. Mas, se deveras emendardes os vossos caminhos e as vossas obras, se deveras praticardes a justiça cada um com seu próximo (...) (Jr 7.3-5).

Sabemos que, possivelmente, o verso 4 é uma fórmula para adoração no templo, mas só é possível usá-la se o pacto com Deus for realmente cumprido.

Observamos também os falsos profetas delatando Jeremias por causa da denúncia do pecado de todos eles. Em Jeremias 7.6, vemos, de forma clara, sobre quais pecados Jeremias estava falando:

> (...) se não oprimirdes os estrangeiros e o órfão e a viúva, nem derramardes sangue inocente neste lugar, nem andardes após outros deuses para o vosso próprio mal, eu vos farei habitar neste lugar, na terra que dei a vossos pais, desde os tempos antigos e para sempre. Eis que vós confiais em palavras falsas, que para nada vos aproveitam (Jr 7.6-8).

Eles acabaram perdendo o convívio no templo porque deram ouvidos a "palavras falsas". Quem confia nos profetas falsos certamente receberá o castigo divino no tempo aprazado por Deus.

Em Jeremias 26.7-11, vemos a reação de um povo e de seus líderes às palavras proferidas por Jeremias. O profeta condena especificamente um comportamento religioso que é totalmente oco, sem vida, revestido apenas de aparência e contrário àquilo que o Senhor conclama o povo de Israel a obedecer.

EU SOU | A FALSIFICAÇÃO DA REVELAÇÃO VERBAL NO ENSINO DO ANTIGO TESTAMENTO

Para Israel, de nada vale o sacrifício desprovido de vida e de amor. O que realmente adiantaria era obedecer à Aliança do Senhor. Como já dito em outro ponto, os falsos profetas levaram Israel a um triunfalismo nacional que também incorreria em um falso profetismo por quem apregoava essas coisas. Vemos que a repreensão fiel do profeta despertou um ressentimento violento. Mas, mesmo com toda essa hostilidade e violência, o verdadeiro profeta continua a falar a verdade recebida de Deus.

Se você é um verdadeiro profeta de Deus, não está livre da delação por parte de falsos profetas. Eles vasculharão sua vida para encontrar motivo de acusação. Eles querem ver você derrotado e humilhado. Portanto, viva limpa e irrepreensivelmente, a fim de que ninguém tenha alguma coisa contra você. Se você for irrepreensível em sua conduta e em sua palavra profética, Deus lhe trará honra, e você, por fim, será ouvido por aqueles a quem prega, ainda que os falsos profetas tentem manchar sua reputação.

CAPÍTULO 9
POSTURAS DOS CRENTES DIANTE DOS FALSOS PROFETAS[72]

A Escritura nos aponta algumas posturas que os verdadeiros crentes devem ter em relação aos falsos profetas. Essas posturas devem ser válidas ainda hoje — uma época de tanta vacilação teológica.

Mais do que nunca, as posturas a serem estudadas devem ser tomadas pelos cristãos genuínos. Não é uma questão de opção, mas de sobrevivência em meio à tempestade que se avizinha sobre todos nós!

1. OS CRENTES FIÉIS DEVEM ACAUTELAR-SE DOS FALSOS PROFETAS

Acautelai-vos dos falsos profetas, que se vos apresentam disfarçados em ovelhas, mas por dentro são lobos roubadores. Pelos

---

[72] A argumentação desta seção do capítulo se deve ao esforço inestimável dos acadêmicos Josué Francisco dos Santos Filho e Giovanni G. R. Zardini, em cumprimento de suas tarefas do curso Teologia da Revelação no CPAJ, a quem muito agradeço.

seus frutos os conhecereis. Colhem-se, porventura, uvas dos espinheiros ou figos dos abrolhos? Assim, toda árvore boa produz bons frutos, porém a árvore má produz frutos maus. Não pode a árvore boa produzir frutos maus, nem a árvore má produzir frutos bons. Toda árvore que não produz bom fruto é cortada e lançada ao fogo. Assim, pois, pelos seus frutos os conhecereis (Mt 7.15-20).

A leitura do verso 15 desse sermão de Jesus conduz-nos, intuitivamente, a pensar que um novo e aparentemente desconexo assunto é introduzido em relação ao que o precede de imediato. Contudo, após descrever o mais excelente e solene modo de vida, guiado pela porta estreita de seu evangelho, a advertência subsequente de Jesus visa alertar-nos exatamente contra um dos principais impedimentos para trilhar esse caminho, a saber: os falsos guias e suas mentiras encobertas; "aqueles que, sob o pretexto de oferecer-nos direções divinas, fatalmente vão nos enganar se lhes dermos ouvidos".[73] Em seu sermão, o Senhor quer que seus ouvintes saibam que, no processo de estabelecimento do reino, haverá ladrões da verdade, mascarados na sutileza de sua falsidade, com o propósito de iludir e desviar todos aqueles que lhes concederem a oportunidade, dando-lhes crédito e atenção. Os discípulos, portanto, devem manter-se em cauteloso alerta em relação a esses ladrões da verdade.

A forma minuciosa e consideravelmente sistemática com que Mateus registra o evento do Sermão do Monte demonstra seu foco na importância dos ensinamentos de Jesus. A audiência

---

[73] PINK, Arthur W. Disponível em: http://www.pbministries.org/books/pink/Sermon/sermon_50.htm. Acesso em abril de 2014.

desses ensinamentos específicos é composta por seus discípulos e seguidores, mas também por multidões que incluem entusiastas e incrédulos, sem quaisquer indícios de comprometimento com a pessoa ou a mensagem de Jesus. Contudo, mesmo diante desse público tão distinto no que diz respeito à disposição do coração, Mateus registra o encadeamento da fala de Jesus, que, em resumo, aponta para o superior caminho da vida, através da porta estreita de seu discipulado.[74] A realidade do engano cerca a todos. É preciso, pois, acautelar-se, com discernimento, da falsa profecia.

Após apontar o caminho estreito que conduz à vida (Mt 7.13, 14), a admoestação de Jesus, dirigida a seus discípulos e à multidão, evidencia que, mesmo nesse caminho, que poucos trilham, há inimigos variados e astutos, que caminham lado a lado, trazendo, em sua companhia sorrateira, o engano e a necessária atitude de vigilância.

As advertências sobre os falsos profetas e suas respectivas falsas profecias revelam: (a) que há profetas não genuínos e, portanto, desautorizados da parte de Deus; (b) que a verdade pode ser adulterada no mundo e no meio do povo de Deus; e (c) que tais inimigos do evangelho podem estar ocultos em meio a disfarces cristãos.[75] Ao chamar seus discípulos à cautela, Jesus está revelando uma realidade de engano que cerca a vida da igreja e concorre com a atividade do evangelho.

A exortação de Jesus posiciona-se em tom profético, anunciando as responsabilidades presente e futura que a igreja neotestamentária[76] tem em face da existência dos falsos profetas:

---

74 MARSHALL, I. Howard. *Teologia do Novo Testamento*. São Paulo: Vida Nova, 2007, pp. 90-2.
75 CARSON, D. A. *O comentário de Mateus*. São Paulo: Shedd Publicações, 2011, p. 232.
76 Ver também Atos 20.29; 2 Coríntios 11.11-15; 2 Pedro 2.1-3, 17-22; 1 João 2.18, 22; 4.1-6.

> Muitos falsos profetas se levantarão e enganarão a muitos (...) surgirão falsos profetas e falsos cristos operando grande sinais e prodígios para enganar, possivelmente até os próprios eleitos (Mt 24.11, 24).
>
> Eu [Paulo] sei que, depois da minha partida, penetrarão lobos vorazes entre vós, que não pouparão o rebanho. Também de entre vós mesmos se levantarão homens que falarão coisas distorcidas, para atrair os discípulos atrás deles. Portanto, vigiai (At 20.29-31).
>
> Rogo-vos, irmãos, que notem bem aqueles que promovem divisões e escândalos, em desacordo com a doutrina que aprendestes; afastem-se deles, porque os tais não servem a Cristo, nosso Senhor, mas sim ao seu próprio ventre; e, com suaves palavras e lisonjas, enganam os corações dos inocentes (Rm 16.17, 18).
>
> Mas houve também falsos profetas entre o povo, assim como haverá entre vós falsos mestres que, secretamente, porão em heresias de perdição, a ponto de negarem o Senhor que os resgatou, trazendo sobre si mesmos repentina destruição. E muitos seguirão suas práticas libertinas (2Pe 2.1, 2).
>
> Amados, não deis crédito a qualquer espírito, mas provai se os espíritos procedem de Deus, porque muitos falsos profetas têm-se levantado mundo afora (1Jo 4.1).

Além disso, há o grave histórico de testemunhos registrados no Antigo Testamento[77] acerca da atividade desses mensageiros do engano e de suas profecias absolutamente perniciosas e desautorizadas:

---

77 Ver também Jeremias 6.13-15; 8.8-12; Ezequiel 13; 22.27; Sofonias 3.4.

> Uma coisa espantosa e horrível acontece na terra: os profetas profetizam falsamente, e os sacerdotes governam por sua própria autoridade (Jr 5.30, 31).
> Então o Senhor me disse: Os profetas profetizam mentiras em meu nome. Eu não os enviei nem lhes dei ordem alguma, nem mesmo lhes falei. O que eles lhes profetizam são visões falsas, adivinhações, vaidade e o engano de seu próprio coração (Jr 14.14). Tenho visto nos profetas de Jerusalém uma coisa horrenda: cometem adultérios, andam com falsidade, e também fortalecem as mãos dos malfeitores, para que cada um deles não se converta da sua maldade; são todos eles para mim como Sodoma (...) Assim diz o Senhor dos Exércitos: Não deis ouvidos às palavras dos profetas que profetizam no meio de vocês, enchendo-vos de esperanças vazias; falam as visões do seu coração, e não o que vem da boca do Senhor (Jr 23.14,16).
> Há uma conspiração de seus profetas no meio dela [Jerusalém]; como um leão que ruge, arrebatando a presa, eles devoram as almas; eles tomaram a tesouros e coisas preciosas, e multiplicam as viúvas no meio dela (Ez 22.25).

Os falsos profetas e a mentira de suas profecias autóctones foram um dos principais fatores para a apostasia e a ruína do povo de Deus ao longo do Antigo Testamento. Esse histórico estrutura a gravidade da admoestação na advertência de Jesus para seus discípulos e para as multidões.

No relato de Mateus, a exclamação de Jesus chama a atenção para a densa realidade de ilusão, proveniente tanto da existência como da atividade hostil e mal-intencionada dos falsos guias, autoproclamados "profetas". Eles existem, estão — como sempre estiveram — no meio do povo de Deus e "se apresentam" a fim de roubar. Ao discípulo, cabe ter a cautela e a responsabilidade do estreito caminho que conduz à vida. Essas são bagagens imprescindíveis, por meio das quais o cuidado de Deus se faz presente, e a caminhada, mais segura.

Análise de Texto
Acautelai-vos dos falsos profetas, que se vos apresentam disfarçados em ovelhas, mas por dentro são lobos roubadores (Mt 7.15).

A) O DEVER DE CAUTELA É UM IMPERATIVO DIVINO

Acautelai-vos dos falsos profetas (...) (Mt 7.15a).

Aqui, a primeira palavra, o verbo grego *proséchete* (*Prose,cete* — "acautelai"), encontra-se no imperativo, impondo dever de cautela, de cuidado; ordena-se ao ouvinte e leitor que se guarde, se acautele, esteja atento, proteja a si mesmo, premuna-se, com o objetivo de evitar maus resultados. O termo grego é o mesmo presente em Atos 20.28, em que o apóstolo Paulo, através desse imperativo, ordena aos presbíteros de Éfeso que tenham cuidado, zelo, atenção e proteção com o rebanho adquirido pelo Senhor.

A ordem do Senhor é que seus ouvintes, literalmente, "mantenham-se (em mente e ouvido) distantes"[78] dos falsos profetas. Há, neles, um padrão objetivo e, portanto, identificável em suas mentiras, padrão que se distingue da verdade do Evangelho. Enquanto os verdadeiros profetas ensinavam a verdade por revelação divina,

---

78 HENDRIKSEN, William. *Comentário do Novo Testamento*: Mateus. São Paulo, 2001, v. I, p. 460.

o falso profeta reivindicava para si e para sua mensagem a mesma revelação da parte de Deus, pregando, então, sobre uma base falsa de autoridade, conteúdo e designação. Ou seja, ensinando a mentira com o nome e a aparência de verdade. Desse modo, o profeta Jeremias distinguiu o verdadeiro do falso quando disse que, diferentemente dos profetas de Deus, que permanecem no conselho divino (Jr 23.18, 22), os falsos profetas "falam visões do seu coração, e não o que vem da boca do Senhor" (Jr 23.16).

Quando Jesus declara sua ordem em relação aos falsos profetas, está claramente dizendo que sua verdade é objetiva e que, ainda que semelhante, todo ensino que lhe seja distinto é mentiroso, e seus portadores são arautos do engano e da falsidade, dos quais a igreja deve acautelar-se.[79]

O texto parece afirmar que o risco não estava apenas em alguma questão doutrinária específica, mas também na pessoalidade dos envolvidos, ou seja, no próprio proceder, por meio do qual já seria possível saber o grau de legitimidade do locutor, mesmo antes de ouvir sua mensagem.

B) O DEVER DE CAUTELA É UM ALERTA À SUTILEZA POR PARTE DOS FALSOS PROFETAS

Acautelai-vos dos falsos profetas, que se vos apresentam disfarçados em ovelhas (Mt 7.15b).

Quando observamos as palavras do Senhor ordenando-nos cautela em relação aos falsos profetas que se apresentam

---

[79] STOTT, John. *A mensagem do Sermão do Monte*: contracultura cristã. São Paulo: ABU, 1981, p. 209.

disfarçados de ovelhas, devemos observar essa sutileza, qual seja, a de sua aparência, na forma de ovelhas. Essa advertência deve levar-nos a reforçar a guarda, observando não apenas os que demonstram alguma evidência de falsidade, mas também avaliando, à luz das Escrituras, todo e qualquer profeta, evitando, assim, o risco de recebermos palavras de lobo como se fossem de ovelhas.

A realidade de engano é construída por meio da movimentação e da interatividade sutil dos "falsos profetas", que, não apenas existem desde os tempos antigos, quando Deus começou a falar aos homens, como também hão aumentar em número e eficácia, à medida que o tempo do fim vai-se aproximando. Jesus nos advertiu a respeito do período que precede o fim da presente era, que se caracterizará tanto pela expansão da pregação do verdadeiro Evangelho como pela expansão e manifestação progressiva dos falsos mestres, pregando um evangelho falso (Mt 24.11-14). Através do engano, com a imitação de forma e aparência, os discípulos do presente tempo ainda correm o risco de ser conduzidos para "o caminho largo que leva à destruição por homens que professam ser mestres da Verdade e ministros de Cristo, embora não sejam dele e sequer tenham seu Espírito: líderes cegos que, junto com seus crédulos, caem na vala".[80]

Os *pseudoprofetas* são assim designados por se autodesignarem portadores de uma mensagem inspirada de Deus. De modo semelhante, sua falsa identidade (*pseudo*) é condizente com a atividade dos *pseudoapóstolos*, ao presumirem, para si mesmos, uma autoridade apostólica designada pelo próprio Cristo; igualmente, com a atividade dos *pseudocristos*, que afirmam para si mesmos

---

80 PINK, Arthur W. Disponível em: http://www.pbministries.org/books/pink/Sermon/sermon_50.htm.

identidade messiânica e, consequentemente, negam a identidade do verdadeiro Cristo, ou sua vinda na carne (Mt 24.24; Mc 13.22; 1Jo 2.18,22). Além disso, há também os mais condizentes com nosso tempo: os *pseudomestres*, que, apesar de suas diferentes prerrogativas, juntamente com os demais, são identificados com o engano que segue seus nomes. Afinal *pseudo* é o nome grego para mentira, para o que é falso.[81]

Logo após a parábola do semeador, a sutileza da mentira tecida pelos lobos que cercam o rebanho evidencia-se na declaração de Cristo: *"veio o inimigo e semeou joio no meio do trigo e retirou-se"* (Mt 13.25). O Senhor está dizendo que a semelhança visível entre o joio e o trigo é suficiente para que cresçam juntos sem distinção, e que esse é um parâmetro de comparação com a aparência e a atividade dos falsos profetas. Assim, somente na colheita é que o "falso trigo" seria desmascarado, ao se atentar para a fraude de seus frutos.

Ao colocar essas parábolas em justaposição, o Senhor está expondo o método de seu inimigo. Seu estratagema é a imitação da verdade para produzir engano, desvio e destruição. De modo que, *"como Janes e Jambres* [os magos de Faraó] *resistiram a Moisés"* (2Tm 3.8), imitando seus milagres. Quando Deus envia seus servos para pregar o Evangelho, o Diabo comanda, logo em seguida, seus emissários para proclamar "outro evangelho": assim, quando Deus fala, o Diabo emite um eco zombeteiro.[82] Satanás descobriu que suas chances de sucesso seriam significativamente maiores por meio da falsificação da verdade, e não por meio da autenticidade de seu mal.

---

81 STOTT, John. *A mensagem do Sermão do Monte*: contracultura cristã. São Paulo: ABU, 1981, pp. 207-8.

82 PINK, Arthur W. Disponível em: http://www.pbministries.org/books/pink/Sermon/sermon_50.htm.

EU SOU | A FALSIFICAÇÃO DA REVELAÇÃO VERBAL NO ENSINO DO ANTIGO TESTAMENTO

Para que sejam analisados os frutos, deve-se acompanhar o desenvolvimento da árvore — e, nesse caso, devemos estar atentos a qualquer profeta, ou profecia, avaliando-os sob o crivo da totalidade das Escrituras, uma vez que "os espíritos dos profetas estão sujeitos aos próprios profetas" (1Co 14.32).

Se há uma área de alto risco para a manifestação da tendência enganosa entre o povo de Deus, é a área da profecia e do ensino, as molas mestras do cristianismo. Falsos profetas e falsos mestres têm trabalhado juntos, às vezes até sob a mesma pessoa, com o propósito de alcançar seus objetivos.

O apóstolo alerta (2Pe 2.1) para o fato de que, da mesma forma que surgiram falsos profetas, surgiriam entre nós falsos mestres, os quais introduziriam suas heresias destruidoras de forma dissimulada (*pareisa,gw* = *pareisago*), enganosa e sorrateira. Não pensemos, contudo, que sua falsa profecia seja declaradamente infiel, frontalmente anticristã, liturgicamente inaceitável; pelo contrário, sua falsa profecia é sutil, maliciosa, secreta e tem verdadeiras intenções escusas! (Jd 12). Através dela, clama-se "Senhor, Senhor", profetiza-se em nome do Senhor, expelindo demônios e realizando muitos milagres, enganando a muitos com essa prática.

Jensen, comentando essa passagem, afirma que "as partes culpadas não são simplesmente aquelas que receberam experiências espirituais, mas também aquelas que as ministraram."[83] Mateus 7.21-23 registra que essas pessoas faziam tudo o que os verdadeiros profetas de sua época faziam, verdadeiros lobos se passando por ovelhas, ministrando ao povo de Deus e ensinando nos púlpitos. Mas Jesus nos alerta: Acautelai-vos! Por isso eles ouvirão: "Nunca vos conheci".

---

83 JENSEN, Peter. *A revelação de Deus*. São Paulo: Cultura Cristã, 2007, p. 131. (Série Teologia Cristã.)

Compreender esse imperativo divino é muito importante para a boa saúde da igreja de Deus. Se não dermos atenção a esse imperativo, faremos injustiça com o ensino das Escrituras.

C) O DEVER DE CAUTELA É JUSTIFICADO NO CARÁTER DOS FALSOS PROFETAS

> Acautelai-vos dos falsos profetas, que se vos apresentam disfarçados em ovelhas, mas por dentro são lobos roubadores (Mt 7.15c).

Os falsos profetas não são obreiros que ganham incrédulos para o reino de Deus. Seu trabalho é eminentemente parasita. Eles vivem dentro do rebanho de Deus, como lobos que atacam e roubam as ovelhas que estão no aprisco. E, ainda que os lobos estejam disfarçados de ovelhas (essa é a razão do engano!), poucas pessoas percebem esse disfarce. Por isso, eles têm a grande capacidade de retirar os crentes (ainda que parcial e temporariamente) do meio do povo real de Deus, arrancando do rebanho aquelas ovelhas que estão começando a trilhar o caminho de Deus.

Os ministros da palavra devem exercer muita vigilância em seu trabalho, a fim de não perder ovelhas para esses "lobos roubadores" travestidos de ovelhas. "Acautelai-vos", esse é um imperativo divino ao qual os mestres e profetas da igreja devem prestar muita atenção!

D) O DEVER DE CAUTELA SE EVIDENCIA NA ANÁLISE NOS FRUTOS

> Pelos seus frutos os conhecereis. Colhem-se, porventura, uvas dos espinheiros ou figos dos abrolhos? (Mt 7.16).

A melhor forma de identificar uma árvore é pelo seu fruto. Afinal, ela foi plantada, desenvolvida e florida com o fim específico de produzir seu produto final: os frutos. Portanto, o fruto não é algo independente, mas o resultado natural de um processo que tem um fim específico. O fruto não é algo que surge primeiro numa planta; ele surge apenas posteriormente, pois é seu objetivo, seu fim, sua razão de existência, e não uma simples consequência incidental.

Ao observar as folhas ou os galhos de uma árvore, é possível que sejamos enganados pela similaridade entre as várias espécies. Porém, o fruto é uma evidência inequívoca do tipo de árvore que o produziu. Afinal, "não pode a árvore boa produzir frutos maus, nem a árvore má produzir frutos bons" (Mt 7.18). Por isso, João Batista adverte seus discípulos a produzirem frutos dignos de arrependimento (Lc 3.8), ou seja, frutos legítimos, como o produto final de um processo de mudança de vida. Aqueles contra os quais somos advertidos são homens que, estando sob falsa comissão, pregam o erro de modo subversivo, como *"doutrina que é segundo a piedade"* (1Tm 6.3), de modo que o fruto que possuem é sempre uma imitação do fruto do Espírito.

A marca distintiva dos falsos profetas sempre foi sua declaração vazia por "paz" quando não há paz (Jr 23.17; Mq 3.5; 1Ts 5.3). Eles curam superficialmente as feridas dos pecadores (Jr 8.11), tingindo-as com fina cal (Ez 8.14; 22.28). Eles profetizam que "as coisas irão bem" (Is 30.10), inventando maneiras fáceis de se chegar ao céu, e favorecem a manifestação da inclinação corrupta. Não há nada em sua pregação que busque a consciência; nada que leve seus ouvintes a se humilhar e chorar diante de Deus; por outro lado, eles os exaltam, os satisfazem e os deixam descansados em uma falsa segurança.[84]

---

84 PINK, Arthur W. Disponível em http://www.pbministries.org/books/pink/Sermon/sermon_50.htm.

2. OS CRENTES FIÉIS NÃO DEVEM TEMER OS FALSOS PROFETAS

> Sabe que quando esse profeta falar, em nome do Senhor, e a palavra dele se não cumprir nem suceder, como profetizou, esta é palavra que o Senhor não disse; com soberba a falou o tal profeta; não tenhas temor dele (Dt 18.22).

Uma segunda postura recomendada aos crentes diante dos falsos profetas é não se portar com temor diante deles. Não ouvir os falsos profetas significa não temê-los. Somos chamados a não ter temor de homens. Este é o imperativo divino para a presente igreja de Deus: o mandamento final do verso 22 não é para que o profeta seja morto (o que já é afirmado no verso 20), mas para que o falso profeta não seja temido.

É comum, entre os falsos profetas, tentar impor respeito e obediência por meio de ameaças de quem está no poder. Contextualizando na modernidade, podemos advertir: Não se esqueça de que quem tem "o microfone" tem muita autoridade nas mãos. Por isso, muitos abusam dessa autoridade, a qual, em geral, eles atribuem a si próprios.

Geralmente, o povo se retrai e não tem coragem de enfrentar um falso profeta, com medo de estar lutando contra um "ungido" de Deus. Esse é o tipo de comportamento imposto pelos próprios falsos profetas. Muitos crentes temem vir a ser feridos por Deus por se colocarem em oposição aos falsos profetas. Em todas as épocas, sempre houve crentes que sentiram temor de homens. No entanto, a ordem de Deus é para que os crentes não temam um homem que falseia a verdade de Deus, com medo do que lhe possa acontecer. Os israelitas fiéis deviam temer somente a Deus, que era a verdade suprema.

A geração anterior à daquele tempo havia presenciado diretamente as manifestações poderosas de Deus e de seu profeta Moisés. Todos os que temem a Deus devem temer seus verdadeiros profetas, prestando-lhes obediência. Quando um profeta "semelhante a Moises" surge no meio do povo de Deus, deve ser temido. Todavia, os crentes devem desobedecer aos ensinos dos falsos profetas, sem qualquer temor deles. Devemos temer os verdadeiros profetas de Deus, que falam a autêntica palavra de Deus, mas não os falsos profetas, com suas ameaças.

3. OS CRENTES FIÉIS TÊM O DEVER DE ELIMINAR OS FALSOS PROFETAS

Na sua Palavra, Deus ordena que os verdadeiros profetas eliminem do meio do povo os que não são fiéis à revelação verbal, pervertendo-a.[85] O mandamento de Deuteronômio 13.6-13 vem de encontro ao procedimento adotado em nosso tempo, que foge dos padrões divinos. A desculpa é a liberdade religiosa propagada em nosso meio, que é uma falácia!

Os verdadeiros cristãos sempre são perseguidos por causa de sua piedade. Em muitos lugares, por sua fidelidade à revelação verbal, eles estão sendo mortos, em pleno século XXI. Você, por acaso, tem ouvido nossos governantes falarem alguma coisa em favor dos cristãos que morrem por causa de sua fé?

Em vários regimes políticos da atualidade, não somos tolerados em nossa fé ortodoxa. Todavia, hoje os crentes são ensinados a se mostrar tolerantes em relação a todos os outros

---

85 Cf. Deuteronômio 13.6-11.

tipos de crença. Na verdade, somos ensinados a nos conformar com esse *status quo*. No entanto, a conformação diante do que está acontecendo não deve tornar-nos passivos quando a continuidade da religião verdadeira está em jogo. Precisamos voltar, em alguma medida, ao senso de pureza doutrinária que a igreja já teve em seus primórdios. Veja uma observação interessante feita por um cristão contemporâneo que deveria despertar em nós o zelo pela verdade de Deus.

> Os falsos profetas confrontam o povo de Deus com uma escolha — ou eles ouvirão e obedecerão a Deus ou seguirão falsos deuses que são promovidos pelos falsos profetas. Se os israelitas escolhessem apegar-se a Deus e aos seus mandamentos, então deveriam tomar os falsos profetas e matá-los. Eles não deveriam tolerá-los. Não deveria haver nenhum tipo de pluralismo religioso na terra de Israel. Eles deveriam seguir a Deus, que redimiu da escravidão do Egito, eliminando aqueles que os seduziam a abandonar seu Deus e seguir a outro deus. Deste modo, Israel purgaria o mal do meio deles.[86]

Todavia, esse não é o espírito do tempo presente. Não se aceita nem se pratica o que o próprio Deus ordena em relação aos falsos profetas. Todavia, permanece válida a ordem divina, pois o que está em jogo é a verdade de Deus. Como a verdade não é algo com que a presente geração realmente se importe, então certamente nem mesmo a igreja cristã nominal terá qualquer atitude de punição séria para com os falsos profetas. É lamentável que essa

---

[86] DEFFINBAUGH, Bob. "False Prophets". Disponível em: http://www.bible.org/page.php?page_id=2397#P298_85767#P298_85767. Acesso em maio de 2008.

ordem divina seja negligenciada. E isso é assim porque a presente igreja cristã é tolerante e assimilou um pluralismo religioso do qual ela ainda não tomou consciência.

CONCLUSÃO

No Antigo Testamento, a penalidade de Deus sobre os falsos profetas era tão pesada que sua aplicação, nos dias de hoje, aos olhos dos crentes, torna-se impossível! Entretanto, não se esqueça de que, independentemente do espírito do tempo presente, Deus se preocupa muito com a distorção de sua verdade, razão pela qual ele vai punir os infiéis!

Você pensa que Deus sente menos repulsa hoje com relação ao pecado da heresia no meio de seu povo do que antigamente? Você pensa que Deus é mais tolerante com o erro teológico hoje do que foi no passado? Você pensa que Deus é menos severo em suas punições pelos desvios doutrinários? Não se engane, a falsificação da revelação verbal foi, é e sempre será reivindicada por Deus!

CAPÍTULO 10
O JUÍZO DE DEUS SOBRE OS FALSOS PROFETAS[87]

Em primeiro lugar, devemos ter em mente que Deus não fecha os olhos diante das maldades cometidas pelos falsos profetas contra os verdadeiros profetas e contra sua doutrina. A Escritura é farta de informações sobre as atitudes de Deus em relação aos falsos profetas. Vejamos alguns pontos importantes do juízo de Deus sobre os falsificadores da revelação verbal:

1. DEUS MANDA PROFETIZAR CONTRA OS FALSOS PROFETAS

> Filho do homem, profetiza contra os profetas de Israel que, profetizando, exprimem, como dizes, o que lhes vem do coração. Ouvi a palavra do Senhor (Ez 13.2).

Essa passagem é o resultado de um conjunto de profecias (Ez 12.21–14.11) em que a palavra do Senhor chega ao verdadeiro

---

[87] Parte das notas deste capítulo resulta do esforço dos acadêmicos Josué Francisco dos Santos Filho, Francisco José Carvalho Nascimento e Antonio Alvin Dusi Filho, no cumprimento de suas tarefas na disciplina Teologia da Revelação, ministrada no CPAJ, embora tenham estudado em anos diferentes.

profeta para denunciar os falsos profetas existentes naquele contexto histórico.

Em Ezequiel 13, encontramos instruções dadas pelo próprio Deus acerca de como lidar com os falsos profetas. Em Ezequiel 13.2, o Senhor manda Ezequiel profetizar contra os falsos profetas, que falavam segundo a vontade de seu próprio coração, e não segundo o Senhor. Falavam o que estava em consonância com suas fantasias, imaginações, corações carnais, a fim de agradar a si mesmos e aos ouvidos do povo. No contexto de Ezequiel, os falsos profetas diziam que o povo voltaria rapidamente do cativeiro e que não tardaria o período predito por Ezequiel. Além disso, diziam também que Jerusalém não seria tomada pelos caldeus,[88] o que se provou, posteriormente, ser uma mentira. É importante notar que, quando o profeta Ezequiel se levanta e fala contra os falsos profetas, também repreende aqueles que davam ouvidos a esses profetas, aceitando suas falácias e desprezando a verdadeira doutrina.[89] Deus, zeloso de seu nome, profere juízo contra os falsos profetas pela boca do verdadeiro profeta: "Ouvi a palavra do Senhor... Ai dos profetas loucos...". Não pode sair ileso aquele que provoca o Senhor à ira (Dt 32.16, 21). Deus não os poupará, sua destruição não dorme (2Pe 2.4).

Nesse sentido, diante de homens e mulheres que procedem dessa forma, devemos buscar o crescimento na graça e no conhecimento de Cristo (2Pe 3.18), para que, confrontando-os com a Palavra de Verdade, deixemos em evidência as coisas aprovadas por Deus.

---

[88] GILL, John. *Gill's Commentary Vol 4*: Jeremiah to Malachi. Baker Book House/Grand Rapids, MI, 1980, p. 312.

[89] CALVIN, John. *Commentary on the prophet Ezekiel*. Albany, Oregon: Ages Software, 1998, CDROM, p. 403.

Os falsos profetas poderiam declarar que estão a serviço de outro deus, como foi o caso de Baal, enfrentado por Elias. Porém, aqui nós vemos falsos profetas que se passam por verdadeiros, profetizando o que lhes vem do coração. Devemos lembrar que não apenas seu coração, mais do que todas as coisas, é enganoso, como também desesperadamente corrupto (Jr 17.9). Aqui, Deus encoraja seus profetas a confrontar os falsos profetas, profetizando contra eles, uma vez que a falsa profecia era ilegítima quanto à sua origem e à sua mensagem.

O enfoque do texto é: "Ouvi a palavra do Senhor, e do Senhor somente!". Se houver convicção de que estamos fundados na Palavra do Senhor, não devemos calar-nos diante dos profetas que pregam coisas de seu próprio coração; devemos, ao contrário, confrontá-los, porque "Deus não nos tem dado espírito de covardia, mas de poder, de amor e de moderação" (2Tm 1.7). Os cristãos não deveriam permitir que profetas dessa natureza tivessem espaço no rebanho do Senhor! Paulo confronta, com muita contundência, os que ensinam falsamente a revelação verbal.

Ezequiel condena o povo por não haver resistido aos ataques dos falsos profetas (Ez 13.5). Para que não incorressem no mesmo erro, Paulo afirma a Tito que "é preciso fazê-los calar, porque andam pervertendo casas inteiras, ensinando o que não devem por torpe ganância (...) repreende-os severamente, para que sejam sadios na fé" (Tt 1.11, 13).

Tenha a sua boca sempre pronta a combater a falsa profecia. Na maioria das vezes, é impossível pregar contra a falsa profecia sem atingir também o falso profeta. No entanto, Deus ordenou que o profeta Ezequiel pregasse contra os falsos profetas.

Profetas verdadeiros de hoje, não sintam medo deles! Vocês têm Deus ao seu lado!

2. DEUS DÁ AS RAZÕES PELAS QUAIS ELE É CONTRA OS FALSOS PROFETAS

Os profetas Jeremias e Ezequiel falam com grande veemência sobre as razões pelas quais Deus se insurge contra aqueles que se levantam no meio de seu povo para dizer coisas que falseiam a revelação verbal. Veja as razões que Ezequiel traz, exemplificando por que Deus se insurge contra os falsos profetas:

Análise de Texto

Portanto, assim diz o Senhor Deus: Como falais falsidade e tendes visões mentirosas, por isso, eu sou contra vós outros, diz o Senhor Deus. Minha mão será contra os profetas que têm visões falsas e que adivinham mentiras; não estarão no conselho do meu povo, não serão inscritos nos registros da casa de Israel, nem entrarão na terra de Israel. Sabereis que eu sou o Senhor Deus (Ez 13.8-9).

É comum encontrar adversários neste mundo. Não se trata de algo insuportável, embora seja difícil. Você pode encontrar gente do povo de Deus e até mesmo líderes da igreja que são contrários a você. No entanto, nada se compara a ter Deus contra você. Deus era contra os falsos profetas. Por isso, mandou que os verdadeiros profetas profetizassem contra eles, e ele próprio se põe contra os que ensinam e pregam coisas errôneas.

A) DEUS É CONTRA OS FALSOS PROFETAS PORQUE ELES FALAM COM FALSIDADE

Portanto, assim diz o Senhor Deus: Como falais falsidade e tendes visões mentirosas, por isso, eu sou contra vós outros, diz o Senhor Deus (Ez 13.8a).

Quando Deus fala que é contra os falsos profetas, está dizendo que resiste a eles. Esse é o resultado na vida daqueles que produzem visões mentirosas, divulgando-as entre o povo de Deus com o fim de induzi-lo a erro, verdadeiros caçadores de almas (Ez 13.18). Esses falsos profetas estarão excluídos do povo de Deus.

O escritor de Hebreus diz em sua epístola: "Horrível coisa é cair nas mãos do Deus vivo" (Hb 10.31). Esse é exatamente o contexto aqui. Deus não pode tolerar que seu nome seja profanado pela falsidade ou pela visão mentirosa (Ez 13.8-9), então ele mesmo se levanta contra esses profetas e pesa sua mão de juiz reto. Deus torna-se o adversário desses homens, e não há como contender com ele.

Ninguém jamais endureceu a cerviz contra Deus e prosperou. O Senhor é fogo que consome (Dt 4.24). Esses homens não têm lugar na assembleia dos santos e não podem desfrutar a comunhão da igreja. Não podem desfrutar o convívio agradável dos irmãos, e ninguém pode pedir-lhes conselho, nem mesmo nas questões pessoais. Seus nomes não estão entre os filhos de Israel, e eles não constam entre os eleitos de Deus escritos no Livro da Vida. Eles não fazem parte do Israel espiritual de Deus.[90] Deus os rejeitou, e eles não serão encontrados entre aqueles a quem Deus escolheu desde a eternidade como vasos de misericórdia; eles estarão entre aqueles a respeito de quem Cristo falou: "Nunca vos conheci" (Mt 7.22).[91]

---

90 GILL, John. *Gill's Commentary Vol 4: Jeremiah to Malachi*. Baker Book House. Grand Rapids, MI, 1980, p. 314.

91 HENRY, Mathew. *Bible Commentary*. Disponível em: < http: // www.ewordtoday.com / comments/ezekiel/mh/ezekiel13.htm >. Acesso em Julho de 2011.

B) DEUS É CONTRA OS FALSOS PROFETAS PORQUE ELES TÊM VISÕES FALSAS

> Minha mão será contra os profetas que têm visões falsas e que adivinham mentiras (...) (Ez 13.9a).

Hoje, seria tão mais simples se contassem os sonhos apenas como sonhos (Jr 23.28). Porém, muitos insistem em espiritualizar e fazer, de seus sonhos mentirosos e de suas visões falsas, a vontade de Deus. Quanta orientação errada já foi dada em nossos dias ao povo de Deus! Quantos casamentos profetizados como do Senhor que acabaram em desgraça e violência doméstica! É a leviandade do coração do falso "profeta" (ou "profetisa") que faz o povo errar.

Mais adiante, veremos os "ais" derramados sobre esses profetas, pastores que a si mesmos se apascentam (Ez 34.2), razão pela qual Deus se levanta contra eles, cobrando o prejuízo causado ao rebanho (Ez 34.10).

C) DEUS É CONTRA OS FALSOS PROFETAS PORQUE ADIVINHAM MENTIRAS

> Minha mão será contra os profetas que têm visões falsas e que adivinham mentiras (Ez 13.9b).

Mentir (*sheqer*) é enganar propositalmente, decepcionar e desapontar. O termo leviano (*pachazuth*) é traduzido pela NAS (New American Standard Bible) como uma ostentação imprudente, uma atitude irrefletida, precipitada, extravagante e superficial. Embora estejam agindo com má-fé, portam-se de forma irrefletida! O

Senhor é contra os falsos profetas porque, levianamente, mentem, sem meditar nas consequências que tal atitude trará a si próprios!

Deus se levanta contra aqueles que falam a própria palavra e "revelam" sonhos mentirosos (Jr 23.30-32), sonhos que o Senhor não concedeu. Deus se ira diante de homens que fazem o nome dele ser esquecido pelo povo, que se agrada de sonhos e revelações falsas. E esquecer o nome de Deus significa banir o Senhor, fazendo-o ausente de seu governo e de sua obra, ausente do coração do povo, o qual, por sua vez, deixa de temê-lo e de honrá-lo.[92]

Ao avaliarmos a seriedade desse tema, surpreendemo-nos com a quantidade de homens e mulheres que têm a coragem de se levantar no seio das igrejas ou da mídia televisiva e falar aquilo que Deus não revelou! Que corações gananciosos e entorpecidos possuem, a ponto de não considerarem que serão tragados pela ira de Deus! A Palavra de Deus alerta: "Não mandei estes profetas; todavia, eles foram correndo; não lhes falei a eles; contudo, profetizaram" (Jr 23.21).

Nessa passagem, observamos a atitude divina diante dos falsos profetas: Deus se levanta contra eles! Na existência humana, nada pode ser pior que ter Deus como opositor — e, claro, o oposto também é verdadeiro e manifesto nas Escrituras (Rm 8.31).

3. OS JULGAMENTOS DE DEUS ESPECIFICADOS NA PROFECIA DE EZEQUIEL

Deus era contra os profetas de Israel porque eles praticavam muitas coisas que o Senhor condenava. Por isso, vários juízos vêm da parte de Deus:

---

[92] KEIL, C.F. e DELITZSCH, F. *Commentary on the Old Testament in ten volumes*. William B. Eerdmans Publishing Co: Grand Rapids, MI, 1980, v. VIII, p. 363.

EU SOU | A FALSIFICAÇÃO DA REVELAÇÃO VERBAL NO ENSINO DO ANTIGO TESTAMENTO

Análise de Texto

Portanto, assim diz o SENHOR Deus: Como falais falsidade e tendes visões mentirosas, por isso, eu sou contra vós outros, diz o SENHOR Deus. Minha mão será contra os profetas que têm visões falsas e que adivinham mentiras; não estarão no conselho do meu povo, não serão inscritos nos registros da casa de Israel, nem entrarão na terra de Israel. Sabereis que eu sou o SENHOR Deus (Ez 13.8-9).

A) PORQUE DEUS É CONTRA OS FALSOS PROFETAS, ELES NÃO ESTARÃO NO CONSELHO DO POVO

(...) não estarão no conselho do meu povo, não serão inscritos nos registros da casa de Israel, nem entrarão na terra de Israel. Sabereis que eu sou o SENHOR Deus (Ez 13.9a).

Estar "no conselho do povo" significa não ter lugar entre os que governam o povo, que não terão voz no meio dos outros conselheiros, nem terão crédito entre os juízes do povo; eles são rejeitados como sedutores perigosos e abusadores blasfemos do nome de Deus. Eles perderão todo o prestígio que tinham quando o povo os considerava profetas. Agora, após o cativeiro da Babilônia, eles ensinam mentiras e praticam infâmia.

A afirmação do texto pode significar também que seriam excluídos do meio do povo.[93] John Gill diz que os falsos profetas não haveriam de estar na assembleia do povo de Deus. Em outras palavras, não teriam lugar na igreja de Deus nem

---

93 Matthew Poole, em seu comentário sobre a passagem em estudo. Disponível em: http://biblehub.com/commentaries/ezekiel/13-9.htm. Acesso em fevereiro de 2018.

comunhão com os santos. Eles não estariam mais unidos à adoração religiosa aqui; haveriam de sofrer o justo julgamento de Deus, que os separa de seu povo e os exclui da comunhão, tanto naquela época como na comunidade eterna, porque "a intimidade do Senhor é para os que o temem, aos quais ele dará a conhecer o seu pacto" (Sl 25.14).[94]

Poderíamos proferir o mesmo juízo contra os falsos profetas da igreja de Deus. Eles deveriam ser excluídos do conselho do povo. Em outras palavras, eles não podem ficar na liderança do povo de Deus; devem ser depostos de seus ofícios ou de suas ocupações de liderança na igreja. Precisamos expurgar o erro de nosso meio — e não há como expurgá-lo sem desapossar de autoridade aqueles que falam em nome de Deus as palavras que não são de Deus!

B) PORQUE DEUS É CONTRA OS FALSOS PROFETAS, ELES NÃO SERÃO INSCRITOS NOS REGISTROS DA CASA DE ISRAEL

(...) não estarão no conselho do meu povo, não serão inscritos nos registros da casa de Israel, nem entrarão na terra de Israel. Sabereis que eu sou o SENHOR Deus (Ez 13.9b).

Os falsos profetas não haveriam de fazer parte dos registros da casa de Israel. Eles seriam banidos desses registros. Esses falsos profetas haveriam de ser excomungados da comunhão de Israel. Em consequência, eles não mais deveriam exercer influência sobre o povo, porque não mais fariam parte do "conselho do

---

[94] John Gill, em seu comentário on-line. Disponível em: http://biblehub.com/commentaries/ezekiel/13-9.htm. Acesso em fevereiro de 2018.

meu povo". Eles perderiam a "autoridade" que tinham por serem profetas. Eles haviam sido honrados e desfrutado o privilégio de serem líderes de Israel, mas, quando se tornaram falsos profetas, perderam a posição e os privilégios decorrentes dessa condição. Em outras palavras, eles perderiam a cidadania (o registro), sendo cortados de Israel. Seus nomes nunca mais seriam lembrados. Além disso, esses falsos profetas não teriam seus nomes inscritos nos registros do povo de Deus. Eles serão esquecidos para sempre pelas gerações subsequentes. No novo céu e na nova terra, eles nunca serão lembrados!

O mesmo juízo deve incidir sobre os falsos profetas contemporâneos. Tais homens não devem ter lugar na assembleia dos santos, nem desfrutar a comunhão da igreja. Eles devem ser excluídos do rol de membros de uma igreja local. Ou seja, eles não podem desfrutar o convívio agradável dos irmãos, e ninguém pode pedir-lhes conselho, nem mesmo em questões pessoais. Seus nomes não devem estar entre os dos filhos de Israel, e não constam entre os eleitos de Deus escritos no livro da vida. Não fazem parte do Israel espiritual de Deus.[95] Por isso, "os registros deles deveriam ser apagados do rol da igreja cristã".

C) PORQUE DEUS É CONTRA OS FALSOS PROFETAS, ELES NÃO ENTRARÃO NA TERRA DE ISRAEL

> (...) não estarão no conselho do meu povo, não serão inscritos nos registros da casa de Israel, nem entrarão na terra de Israel. Sabereis que eu sou o SENHOR Deus (Ez 13.9c).

---

95 GILL, John. *Gill's Commentary Vol 4*: Jeremiah to Malachi. Baker Book House/Grand Rapids, MI, 1980, p. 314.

Além de não estarem no conselho do povo e de não serem inscritos nos registros da casa de Israel, os falsos profetas não poderiam mais entrar na terra de Israel. Eles haveriam de perder sua cidade natal por causa de sua infidelidade.

Examinando esse texto sob uma perspectiva mais próxima, conclui-se que os falsos profetas do cativeiro, que pregavam mentiras ao povo, não voltariam para Jerusalém após o cativeiro da Babilônia. Todavia, sob uma perspectiva mais remota, é possível dizer que os falsos profetas nunca haverão de contemplar a Nova Jerusalém. O castigo deles consistirá em estar ausente da Cidade Querida, o sonho de todos os que são fiéis! Eles ficarão fora da capital da Nova Terra. Eles não terão os privilégios que os remidos por Cristo possuem. Não se esqueça de que o tema da ressurreição de justos e ímpios já era uma realidade no cativeiro e no pós-cativeiro (cf. Dn 12.1-2, 13). Somente os fiéis haverão de receber a herança da Nova Terra.

Aqui, Israel não significa o lugar de retorno dos libertos após o cativeiro da Babilônia, mas o lugar de morada infindável do povo de Deus. Portanto, Israel não significa a presente nação geopolítica formada em 1948, pois não é um lugar seguro nem aprazível, em virtude das violências e maldades cometidas pelos governantes e pelo próprio povo incrédulo; Israel, aqui, é a pátria celestial e a posterior Nova Jerusalém, na nova terra.

Israel, aqui, significa o lugar em que o verdadeiro povo de Deus vai viver no tempo de sua restauração espiritual, que deverá acontecer antes da volta do Messias ou mesmo na Nova Terra, um lugar definitivo de descanso e paz!

Os falsos profetas não terão lugar na "terra de Israel" eternamente, porque assim diz a Escritura:

Nela, nunca jamais penetrará coisa alguma contaminada, nem o que pratica abominação e mentira, mas somente os inscritos no Livro da Vida do Cordeiro (Ap 21.27).

Não podemos esquecer que esse juízo pertence a Deus, e não a nós. Podemos advertir os homens desses juízos de Deus, mas não podemos executar essa penalidade. É prerrogativa exclusiva do Senhor dos senhores!

D) PORQUE DEUS É CONTRA OS FALSOS PROFETAS, ELES SABERÃO QUEM O SENHOR É

(...) não estarão no conselho do meu povo, não serão inscritos nos registros da casa de Israel, nem entrarão na terra de Israel. Sabereis que eu sou o SENHOR Deus (Ez 13.9d).

Além de serem privados dos privilégios que vimos anteriormente, os falsos profetas haveriam de enfrentar o Deus de justiça. Eles haveriam de conhecer de verdade aquele que nunca haviam conhecido. Diante da presença do Senhor Deus, eles haveriam de ser julgados.

Não creio que, aqui, esteja em foco uma nova oportunidade de arrependimento que Deus haveria de dar aos falsos profetas, como alguns comentaristas afirmam; trata-se apenas do encontro dos falsos profetas com a justiça de Deus. Eles entrariam em contato com uma faceta de Deus que lhes era desconhecida, porque Deus não tolera a infidelidade de profetas. Eles haveriam de enfrentar a ira do Santo de Israel. Esse verso é ilustrado na experiência do cativeiro do Egito, quando Deus resolve mostrar sua ira aos egípcios.

> Saberão os egípcios que eu sou o Senhor quando estender eu a mão sobre o Egito e tirar do meio deles os filhos de Israel (Êx 7.5).

Conhecer o Senhor significa experimentar a manifestação de sua justiça. Eles haveriam de entender o que, mais tarde, foi revelado no Novo Testamento: "Horrível coisa é cair nas mãos do Deus vivo" (Hb 10.31). Eles sabiam muitas coisas sobre Deus, mas ainda não haviam experimentado esse aspecto do caráter de Deus. "A tragédia irônica é que a revelação do caráter de Deus deveria vir através do julgamento dos inimigos de Israel, mas a impiedade do povo de Deus fez necessária para Deus revelar-se em juízo sobre eles também."[96] Nesse caso, o conhecimento do Senhor não é o conhecimento salvador, mas o conhecimento de sua ira! Eles conhecerão a verdadeira natureza do desagrado de Deus!

Ninguém jamais endureceu a cerviz contra Deus e prosperou para sempre. O Senhor Deus é justo e é chamado "fogo que consome, Deus zeloso" (Dt 4.24).

Deus os rejeitou e eles não serão encontrados entre aqueles a quem o Senhor escolheu desde a eternidade como vasos de misericórdia; eles estarão entre aqueles a respeito de quem Cristo falou "nunca vos conheci" (Mt 7.22).[97]

Podemos proferir esse mesmo juízo contra os falsificadores da revelação verbal. Os falsos profetas não conhecem realmente quem o Senhor é, porque, se o conhecessem, não fariam o que fazem hoje no meio da igreja de Deus. No tempo aprazado, eles haverão de enfrentar aquele a quem não conheceram aqui, ou seja,

---

[96] Comentário on-line sobre o livro de Ezequiel. Disponível em http://www.preceptaustin.org/ezekiel_131-16. Acesso em fevereiro de 2018.
[97] HENRY, Mathew. *Bible Commentary*. Disponível em: <http://www.ewordtoday.com/comments/ezekiel/mh/ezekiel13htm>. Acesso em julho de 2011.

o Senhor. Eles até podem escapar do juízo da igreja de Deus nos dias de hoje, mas não escaparão do juízo daquele diante de quem estarão, no tempo final.

4. OS JULGAMENTOS DE DEUS ESPECIFICADOS NA PROFECIA DE JEREMIAS

Ezequiel e Jeremias são os dois campeões no lidar de Deus com os falsos profetas. Assim como exemplificamos em Ezequiel, exemplificaremos os juízos de Deus em Jeremias. Esse profeta menciona praticamente os mesmos juízos, acrescentando outros que não estão presentes na profecia de Ezequiel.

A) DEUS AFASTA OS FALSOS PROFETAS DE SUA PRESENÇA

> (...) por isso, levantar-vos-ei e vos arrojarei da minha presença, a vós outros e à cidade que vos dei e a vossos pais (Jr 23.39).

O fardo pesado de Deus teria como primeira manifestação de juízo o abandono dos falsos profetas. A expressão "vos arrojarei da minha presença" é muito dura. Os desobedientes seriam esquecidos de Deus. É provável que não exista castigo tão duro quanto este. Isso significa que Deus não mais haveria de trazer qualquer bênção sobre eles, os quais seriam abandonados de Deus. Eles seriam miseráveis na face da terra, e não mais contariam com a compaixão divina!

A própria cidade de Jerusalém, por muitos anos, seria abandonada de Deus. A voz profética não mais seria ouvida ali. Por cerca de mais de quatrocentos anos, não mais se ouviu a voz dos profetas de Deus, e Jerusalém caiu em grave ruína moral. A cidade foi abandonada de Deus por muito tempo, até que Jesus Cristo entrou em cena e mostrou sua compaixão por ela!

A relação entre Deus e os verdadeiros profetas é íntima e próxima. Deus fala com eles diretamente e espera deles obediência. Deus não suporta rebelião — que é como o pecado de feitiçaria (1Sm 15.23). Em Jeremias 23.39, fica evidente a ira de Deus resultante da desobediência por parte dos falsos profetas. Deus lhes promete punição.

Qual é o significado de "vos arrojarei da minha presença"?

O fato de Deus declarar que os *arrojaria de sua presença* não deve ser entendido como um afastamento físico do Senhor. Seria um contrassenso falar em ser afastado da presença de Deus, uma vez que Deus é um ser onipresente, ou seja, ele está presente em cada parte do espaço com a plenitude de seu ser. A Escritura afirma que Deus nem mesmo está ausente do inferno, mas que é o aplicador da sentença que ele mesmo estabeleceu para os falsos profetas, para o falso profeta final, para o homem da iniquidade e para o próprio Satanás. Nesse sentido, nada está oculto aos olhos do Senhor (Jó 26.6).

Quando Deus declara que os lançaria fora de sua presença, quis dizer abandono e juízo. Deus não demonstraria mais afeição, cuidado e favor em relação a essas pessoas, as quais, portanto, ficariam à mercê de seus inimigos.[98] Os falsos profetas serão afastados de qualquer manifestação graciosa de Deus. Ser "arrojado da presença de Deus" significa ficar privado da bondade do Senhor, que, por ora, ainda permanece nesta terra amaldiçoada por

---

98 GILL, John. *Gill's Commentary Vol. 4*: Jeremiah to Malachi. Baker Book House/Grand Rapids, MI, 1980, p. 112.

ele. Aqui e agora, até mesmo os homens maus estão na presença bondosa do Senhor, que é paciente e longânimo com eles, mas virá o tempo em que nenhuma manifestação graciosa recairá sobre os pecadores — aí incluídos, especificamente, os falsificadores da revelação verbal!

O fato de Deus declarar que os lançaria fora de sua presença tem, em Calvino, uma abordagem ligeiramente diferente, embora complementar ao que já dissemos. Ele afirma que a expressão em estudo "levantar-vos-ei e vos arrojarei da minha presença" poderia ser traduzida como "vós experimentareis quão triste e pesada para mim é vossa iniquidade, e ela se voltará sobre vossas cabeças; vós me tendes sobrecarregado e tratado minha palavra com indignidade; eu vos tratarei com a mesma indignidade".

Todo este capítulo fala dos falsos profetas e, de forma especial, do poder perscrutador do Senhor, de quem ninguém pode ocultar-se, uma vez que ele "enche os céus e a terra" (Jr 23.24).

O texto se refere ao cuidado de Deus, à sua atenção, à alegria e às delícias que são gozadas perpetuamente por aqueles que andam em sua presença (Sl 16.11). Por outro lado, tanto os falsos profetas como suas cidades seriam alvo do banimento do Senhor!

B) DEUS PÕE ESPÍRITO DE VERGONHA SOBRE OS FALSOS PROFETAS

Aqui, conclui-se o pensamento exposto no ponto anterior, apresentando a consequência para aqueles a quem o Senhor afasta de sua presença: essas pessoas sofrem opróbrio e vergonha perpétuos, cuja notoriedade continuará nas gerações vindouras.

Análise de Texto
Serão envergonhados, porque cometem abominação sem sentir por isso vergonha; nem sabem que coisa é envergonhar-se. Portanto, cairão com os que caem; quando eu os castigar, tropeçarão, diz o Senhor (Jr 6.15).

I) Os falsos profetas serão envergonhados por Deus

Serão envergonhados, porque cometem abominação (...) (Jr 6.15a).

Ainda que os falsos profetas, quando praticam abominação, não saibam o que significa ter vergonha nos dias de hoje; e, ainda que não tenham senso de vergonha por si mesmos, Deus impingirá sobre eles uma vergonha que nunca experimentaram neste presente tempo.

Quando o Senhor faz ameaça, tem o poder de cumpri-la. Todos os homens que são desavergonhados nos dias atuais haverão de sofrer o castigo que vem do Senhor nos dias futuros. Que se cuidem aqueles que cometem a abominação da falsificação da verdade, sem sentir vergonha alguma!

II) A vergonha imposta por Deus é manifestação do seu juízo

(...) sem sentir por isso vergonha; nem sabem que coisa é envergonhar-se (Jr 6.15b).

O juízo de Deus não é expressão de sua soberania, mas de sua justiça. A natureza santa de Deus o obriga a punir pecadores, manifestando sua ira. Os falsos profetas que se cuidem, pois não ficarão impunes para sempre!

> Portanto, cairão com os que caem; quando eu os castigar, tropeçarão, diz o Senhor (Jr 6.15c).

Eles terão a derrota como todos os outros derrotados. A queda deles será uma realidade inegável. O próprio Deus os fará tropeçar, e essa é a derrota deles.

III) Os falsos profetas não sabem o que é envergonhar-se

> Serão envergonhados, porque cometem abominação sem sentir por isso vergonha; nem sabem que coisa é envergonhar-se (Jr 6.15d).

Por pregarem falsamente de modo contínuo, os falsificadores da revelação verbal adquirem uma consciência insensível. Por isso, eles não se envergonham do que fazem. Aliás, eles nem mesmo conhecem o significado do termo *vergonha*. É exatamente isso que está acontecendo nesta nossa geração desprovida de vergonha. Os homens fazem o que querem e não têm sensação de opróbrio diante do Senhor.

Essa realidade é vista, de forma patente, na vida e na pregação de muitos ministros da igreja evangélica. Suas consciências estão tão calejadas que eles não se envergonham nem mesmo do conteúdo de sua pregação. Por isso, os falsificadores da revelação verbal precisam ser envergonhados. Eles vivem como se nada de vergonhoso possa vir sobre eles. Todavia, o Senhor prometeu envergonhar os falsos profetas e lhes trazer castigo.

De qualquer forma, a vergonha evidenciava o quadro de pecado do povo, e se constituía no prenúncio da calamidade (Is 47.3). Alinhado com o verso anterior, Deus os lançaria para longe de sua presença. Esses homens ressuscitariam para a vergonha eterna (Dn 12.2). Nesse contexto, o profeta Jeremias arranca dos judeus toda a sua vanglória como povo de Deus, ameaçando-os com a vergonha perpétua.

Observe que o texto afirma que o opróbrio "será posto", ou seja, não virá como algo circunstancial, mas será algo das próprias mãos de Deus como vingança, trazendo desprezo, censura, reprovação e vergonha perpétua sobre o falso profeta.

IV) Os falsos profetas serão envergonhados eternamente

> Porei sobre vós perpétuo opróbrio e eterna vergonha, que jamais será esquecida (Jr 23.40a).

O falso profeta aborrece de tal forma o coração de Deus que a vergonha perpétua é o que lhe resta. No caso do povo hebreu e no contexto do profeta Jeremias (Jr 23.40), Deus decide desonrar aqueles que eram chamados de "seu povo", propriedade sua. Essa desonra se desdobra para a cidade de Jerusalém, cidade de seu coração. Gill crê que essa vergonha de ser sitiada e levada cativa não se aplicou somente ao tempo de Jeremias; perdurou por muitas eras, inclusive sob o domínio do Império Romano.[99] Calvino discorda dessa posição, entendendo que essa vergonha estava restrita ao tempo antes do advento, pois, caso se perpetuasse, a igreja, o

---

99 GILL, John. *Gill's Commentary Vol. 4*: Jeremiah to Malachi. Baker Book House/Grand Rapids, MI, 1980, p.112.

novo Israel de Deus, estaria debaixo de vergonha.[100] Não podemos concordar com essa posição de Calvino, porque, dentro da igreja de Deus, estão os falsos profetas. A igreja fiel não será castigada por Deus, mas os profetas infiéis receberão vergonha eterna.

A vergonha seria depositada sobre eles de tal maneira que nunca mais haveriam de experimentar a doçura da Palavra de Deus. As outras nações haveriam de ver a vergonha do abandono divino na cidade deles, especialmente em Jerusalém. Eles experimentaram uma vergonha com que jamais haviam sonhado. Eles, que sentiam orgulho de Jerusalém, vieram a passar vergonha porque torciam e corrompiam os oráculos de Deus, que veio ser sempre um fardo pesado para eles. Um fardo que durou vários séculos e que até hoje tem seus efeitos sobre eles e seus lugares de morada!

V) Os falsos profetas haverão de receber uma vergonha inesquecível

(...) que jamais será esquecida (Jr 23.40b).

Os judeus, fossem profetas ou sacerdotes, nunca mais haveriam de esquecer essa vergonha imposta por Deus. Pessoalmente, creio que essa vergonha os acompanha no tempo presente — porque a terra em que pisam não é deles como gostariam que fosse — e os acompanhará eternamente, mesmo quando forem tirados desta terra e levados para o lugar no qual experimentarão o juízo definitivo de Deus.

Todavia, há uma doce esperança para os obedientes. Nós, os pecadores remidos, não enfrentaremos essa vergonha, porque

---

100 CALVIN, John. *Commentary on Jeremiah*. Albany, Oregon: Ages Software, 1998. CD-ROM.

nossos pecados nunca mais serão trazidos por Deus contra nós. Logo, nunca mais nos lembraremos da vergonha que agora experimentamos por causa do nosso pecado, ainda que não seja um pecado teológico. Temos muitos pecados morais que trazem vergonha para o povo e para nós mesmos. Entretanto, os que permanecem no erro teológico para sempre se lembrarão de sua infidelidade, porque essa é a porção daqueles que se mantêm rebeldes contra a revelação verbal.

C) DEUS CASTIGA DURAMENTE OS FALSOS PROFETAS
Além da vergonha que Deus porá sobre os falsos profetas — vergonha que se prolongará indefinidamente —, Deus os faz experimentar aqui neste mundo algo muito amargo.

Análise de Texto
Portanto, assim diz o SENHOR dos Exércitos acerca dos profetas: Eis que os alimentarei com absinto e lhes darei a beber água venenosa; porque dos profetas de Jerusalém se derramou a impiedade sobre toda a terra (Jr 23.15).

O resultado de Deus ver com exatidão o que os falsos profetas têm feito e anunciado é seu juízo sobre eles. Todos aqueles que prejudicam o povo de Deus por intermédio do falso ensino são merecedores do juízo divino. Essa verdade traz serenidade e responsabilidade àqueles que ensinam o povo de Deus, e consolo e esperança ao povo de Deus, que percebe o interesse do Senhor naquilo em que são instruídos. O Senhor é zeloso em relação a seu povo.

O verso 15 trata do juízo de Deus sobre os falsos profetas. Eles haveriam de experimentar o gosto terrível da ira divina:

EU SOU | A FALSIFICAÇÃO DA REVELAÇÃO VERBAL NO ENSINO DO ANTIGO TESTAMENTO

I) Os falsos profetas haverão de comer absinto

Eis que os alimentarei com absinto (...) (Jr 23.15).

Quando Deus quis mostrar sua ira em relação a Israel, usou a mesma expressão empregada a respeito dos falsos profetas:

Portanto, assim diz o Senhor dos Exércitos, Deus de Israel: Eis que alimentarei este povo com absinto e lhe darei a beber água venenosa (Jr 9.15).

O absinto é uma comida amarga e mortal. O fato de apresentar o absinto aqui concede muito peso à condenação, pois esse elemento será utilizado pelo Senhor na condenação final. O mundo ímpio, o mundo que persegue o povo de Deus, receberá juízos muito amargos da parte de Deus.

O terceiro anjo tocou a trombeta, e caiu do céu sobre a terça parte dos rios, e sobre as fontes das águas uma grande estrela, ardendo como tocha. O nome da estrela é Absinto; e a terça parte das águas se tornou em absinto, e muitos dos homens morreram por causa dessas águas, porque se tornaram amargosas (Ap 8.10-11).

"Absinto" marca séria punição e condenação da parte do Senhor em relação àqueles que são contrários à sua revelação. Merece destaque aqui o fato de Deus afirmar que ele próprio dará absinto e água venenosa aos falsos profetas. Isso significa que, das próprias mãos do Senhor, virão o castigo e o juízo sobre aqueles que promovem falso ensino entre seu povo. Estar sob o castigo e o juízo do Senhor é a pior coisa que pode acontecer a alguém. Dessa forma, o juízo anunciado pelo Senhor é o pior possível àqueles que desviam seu povo da verdadeira adoração e da justiça social.

II) Os falsos profetas haverão de beber "água venenosa"

Além do absinto, eles beberiam "água venenosa", que também é mortal. Essa verdade foi mostrada inicialmente no capítulo 8, quando o profeta proclama a ira de Deus sobre um povo rebelde:

> Por que estamos ainda assentados aqui? Reuni-vos, e entremos nas cidades fortificadas e ali pereçamos; pois o SENHOR já nos decretou o perecimento e nos deu a beber água venenosa, porquanto pecamos contra o SENHOR (Jr 8.14).

A razão do recebimento de "água venenosa" é o pecado dos profetas e do povo. O que é amargo e venenoso serve como instrumento da ira divina.

Os falsos profetas receberão a paga que vem do Senhor,[101] pois estão agindo de forma contrária à vontade preceptiva do Senhor. "Absinto" e "água venenosa" são símbolos de julgamento e sofrimento que remetem à amargura de morte. Aqui, o Senhor está revelando qual será o juízo recebido pelos falsos profetas, como resultado do prejuízo causado em meio ao povo de Judá.

Os pecados dos líderes espirituais podem trazer extrema maldição sobre si, da parte de Deus. Por isso, está certo o escritor bíblico dizer que "horrível coisa é cair nas mãos do Deus vivo!" (Hb 10.31).

---
101 SCHÖKEL, 1988, p. 545.

EU SOU | A FALSIFICAÇÃO DA REVELAÇÃO VERBAL NO ENSINO DO ANTIGO TESTAMENTO

Nos dias de hoje, a situação não é diferente, porque os pecados dos falsos profetas são os mesmos. Observe que muitos homens que se jactaram de ser profetas do Deus Altíssimo vieram a ser pegos em pecados morais. O Senhor não deixa que os falsos profetas enganem para sempre seu povo. Chega uma hora em que o Senhor põe a mão neles e revela ao mundo sua verdadeira identidade moral, trazendo maldição sobre eles.

D) DEUS DIZ QUE A SENTENÇA PESADA SOBRE OS FALSOS PROFETAS VEM DA PRÓPRIA BOCA DELES

Análise de Texto

Quando, pois, este povo te perguntar, ou qualquer profeta, ou sacerdote, dizendo: Qual é a sentença pesada do Senhor? Então, lhe dirás: Vós sois o peso, e eu vos arrojarei, diz o Senhor. Quanto ao profeta, e ao sacerdote, e ao povo que disser: Sentença pesada do Senhor, a esse homem eu castigarei e a sua casa. Antes, direis, cada um ao seu companheiro e cada um ao seu irmão: Que respondeu o Senhor? Que falou o Senhor? Mas nunca mais fareis menção da sentença pesada do Senhor; porque a cada um lhe servirá de sentença pesada a sua própria palavra; pois torceis as palavras do Deus vivo, do Senhor dos Exércitos, o nosso Deus. Assim dirás ao profeta: Que te respondeu o Senhor? Que falou o Senhor? Mas, porque dizeis: Sentença pesada do Senhor, assim o diz o Senhor: Porque dizeis esta palavra: Sentença pesada do Senhor (havendo-vos eu proibido de dizerdes esta palavra: Sentença pesada do Senhor), por isso, levantar-vos-ei e vos arrojarei da minha presença, a vós outros e à cidade que vos dei e a vossos pais. Porei sobre vós perpétuo opróbrio e eterna vergonha, que jamais será esquecida (Jr 23.33-40).

Fretheim, comentando essa passagem, sugere que há um jogo de significados em torno dos termos "sentença" e "pesada" — que é a mesma palavra no original hebraico (*meshá*) —, com o propósito de limitar a atuação dos profetas. Jeremias, quando questionado acerca da "sentença pesada do SENHOR", haveria de responder: "vois sois o peso e eu vos arrojarei". O povo desobediente era um fardo pesado merecedor de sentença. Deus estava indignado a ponto de lançar o povo para longe de sua presença. A proibição de Deus quanto ao uso da expressão "sentença pesada do SENHOR" se aplicava aos profetas, sacerdotes e ao povo. Aparentemente, essa proibição tinha o objetivo didático de limitar quem poderia ou não falar em nome de Deus, dizendo-se portador de uma revelação.[102]

A perícope de Jeremias 23.33-40, por causa das palavras em hebraico, carrega consigo uma grande dificuldade para o leitor comum.

I) O significado da expressão "sentença pesada"

Na época do profeta Jeremias, era bastante comum, entre os desobedientes, o uso da expressão "sentença pesada do Senhor" em referência às profecias que vinham da parte de Deus, por intermédio dos verdadeiros profetas. Para essas pessoas, as palavras do Senhor eram um fardo. Entretanto, Deus se irava quando alguém usava essa expressão:

---

102 FRETHEIM, Terrence E. *Smyth & Helwys Bible Commentary*: Jeremiah. Smyth & Helwys Publishing Inc. Macon, GA, 2002, pp. 340-341.

> Quanto ao profeta, e ao sacerdote, e ao povo que disser: Sentença pesada do SENHOR, a esse homem eu castigarei e a sua casa (Jr 23.34).

A palavra hebraica principal do texto é *massa*, traduzida na versão Revista e Atualizada como *sentença pesada* (ou fardo). No entanto, também pode ser traduzida como *oráculo* (palavra reveladora de Deus). É meu entendimento que essa palavra hebraica, *massa*, no texto em estudo, pode significar as duas coisas: *oráculo* (palavra reveladora de Deus) e *fardo* (ou sentença pesada), por causa da falsificação por parte dos falsos profetas.

Todos nós sabemos que um oráculo do Senhor é uma palavra normativa dele, mas também sabemos que os profetas verdadeiros sempre receberam palavras de juízo da parte de Deus. Jeremias foi um desses profetas que proclamavam o *massa* de Deus. Por essa razão, muitos tomaram o *massa* (oráculo) de Deus e o consideravam um fardo pesado para eles. Na verdade, eles desprezavam e zombavam da palavra que vinha do Senhor. Sobre a pergunta "Qual é a sentença pesada do SENHOR?" (v. 33), Guzik diz:

> Era provavelmente uma pergunta zombeteira por parte dos profetas corruptos ao profeta Jeremias. Visto que a maioria da obra profética de Jeremias era anunciar julgamento e uma chamada ao arrependimento, eles, jocosamente, queriam saber qual palavra pesada ele tinha para eles hoje.[103]

---

103 David Guzik, em seu comentário sobre Jeremias. Disponível em https://enduringword.com/commentary/jeremiah-23. Acesso em setembro de 2016.

Na verdade, os falsos profetas, ou profetas corruptos, não davam atenção às palavras do Senhor e, portanto, zombavam do que Jeremias lhes dizia. Entretanto, não podemos nos furtar ao pensamento de que um juízo de Deus é realmente uma sentença pesada! Todos aqueles que hoje defraudam a Palavra do Senhor receberão "o massa", que é o fardo da sentença pesada.

II) A "sentença pesada" sai da boca dos próprios falsos profetas

> Mas nunca mais fareis menção da sentença pesada do Senhor; porque a cada um lhe servirá de sentença pesada a sua própria palavra; pois torceis as palavras do Deus vivo, do Senhor dos Exércitos, o nosso Deus (Jr 23.36).

O profetismo, no tempo de Jeremias, tornara-se bastante corrupto. Muitos falsos profetas se levantavam e falavam suas palavras afirmando que eram oráculo (ou sentença pesada) do Senhor. Na verdade, os falsos profetas (ou profetas corruptos) ouviam a Palavra de Deus e, quando a transmitiam, distorciam-na, dizendo suas próprias palavras. Eles tomavam a palavra profética vinda por intermédio de Jeremias e a transmitiam ao povo de maneira distorcida.

Por essa razão, Deus disse que as próprias palavras deles seriam uma sentença pesada contra eles. Nessas palavras, estão refletidos os ensinos de Salmos 64.8: "a própria língua se voltará contra eles". Eles haveriam de ser condenados por suas próprias palavras. Nesse sentido, *massa* (palavra de julgamento de Deus) haveria de ser o *massa* dos próprios profetas. Eles seriam condenados por aquilo que eles próprios diziam.

III) A proibição da referência à "sentença pesada" do Senhor

> Mas nunca mais fareis menção da sentença pesada do Senhor... pois torceis as palavras do Deus vivo, do Senhor dos Exércitos, o nosso Deus (Jr 23.36a).
>
> Assim dirás ao profeta: Que te respondeu o Senhor? Que falou o Senhor? Mas, porque dizeis: Sentença pesada do Senhor, assim o diz o Senhor: Porque dizeis esta palavra: Sentença pesada do Senhor (havendo-vos eu proibido de dizerdes esta palavra: Sentença pesada do Senhor) (...) (Jr 23.37-38).

Deus proibiu que os profetas corruptos fizessem menção ao *massa* de Deus, tido como uma "sentença pesada do Senhor", pois era prerrogativa do Senhor proferir sentença pesada, e não dos falsos profetas. Essa era uma ordem à qual não poderiam desobedecer. Foi Deus quem a estabeleceu, ainda que não tenha dito sua razão última. No entanto, a razão secundária, mostrada na Escritura, é que eles tomavam a "sentença pesada do Senhor" e distorciam suas palavras. E Deus não aceitava que sua palavra fosse distorcida, razão pela qual os profetas corruptos estavam proibidos de anunciá-la ao povo.

IV) O Juízo de Deus sobre os que emitiram a chamada "sentença pesada do Senhor"

Deus não tolera infidelidade dos profetas e condena veementemente os que tergiversam sua mensagem. Deus é muito mais exigente com a pureza de sua Palavra do que podemos imaginar!

> Quando, pois, este povo te perguntar, ou qualquer profeta, ou sacerdote, dizendo: Qual é a sentença pesada do SENHOR? Então, lhe dirás: Vós sois o peso, e eu vos arrojarei, diz o SENHOR. Quanto ao profeta, e ao sacerdote, e ao povo que disser: Sentença pesada do SENHOR, a esse homem eu castigarei e a sua casa (Jr 23.33-34).

O profeta Jeremias assinala que todos os violadores da ordem divina deveriam ser punidos, fossem eles sacerdotes, profetas ou o povo em geral. A corrupção estava tão generalizada que até mesmo as pessoas comuns distorciam as palavras de Deus. A verdade de Deus era profanada nas conversas comuns das pessoas. Por essa razão, a impiedade tomou conta dos líderes espirituais (sacerdotes e profetas) e do próprio povo.

O castigo de Deus não faz distinção de pessoas, atingindo todos os violadores de sua palavra, tanto os oficiais do povo de Deus como os simples membros da comunidade de fé. Em verdade, todos eles haviam sido proibidos de usar a expressão "sentença pesada do Senhor" com referência aos oráculos de Deus.

Feinberg diz que essas pessoas usavam a palavra *massa* de maneira zombeteira. Era como se perguntassem: Agora, o que é um oráculo de Deus? Agora, o que é uma sentença pesada do Senhor?[104] Além disso, o castigo não viria somente sobre a pessoa individual que entendesse os oráculos de Deus como "sentença pesada do Senhor", mas também sobre toda a sua família. Matthew Henry diz que "perverter a Palavra de Deus e ridicularizar seus pregadores são pecados que trazem juízo de ruína sobre famílias

---

104 FEINBERG apud GUZIK, David, em seu *Comentário sobre Jeremias*. Disponível em https://enduringword.com/commentary/jeremiah-23. Acesso em setembro de 2016.

e acarretam-lhes maldição".[105] O conceito de "cabeça de família" é muito importante para entender esse tipo de punição. O que o representante faz é considerado por Deus como se fosse um ato dos representados. Daí a menção de o castigo vir não somente sobre um homem, mas também sobre toda "a sua casa".

APLICAÇÃO

(...) porque a cada um lhe servirá de sentença pesada a sua própria palavra (Jr 23.36).

"Essa frase é a realidade da cultura pós-moderna ocidental do século XXI. Não há absolutos! A opinião de todas as pessoas tem o mesmo peso e autoridade! Trata-se de uma tragédia quando há uma revelação inspirada da parte do Deus verdadeiro."[106]

No presente século, as pessoas rejeitam as palavras normativas de Deus, registradas na Escritura, porque querem que suas próprias palavras vigorem. Em sua avaliação, as palavras dos homens têm a mesma autoridade que a Palavra de Deus. Por essa razão, "a sentença pesada" contra eles seria a própria palavra deles.

5. AS RAZÕES DO JULGAMENTO DE DEUS NA PROFECIA DE JEREMIAS

As mentiras desses falsos profetas são levianas e levam o povo de Deus a andar em caminhos errados.

---

105 *Matthew Henry's Complete Commentary on the Bible*. Disponível em http://www.studylight.org/commentaries/mhm/jeremiah-23.html. Acesso em setembro de 2016.

106 Disponível em: http://www.freebiblecommentary.org/old_testament_studies/VOL13AOT/VOL13AOT_23.html. Acesso em setembro de 2016.

O JUÍZO DE DEUS SOBRE OS FALSOS PROFETAS

Análise de Texto

Portanto, eis que eu sou contra esses profetas, diz o Senhor, que furtam as minhas palavras, cada um ao seu companheiro. Eis que eu sou contra esses profetas, diz o Senhor, que pregam a sua própria palavra e afirmam: Ele disse. Eis que eu sou contra os que profetizam sonhos mentirosos, diz o Senhor, e os contam, e com as suas mentiras e leviandades fazem errar o meu povo; pois eu não os enviei, nem lhes dei ordem; e também proveito nenhum trouxeram a este povo, diz o Senhor (Jr 23.30-32).

Nesse texto, observamos a atitude divina diante dos falsos profetas: Deus se levanta contra eles! Na existência humana, nada pode ser pior do que ter Deus como nosso opositor e, claro, o oposto também é verdadeiro e manifesto nas Escrituras (Rm 8.31).

Deus mostra algumas razões pelas quais ele é contra os falsos profetas.

A) DEUS É CONTRA OS FALSOS PROFETAS PORQUE ELES FURTAM SUA PALAVRA

Portanto, eis que eu sou contra esses profetas, diz o Senhor, que *furtam as minhas palavras*, cada um ao seu companheiro (Jr 23.30).

Furtar é subtrair o que não nos pertence. Furtar (*ganab*) as palavras de Deus é tentar tirar dele aquilo de que ele não dispôs. Se o ato de furtar de homens já nos põe em situação difícil diante do Estado, imagine furtar do Senhor do Universo!

EU SOU | A FALSIFICAÇÃO DA REVELAÇÃO VERBAL NO ENSINO DO ANTIGO TESTAMENTO

É possível que os falsos profetas conhecessem as reais palavras de Deus e impedissem que o povo as conhecesse, retirando-as de circulação. É possível que tivessem ouvido os profetas verdadeiros falarem, mas eles distorceram suas palavras ou simplesmente as ignoraram, transmitindo suas próprias palavras. O fato é que eles passaram para o povo o engano, e não a verdade. No lugar da verdade, eles colocavam suas próprias palavras. Esse poderia ser o modo de eles furtarem a Palavra de Deus. A consequência é que o povo de Deus passava a dar ouvidos às palavras dos falsos profetas, e não às de Deus.

É possível que essa expressão também signifique que os falsos profetas roubaram a boa semente que foi lançada aos ouvidos do povo de Deus, como nos ensina a parábola de Jesus (Mt 13.19). Eles reduziram a autoridade das palavras dos profetas e enfraqueceram o valor das palavras de Deus na mente dos homens, lançando veneno em forma de aparência do bem. Roubaram as palavras de Deus e semearam a palavra da falsidade. Portanto, por causa desse furto, Deus declarou guerra contra os falsos profetas. Deus quer que a verdade de sua palavra seja transmitida fiel e totalmente.

B) DEUS É CONTRA OS FALSOS PROFETAS PORQUE ELES PREGAM SUA PRÓPRIA PALAVRA

> Eis que eu sou contra esses profetas, diz o SENHOR, que *pregam a sua própria palavra* e afirmam: Ele disse (Jr 23.31).

Um povo não pode ficar sem uma palavra de autoridade. Como os falsos profetas furtavam a palavra de Deus, tinham de trazer uma alternativa de autoridade para o povo. Então, substituindo a real palavra de Deus, eles traziam sua própria palavra, dizendo que provinha de Deus. Deus era contra os falsos profetas porque eles sempre pretenderam se passar por Deus, substituindo as palavras divinas e fazendo uso de seu nome para enganar o povo. Eles "vendiam gato por lebre", enganando o povo com palavras humanas de falsas esperanças.

Os falsos profetas pregavam suas próprias palavras e afirmavam que fora o Senhor quem as falara. Aqui, agrava-se a tipicidade do furto, pois os falsos profetas não apenas furtavam as palavras do Senhor, como também diziam que suas palavras tinham o peso da palavra de Deus, afirmando que era o que Deus lhes havia mandado dizer. Eles diziam que suas palavras eram fidedignas, ou seja, eles negociavam o objeto do furto! Assim, eles cometiam pecado duplo: privavam o povo da verdade e o enchiam com mentira!

C) DEUS É CONTRA OS FALSOS PROFETAS PORQUE ELES PROFETIZAM SONHOS MENTIROSOS

> Eis que eu sou contra os que *profetizam sonhos mentirosos*, diz o Senhor, e os contam, e com as suas mentiras e leviandades fazem errar o meu povo; pois eu não os enviei, nem lhes dei ordem; e também proveito nenhum trouxeram a este povo, diz o Senhor (Jr 23.32a).

Os falsos profetas pregavam mentiras levianas não somente através de visões mentirosas, mas também de sonhos mentirosos. Não há nada tão fácil quanto manipular algo que acontece no campo subjetivo. Tanto as visões como os sonhos que os profetas contavam se passavam em sua própria subjetividade. Ninguém pode contestar se uma pessoa teve um sonho, já que ninguém pode penetrar na subjetividade alheia. Sabedores disso, os falsos profetas inventavam sonhos de mentira e enganavam o povo de Deus.

Eles contavam sonhos que vinham de seu próprio coração, que não procediam de Deus, e, assim, mostravam as leviandades de seu coração maligno. Eles contavam estórias que não eram verdadeiras. Na verdade, eles mentiam para o povo.

D) DEUS É CONTRA OS FALSOS PROFETAS PORQUE ELES FAZEM SEU POVO ERRAR

> Eis que eu sou contra os que profetizam sonhos mentirosos, diz o Senhor, e os contam, e com as suas mentiras e leviandades *fazem errar o meu povo*; pois eu não os enviei, nem lhes dei ordem; e também proveito nenhum trouxeram a este povo, diz o Senhor (Jr 23.32b).

O povo pode ser culpado de ignorância por não conhecer a verdade de Deus ou por não saber discernir a procedência da palavra pregada. Entretanto, muito mais culpáveis são aqueles que, pela falsa profecia, levam o povo a viver em pecado. A falsa profecia acontece porque 1) os falsos profetas não são enviados por Deus, ou seja, não são vocacionados; 2) os falsos profetas não são autorizados a falar em nome de Deus. Quando essas duas coisas acontecem, a palavra pregada "não traz nenhum proveito ao povo". Os profetas falsos faziam o povo andar em caminhos errados. Por essa razão, Deus é contra eles!

Observa-se que, muitos séculos depois, admitimos que a verdade de Deus ainda é muito importante na vida do povo. Quando queremos que o povo de Deus viva em retidão, a melhor maneira é dizer-lhe a verdadeira palavra de Deus, porque, quando a mentira é pregada, o povo tende a andar em descaminhos.

E) DEUS É CONTRA OS FALSOS PROFETAS PORQUE ELES SÃO DESOBEDIENTES

(...) pois *eu não os enviei, nem lhes dei ordem*; e também proveito nenhum trouxeram a este povo, diz o SENHOR (Jr 23.32c).

Na verdade, Deus nunca os vocacionou, nem os enviou como profetas aos de seu povo ou a outras nações. Na verdade, eles pregam com independência de Deus. Eles nunca receberam nenhuma palavra de Deus. Não era incomum no passado, como não o é no presente, o fato de as pessoas se levantarem no meio do povo de Deus para dizer coisas que Deus nunca lhes falou. Essas pessoas alegam haver recebido "a palavra de Deus" fresquinha lá do céu, mas Deus nunca falou com elas. Alguns desses profetas já não estão mais presentes no meio de seu povo, e o povo esqueceu-se deles, mas eles lançaram muitas sementes de joio que prejudicaram no passado e ainda prejudicam o povo de Deus no presente!

Portanto, eles pregam em desobediência. Os falsos profetas não consultam o verdadeiro Deus para falar o que falam. Eles ouvem o engano de Satanás e o engano do próprio coração, e pregam o que Deus não lhes mandou.

EU SOU | A FALSIFICAÇÃO DA REVELAÇÃO VERBAL NO ENSINO DO ANTIGO TESTAMENTO

F) DEUS É CONTRA OS FALSOS PROFETAS PORQUE ELES NÃO TRAZEM NENHUM PROVEITO AO POVO

> Eis que eu sou contra os que profetizam sonhos mentirosos, diz o Senhor, e os contam, e com as suas mentiras e leviandades fazem errar o meu povo; pois eu não os enviei, nem lhes dei ordem; e também proveito nenhum trouxeram a este povo, diz o Senhor (Jr 23.32d).

Quando o falso profeta levanta sua voz no meio do povo, não edifica, não exorta nem consola (1Co 14.3). Por essa razão, a liderança deve estar atenta para que os falsos profetas não exerçam seu "nefasto ministério" no meio do povo de Deus, pois isso não lhe trará benefício algum. Em Mateus 12.30, após falar sobre o ministério satânico, Jesus afirma que aqueles que não ajuntam com ele espalham. As lideranças devem estar atentas aos falsos profetas, que estão por toda a parte, furtando a Palavra de Deus!

APLICAÇÃO

Atualmente, Deus tem as mesmas razões que possuía nos tempos de Jeremias, pois os pecados se repetem. E Deus tem todo o direito de aplicar seu juízo, pois a Igreja de Cristo tem dois mil anos de história e conhece a revelação divina de forma mais completa do que no tempo de Jeremias. Nesse caso, a culpabilidade da igreja em não punir teologicamente os rebeldes é muito mais séria do que no passado. Aliás, Jeremias foi um pregador fiel contra os falsos profetas, mas muitos de nós, ministros da Palavra, não temos sequer coragem de emitir juízo contra eles.

Os mesmos prejuízos advindos sobre o povo de Deus no tempo do Antigo Testamento existem para o povo de Deus agora, por causa do falso profetismo existente em nossa geração:

1) Nos tempos de hoje, Deus é contra os falsos profetas porque eles furtam sua palavra.

> Portanto, eis que eu sou contra esses profetas, diz o Senhor, que *furtam as minhas palavras*, cada um ao seu companheiro (Jr 23.30).

Eles retiram de sua pregação a verdadeira palavra de Deus e o povo morre à míngua. Muitos ouvintes desses falsos profetas estão voltando desse vazio teológico, em busca da exposição da verdadeira Palavra de Deus.

II) Nos tempos de hoje, Deus é contra os falsos profetas porque eles pregam sua própria palavra, substituindo a palavra de Deus.

> Eis que eu sou contra esses profetas, diz o Senhor, que *pregam a sua própria palavra* e afirmam: Ele disse (Jr 23.31).

Como se não bastasse esconder a Palavra de Deus, eles colocam a palavra de homem. Tiram o que era divino e põem somente o humano; retiram a verdade e colocam a mentira.

III) Nos tempos de hoje, Deus é contra os falsos profetas porque profetizam sonhos mentirosos.

> Eis que eu sou contra os que *profetizam sonhos mentirosos*, diz o Senhor, e os contam, e com as suas mentiras e leviandades fazem errar o meu povo; pois eu não os enviei, nem lhes dei ordem; e também proveito nenhum trouxeram a este povo, diz o Senhor (Jr 23.32a).

Eles tentam imitar os profetas verdadeiros, a quem o Senhor falava em sonhos, e obedecem aos sonhos mentirosos que surgem pelo engano do coração deles. Muitas pessoas têm sido altamente enganadas pelos sonhos propalados por falsos profetas dentro da igreja contemporânea. Para essas pessoas, os sonhos se tornam um grande desapontamento, a ponto de algumas, inclusive, abandonarem a igreja evangélica.

IV) Nos tempos de hoje, Deus é contra os falsos profetas porque eles fazem o povo andar em descaminhos.

> Eis que eu sou contra os que profetizam sonhos mentirosos, diz o Senhor, e os contam, e com as suas mentiras e leviandades *fazem errar o meu povo*; pois eu não os enviei, nem lhes dei ordem; e também proveito nenhum trouxeram a este povo, diz o Senhor (Jr 23.32b).

A ladainha de erros é a mesma dos tempos passados. Perceba que o tipo de igreja que abriga falsos profetas conta com um número grande de pessoas que não têm muita firmeza. Nessas igrejas, quase tudo é permitido. Ninguém é disciplinado por causa de imoralidade. Por quê? Porque os líderes são imorais e, em muitos casos, não podem exigir do povo o que eles mesmos não fazem.

Consequentemente, um povo sem norte teológico embrenha-se por caminhos errados.

V) Nos tempos de hoje, Deus é contra os falsos profetas porque eles não trazem proveito algum ao povo.

> Eis que eu sou contra os que profetizam sonhos mentirosos, diz o Senhor, e os contam, e com as suas mentiras e leviandades fazem errar o meu povo; pois eu não os enviei, nem lhes dei ordem; e *também proveito nenhum trouxeram a este povo*, diz o Senhor (Jr 23.32d)

Muitos evangélicos vivem por anos a fio sem crescer no conhecimento de Deus e de seu Filho Jesus Cristo. Se são realmente cristãos, são imaturos na fé, desconhecendo o ensino da *Tota Scriptura*.

Você, ministro fiel do evangelho, não pede a Deus para que esses falsos profetas sejam punidos? Você não estará pecando contra eles, pois isso é o que o próprio Deus determina. Quando será que nós, ministros, vamos levantar a voz contra o *status quo* teológico em nossa geração? Não podemos mais pecar por omissão. Vamos à luta contra esses perturbadores da ordem espiritual do Israel de Deus!

CAPÍTULO 11
O JUÍZO DE DEUS INCLUI A MORTE DOS FALSOS PROFETAS

Vimos, nos capítulos anteriores, que: 1) Deus manda profetizar contra os falsos profetas; 2) Deus é contra os falsos profetas; 3) Deus afasta os falsos profetas de sua presença; 4) Deus põe vergonha sobre os falsos profetas. Agora veremos que Deus anuncia a morte dos falsos profetas.

Trato, a propósito, desse juízo de Deus porque ele é o ponto de fricção dentro da igreja cristã. Por causa da filosofia vigente, a pena de morte não encontra abrigo no meio do povo em geral, nem mesmo dentro da igreja cristã. A igreja não se preocupa com a necessidade de tocar nesse assunto, evitando, assim, confrontos amargos. Vamos ao que a Escritura diz:

1. APLICAÇÃO DA PENA CAPITAL PELA IGREJA DO ANTIGO TESTAMENTO AOS FALSOS PROFETAS

O castigo de morte aos falsos profetas é bastante comum na Escritura. Deus é muito severo quando trata da punição aos falsos profetas, pois odeia que seu povo seja ensinado falsamente. Tanto a Lei como os Profetas expressaram o anúncio de morte daqueles que distorciam a lei de Deus ou ensinavam falsas doutrinas.

A) O ANÚNCIO DE MORTE DOS FALSOS PROFETAS NA LEI MOSAICA

> Porém o profeta que presumir de falar alguma palavra em meu nome, que eu lhe não mandei falar, ou o que falar em nome de outros deuses, esse profeta será morto (Dt 18.20).
> Esse profeta ou sonhador será morto, pois pregou rebeldia contra o SENHOR, vosso Deus, que vos tirou da terra do Egito e vos resgatou da casa da servidão, para vos apartar do caminho que vos ordenou o SENHOR, vosso Deus, para andardes nele. Assim, eliminarás o mal do meio de ti (Dt 13.5).

Nesses textos, vemos três situações em que se aplicava a pena capital ao falso profeta: a) Quando ele falava em nome do Senhor o que não lhe fora mandado dizer; b) Quando falava em nome de outros deuses; c) Quando incitava as pessoas à rebeldia, para que pudessem seguir outros deuses.

Em todos os casos, o objetivo dos falsos profetas é o mesmo: levar as pessoas ao engano; levá-las a buscar falsos deuses; afastá-las do Senhor. O ataque de lobos é algo que o Bom Pastor não tolera, pois Deus manda que não se tema esse falso profeta, eliminando-o como se elimina o mal do meio do povo.

O que esses profetas faziam para receber a morte como punição? Eles pregavam rebeldia contra *YHVH*. Eles afastavam o povo do caminho de *YHVH*, levando-o a seguir os ídolos. O castigo era severo porque a idolatria contaminava a santidade da comunidade. O texto de Moisés não diz como devem ser mortos; diz apenas que tais profetas devem ser levados à morte.

B) O ANÚNCIO DOS TIPOS DE MORTE DOS FALSOS PROFETAS NA PROFECIA DE JEREMIAS

> Disse-me o Senhor: Os profetas profetizam mentiras em meu nome, nunca os enviei, nem lhes dei ordem, nem lhes falei; visão falsa, adivinhação, vaidade e o engano do seu íntimo são o que eles vos profetizam. Portanto, assim diz o Senhor acerca dos profetas que, profetizando em meu nome, sem que eu os tenha mandado, dizem que nem espada, nem fome haverá nesta terra: À espada e à fome serão consumidos esses profetas (Jr 14.14-15).

É irônica a situação apresentada nessa passagem, em que a calamidade apregoada é exatamente aquela que consumiria tais profetas: espada e fome. Deus se servirá desses dois instrumentos de sua ira, que aparecem em outros lugares da Escritura.

Aqui vemos o resultado de se outorgar a origem de manifestações diabólicas ou mesmo psíquicas a uma manifestação de origem divina: o Senhor anuncia a morte! Não devemos nos esquecer de que a última recomendação das Escrituras no livro do Apocalipse (22.18-19) é a de que não manipulemos as Escrituras, não simulemos a revelação divina — seja acrescendo a ela, seja subtraindo dela! Antes de afirmar coisas que o Senhor disse, deve-se verificar antes, pois Deus não permite que escarneçam dele! (Gl 6.7).

EU SOU | A FALSIFICAÇÃO DA REVELAÇÃO VERBAL NO ENSINO DO ANTIGO TESTAMENTO

A gravidade do pecado da falsa profecia fazia do falso profeta merecedor da pena máxima (Dt 13.5). Os profetas em Israel gozavam de uma posição significativa, e a morte era, por conseguinte, a pena para aqueles que presumiam preencher tal ofício sem que tivessem sido legitimamente chamados por Deus. Os reis e sacerdotes não seriam necessariamente julgados com pena de morte por abusarem de seu ofício em Israel. Os profetas, entretanto, deveriam morrer. A pena era severa devido ao grau de destruição que a falsa profecia poderia causar na vida do povo de Deus.[107] Além disso, os profetas eram porta-vozes de Deus— e Deus não admitia que alguém falseasse sua Palavra.

C) O ANÚNCIO DE MORTE EXEMPLAR DE UM FALSO PROFETA

Análise de Texto

Disse Jeremias, o profeta, ao profeta Hananias: Ouve agora, Hananias: O Senhor não te enviou, mas tu fizeste que este povo confiasse em mentiras. Pelo que assim diz o Senhor: Eis que te lançarei de sobre a face da terra; morrerás este ano, porque pregaste rebeldia contra o Senhor. Morreu, pois, o profeta Hananias, no mesmo ano, no sétimo mês (Jr 28.15-17).

A pena capital deveria vir sobre aqueles que adulteravam a Palavra do Senhor. A revelação verbal/proposicional de Deus tinha de ser transmitida com absoluta fidelidade. Era proibido falar as próprias palavras e dizer que eram palavras de Deus, pois somente os vocacionados de Deus é que podiam transmitir as palavras de Deus.

---
107 ROBERTSON, O. Palmer. *The Christ of the Prophets*. Phillipsburg, NJ: P&R Publishing, 2004, p. 114.

I) O profeta Hananias foi morto porque não havia sido enviado pelo Senhor

> Disse Jeremias, o profeta, ao profeta Hananias: Ouve agora, Hananias: O Senhor não te enviou (...) (Jr 28.15).

Para os incautos, esse assunto parece de somenos importância, mas Deus não pensava assim. Só podia exercer o ofício profético aquele que o Senhor vocacionava e enviava para pregar às nações. Todos os que não recebiam a vocação e a comissão divina — e agiam como tal — eram considerados falsos profetas. Hananias quebrou essa regra, resolvendo apresentar-se como profeta e falar suas próprias palavras ao povo. Esse é o sentido de "o Senhor não te enviou". Como um profeta independente, Hananias desprezou a verdadeira palavra do Senhor e inventou palavras falsas nas quais o povo confiou. Por isso também, Deus vaticinou sua morte.

Portanto, essa lição também serve para os nossos tempos: não se atreva a comparecer diante do povo de Deus e dizer que o Senhor lhe falou se ele, na verdade, nunca chamou ou enviou você para falar ao seu povo. Há muitos falsos profetas na igreja contemporânea que se apresentam como enviados de Deus e enganam seu povo.

II) O profeta Hananias foi morto porque fez o povo confiar em mentiras

Muitos falsos profetas do Antigo Testamento vaticinavam coisas esperançosas para o povo que não eram verdadeiras. Deus não havia vocacionado Hananias, mas ele se apresentou como um profeta de Deus, dando esperanças vãs ao povo, afirmando a derrota iminente de Nabucodonosor e mostrando-se irreverente com o profeta Jeremias (Jr 28.1-10). Suas palavras de esperança para o povo eram mentirosas, e o povo confiou em coisas enganosas. Por isso também, Deus vaticinou sua morte.

Hoje, muitos profetas pregam mentiras nas quais o povo confia. Eles falam da prosperidade financeira que está à disposição do povo, e o povo tem enchido seus templos, na expectativa de que essa notícia alvissareira seja realidade em suas vidas. A maioria esmagadora volta para casa e nada muda. O povo é constantemente enganado, e ninguém disciplina eclesiasticamente esses profetas. O grande problema é que as igrejas, em sua maioria, são independentes, e seus ministros não têm de prestar relatório e não respondem a ninguém. Por essa razão, eles se mantêm incólumes em todo o seu ministério de engano. Ninguém põe a mão neles!

III) O profeta Hananias foi morto porque pregou rebeldia contra o Senhor

O fato de falar "palavras mentirosas" é considerado equivalente a praticar rebeldia contra o próprio Senhor. Do ponto de vista das Escrituras, uma palavra dita falsamente é uma grande ofensa ao Senhor. A Palavra do Senhor não é a mesma coisa que o Senhor, mas o Senhor honra tanto sua Palavra que não tolera sua adulteração, porque sua Palavra escrita é a evidência de sua relação pactual com seu povo. Quando as palavras do pacto são violadas, Deus considera esse pecado algo pessoal. Por isso, a adulteração da verdade é rebeldia contra o próprio Senhor.

Hoje, há muitos profetas pregando rebeldia contra o Senhor, desprezando a verdadeira palavra de Deus ou aplicando uma hermenêutica "louca" para entender o que está escrito na Bíblia. Distorcendo ou adulterando o significado da Escritura, eles se rebelam contra o Senhor e, com tristeza, sabemos que nenhum deles recebe qualquer disciplina.

Nós próprios somos influenciados pelas leis presentes, que impedem que alguém seja morto por questão religiosa, porque existe liberdade de culto, e ninguém pode ser impedido de pregar qualquer coisa.

IV) O profeta Hananias foi morto por decreto divino numa data programada

> Pelo que assim diz o SENHOR: Eis que te lançarei de sobre a face da terra; morrerás este ano, porque pregaste rebeldia contra o SENHOR. Morreu, pois, o profeta Hananias, no mesmo ano, no sétimo mês (Jr 28.16-17).

Posso imaginar a agonia de quem recebe a notícia de que será extirpado da face da terra! Era uma morte que poderia acontecer a qualquer momento no ano em que essa terrível notícia era recebida!

Por causa de sua "rebeldia contra o Senhor", Hananias recebe esse recado de Deus — uma expressão da determinação infalível de Deus que realmente se cumpriu naquele mesmo ano, cerca de dois meses após o anúncio decretivo da sua morte.

Por que, hoje, a igreja de Deus se demora em punir firmemente os profetas que desviam o povo de Deus da verdade, pregando rebeldia contra a verdadeira Palavra do Senhor? Provavelmente, essa é uma grande fraqueza da igreja de Deus no presente.

Entretanto, a morte dos falsos profetas está certamente decretada, ainda que, hoje, Deus não diga de antemão quando isso lhe acontecerá, mas, sem dúvida, a justiça de Deus não faltará. Como

Deus é o mesmo, temos esperança de que seja feita sua justiça e mantida a honra de sua Palavra.

2. DEUS ANUNCIA A MORTE DOS QUE OUVEM O FALSO PROFETA

Já vimos que: 1) Deus manda profetizar contra os falsos profetas; 2) Deus é contra os falsos profetas; 3) Deus afasta os falsos profetas da sua presença; 4) Deus põe vergonha sobre os falsos profetas; 5) Deus anuncia a morte dos falsos profetas. Agora, vemos que Deus anuncia a morte *dos que ouvem* os falsos profetas.

> O povo a quem eles profetizam será lançado nas ruas de Jerusalém, por causa da fome e da espada; não haverá quem os sepulte, a ele, a suas mulheres, a seus filhos e a suas filhas; porque derramarei sobre eles a sua maldade. Portanto, lhes dirás esta palavra: Os meus olhos derramem lágrimas, de noite e de dia, e não cessem; porque a virgem, filha do meu povo, está profundamente golpeada, de ferida mui dolorosa. Se eu saio ao campo, eis aí os mortos à espada; se entro na cidade, estão ali os debilitados pela fome; até os profetas e os sacerdotes vagueiam pela terra e não sabem para onde vão (Jr 14.16-18).

Não era somente o falso profeta que era condenado à morte. Dar ouvidos à palavra mentirosa também gerava condenação. A vaidade do povo o levava a dar ouvidos às mentiras dos falsos profetas. Seu próprio pecado fazia com que Deus os abandonasse à mercê de suas próprias concupiscências (Rm 1.24).[108] A coceira em seus ouvidos para que ouvissem palavras que lhes fossem

---
108 CALVIN, John. *Commentary on Jeremiah*. Albany, Oregon: Ages Software, 1998. CD-ROM.

O JUÍZO DE DEUS INCLUI A MORTE DOS FALSOS PROFETAS

agradáveis dava liberdade a Satanás para iludi-los. Devido à sua impiedade e à sua ingratidão, Deus os visitaria com juízo mortal. Eles morreriam pela fome e pela espada. Seus cadáveres haveriam de apodrecer ao relento, pois não haveria pai ou mãe para sepultá-los. Que quadro de terrível desgraça resultante da impiedade!

Quão grave, hoje, é percebermos as multidões de cristãos que seguem os falsos profetas, atraídas por ensinos falsos e por esperanças falsas. A mesma impiedade existe no coração de uma massa de pessoas atraídas por um discurso cheio de promessas mentirosas. A igreja necessita levantar voz profética, denunciando os descaminhos do evangelho barateado, que promete riquezas, bens materiais e sucesso. Não se esqueça de que Cristo nos deixou o exemplo da cruz e do amor ao próximo, e de que os grandes apóstolos sofreram e morreram por causa do evangelho.

A revelação da ira de Deus sobre os falsos profetas, quando não é levada a sério, mostra-se tão grave que Deus adverte Jeremias para que não interceda pelo povo quando o profeta atribui aos falsos profetas os erros do povo.

> Disse-me ainda o Senhor: Não rogues por este povo para o bem dele. Quando jejuarem, não ouvirei o seu clamor e, quando trouxerem holocaustos e ofertas de manjares, não me agradarei deles; antes, eu os consumirei pela espada, pela fome e pela peste. Então, disse eu: Ah! Senhor Deus, eis que os profetas lhes dizem: Não vereis espada, nem tereis fome; mas vos darei verdadeira paz neste lugar. Disse-me o Senhor: Os profetas profetizam mentiras em meu nome, nunca os enviei, nem lhes dei ordem, nem lhes falei; visão falsa, adivinhação, vaidade e o engano do seu íntimo são o que eles vos profetizam. Portanto,

assim diz o Senhor acerca dos profetas que, profetizando em meu nome, sem que eu os tenha mandado, dizem que nem espada, nem fome haverá nesta terra: À espada e à fome serão consumidos esses profetas (Jr 14.11-15).

A sentença de morte estava determinada sobre os falsos profetas e sobre o povo. Por essa razão, Deus impede até Jeremias de orar por eles, porque não há esperança para um falso profeta nem para aqueles que o ouvem. Veja quão seriamente Deus leva seu amor à verdade, e seu ódio à mentira!

A situação no reino do norte não era tão diferente do reino do sul, onde Oseias afirma que o povo era levado cativo por falta de conhecimento (Os 4.6). Em Jeremias, vemos que o povo não observava as Escrituras (Dt 13), que, nesse período, já determinavam meios para que fosse apurada a autenticidade do profeta.

No livro de Atos, Lucas registra que os crentes bereanos eram mais nobres que os de Tessalônica (At 17.11), afirmando a razão para tal: além de serem ávidos pelas Escrituras, examinavam-nas cotidianamente, a fim de aferir a veracidade do que os profetas lhes falavam.

Se os contemporâneos de Jeremias tivessem agido assim, a falsidade das profecias que ouviam seria manifesta. Em nossos dias, o desprezo pelas Escrituras compromete a própria igreja, pois, por vezes, pregam-se, em nossos púlpitos, palavras que o Senhor não falou, mas ninguém traz disciplina a quem prega vãs esperanças!

PONTOS A PONDERAR

Por sua palavra falsa, o profeta poderia levar o povo a uma atitude inconsequente a respeito de seu próprio pecado, de modo a colher a ira de Deus. Com sua palavra, o profeta exercia o poder de vida e de morte.

Para Robertson, nos dias de hoje, em que governos civis não constituem uma teocracia, como nos dias da antiga aliança, não é da competência de nossos governantes regular ou julgar quem são os verdadeiros e os falsos profetas, muito menos aplicar pena máxima àqueles que forem identificados como falsos profetas. A igreja, no entanto, debaixo da nova aliança, deve supervisionar os cristãos de forma responsável, protegendo-os daqueles que se levantam mentindo e afirmando ter recebido do Senhor uma palavra inspirada e infalível.

Assim, a disciplina na igreja deve incluir necessariamente a exortação, a instrução na Palavra e, se necessário, a exclusão daqueles que falsamente presumem falar pela boca de Deus.[109] A igreja deve estar ciente dos perigos associados a um ministério cuja motivação seja agradar a homens, e não a Deus. Pregadores e mestres devem considerar o efeito devastador da infidelidade à Palavra de Deus. A tolerância a essa infidelidade para com a Palavra de Deus pode significar a ruína de seu povo.[110]

Embora, em nosso ordenamento jurídico, seja ilícito matar os que ensinam de forma herética, o princípio se aplica aqui: o povo de Deus não pode consentir com o erro teológico ensinado em seus arraiais. A disciplina eclesiástica deve ser aplicada, uma vez que depende apenas da própria igreja.

Caso se trate de um ministro ordenado, um concílio não deve transferi-lo para outro presbitério sem que se apure o fato e se resolva a questão. Não se deve sacrificar a verdade pela

---

109 Ibid., p. 115.
110 Ibid., p. 117.

misericórdia, pois isso não representa falta de misericórdia — que deve, sim, ser exercida de outra forma, mas nunca tomando por preço o sacrifício da verdade. Temas que envolvem a revelação divina são uma coisa muito séria!

Esse é um mandamento que entra em conflito com o tempo em que vivemos. A liberdade religiosa propagada em nosso meio é uma falácia. Os verdadeiros cristãos sempre são perseguidos por causa de sua piedade, e não somos tolerados em nossa fé ortodoxa. Todavia, hoje os crentes são instados a se mostrar tolerantes em relação a todos os outros tipos de crença. Na verdade, somos ensinados a nos conformar com esse *status quo*. No entanto, esse não deve ser o espírito vigente dentro da religião verdadeira. Precisamos voltar, em grande medida, ao senso de pureza doutrinária que a igreja deve ter. Veja uma observação interessante, feita por um cristão contemporâneo, que deveria despertar-nos para o zelo da verdade de Deus.

> Os falsos profetas confrontam o povo de Deus com uma escolha — ou eles ouvirão e obedecerão a Deus ou eles seguirão os falsos deuses que são promovidos pelos falsos profetas. Se os israelitas escolhessem ficar com Deus e seus mandamentos, então deveriam tomar os falsos profetas e matá-los. Eles não deveriam tolerá-los. Não deveria haver nenhum tipo de pluralismo religioso na terra de Israel. Eles deveriam seguir a Deus, que os havia redimido da escravidão do Egito, eliminando aqueles que os seduziam a abandonar seu Deus e seguir a outro deus. Desse modo, Israel purgaria o mal do meio deles.[111]

---

111 Bob Deffinbaugh, *False Prophets*. Disponível em: http://www.bible.org/page.php?page_id=2397#P298_85767#P298_85767. Acesso em maio de 2008.

Contudo, não é o espírito do tempo presente aceitar ou praticar o que o próprio Deus ordena que se pratique em relação aos falsos profetas, embora permaneça válida a ordem divina, pois o que está em jogo é a verdade de Deus. Como a verdade não é algo com que a presente geração realmente se importe, então certamente a igreja cristã nominal não adotará qualquer atitude de punição séria para com os falsos profetas. É lamentável que essa ordem divina seja negligenciada — e isso ocorre porque a presente igreja cristã é tolerante e assimilou um pluralismo religioso do qual ainda não tomou consciência.

Apesar de não haver consenso na igreja evangélica quanto à existência ou não de reais profetas nos dias de hoje, há alguns que se levantam como *falsos mestres*, enquanto outros se levantam como *falsos profetas*.

É fato que hoje, no contexto das igrejas evangélicas, existe algo como uma corrente migratória formada por crentes em busca de novidades "espirituais", em busca de "profetas e profetisas". Nada diferente do que o apóstolo Paulo já havia exortado a Timóteo em sua Segunda Epístola (2Tm 4.3). Essa mentalidade carnal tem assolado a igreja do Senhor. A igreja genuína deve estar muito atenta a essas manifestações, com o objetivo de agir com firmeza e discernimento.

Não podemos tolerar que o nome de Deus seja profanado através de falsas profecias ou de manifestações miraculosas que são mentirosamente atribuídas ao poder do Espírito Santo. Devemos provar os ensinos e o espírito de profetas e mestres (1Jo 4.1), com o propósito de conferir coisas espirituais com espirituais, não dando crédito a qualquer palavra. Precisamos estar atentos a seus frutos, motivações, coerência bíblica e piedade. Precisamos rejeitar os falsos profetas com veemência e coragem, declarando-os ímpios. Os verdadeiros profetas de Deus nos exortam à santidade, ao abandono do pecado, à prática de boas obras e ao crescimento espiritual. Se eles nos exortam para a santidade, por que não exortar aqueles que pugnam pela falsidade?

Devemos estar atentos aos critérios sugeridos por Packer[112] para o julgamento de profetas e profecias: testar criteriosamente a palavra ou o ensino proferido; buscar evidência dos frutos do Espírito na vida de quem "profetizou"; passar o crivo da centralidade de Cristo na mensagem entregue; e não esquecer a subjetividade dessas experiências com os dons do Espírito Santo. Devemos ter a coragem de reprimir o falso ensino e a falsa profecia, a ponto de levarmos tais temas aos concílios e líderes das igrejas.

Por outro lado, na minha opinião, as igrejas de linha reformada deveriam mostrar-se cautelosas quanto ao outro extremo. Muitas vezes, por uma questão de conveniência e receio na abordagem desses temas, os pastores e líderes de igrejas locais preferem suprimir qualquer manifestação do Espírito Santo. Em vez de estudarem com seriedade a Escritura, tornam-se apenas críticos azedos do que acontece, dificultando as manifestações espirituais em prol do crescimento da igreja.

Em nome da ordem, evitam-se discussões sobre o assunto e as pessoas são rotuladas. A igreja precisa cuidar, com muito carinho e firmeza, dos reais problemas teológicos de nosso tempo. Quando a igreja não tem essa atitude, resulta em muitas igrejas em que os crentes não sabem quais são seus dons, entrando e saindo dali na condição de meros expectadores de um teatro espiritual, levando uma vida que, com frequência, parece apenas ter uma fé retórica. Somente através do

---

112 PACKER, J.I. *John Owen on Spiritual Gifts*. Disponível em: <http://stevenjcamp.blogspot.com/2006/01/john-owen-on-spiritual-giftsa-quest.html>. Acesso em julho de 2011.

ensino da Palavra, da oração e do saudável exercício dos dons, encontraremos um caminho virtuoso para esse tema tão relevante.

Que a oração escrita por Calvino nos alimente a alma, para que estejamos sempre atentos à verdadeira palavra do Senhor:

> Deus Todo-Poderoso, já que ficamos tão adormecidos em nossos vícios que necessitamos diariamente de novidades que nos deem animo, conceda-nos primeiramente que aqueles que nos pastoreiam possam fielmente nos conclamar ao arrependimento; e também que estejamos tão atentos a suas exortações e tão cientes do sofrimento da condenação que possamos julgar a nós mesmos. Concede-nos também provar de sua bondade paternal quando nos castigar severamente, de forma que sempre haja um caminho aberto para buscarmos a reconciliação em Cristo Jesus nosso Senhor. Amém.[113]

A) DEUS SENTENCIA À MORTE OS FALSOS PROFETAS PORQUE ELE TEM APREÇO POR SUA VERDADE

> Portanto, assim diz o SENHOR acerca dos profetas que, profetizando em meu nome, sem que eu os tenha mandado, dizem que nem espada nem fome haverá nesta terra: À espada e à fome serão consumidos esses profetas (Jr 14.15).

Devemos ter em mente que a Palavra do Senhor é muito preciosa para o Senhor, e ele não aceita que outros digam, em seu nome, o que ele nunca mandou dizer. Por essa razão, Deus não titubeia em ordenar a morte dos falsos profetas.

---

113 CALVIN, John. *Commentary on Ezekiel*. Albany, Oregon: Ages Software, 1998. CD-ROM. (Tradução livre.)

EU SOU | A FALSIFICAÇÃO DA REVELAÇÃO VERBAL NO ENSINO DO ANTIGO TESTAMENTO

Um dos pecados mais graves do tempo do Antigo Testamento era o profeta sair falando em nome de Deus quando nunca fora vocacionado por Deus. Se ele não era enviado por Deus, falaria apenas o que não procede da verdade. Mesmo assim, a igreja não tem exercido disciplina sobre o falso profeta, tanto no povo do Antigo como no povo originário do Novo Testamento. As autoridades do povo de Deus no AT não obedeceram, à altura, à ordem de castigar veementemente os falsificadores da verdade.

No nosso tempo, a maioria das pessoas investidas de autoridade não tem coragem para exercer disciplina sobre os falsos profetas, porque, com o advento do influente pós-modernismo — que não leva em consideração a verdade absoluta —, a verdade não importa muito. Muitos que estão entre a liderança do povo de Deus perderam o apreço pela verdade.

É lamentável que a verdade não tenha a mesma importância que Deus lhe dá. Para muitas igrejas locais e seus ministros, a verdade ficou relegada a segundo plano. As igrejas e os ministros não se esforçam para punir os ministros que não têm apreço pela verdade porque eles próprios não o têm.

B) DEUS SENTENCIA À MORTE OS FALSOS PROFETAS PORQUE ELE QUER O BEM DO SEU POVO

Nos dias de hoje, a igreja também não deveria aceitar esse pecado sem a devida punição. Não se deveria permitir que falsos profetas se levantem no meio do arraial de Deus para proferir ensinos espúrios sem que nada se faça contra eles. É preciso extirpá-los do meio do povo, aplicando toda a disciplina necessária, de tal forma que toda denominação cristã, de boa teologia, seja expurgada de defecções teológicas.

Como não podemos alijar fisicamente ninguém deste mundo, por causa da proibição da lei governamental, podemos "matar" o falso profeta de outra forma. Sua morte significa ser expulso da comunidade cristã, considerá-lo alguém já morto, que não integra, nem mesmo com o menor vínculo, o precioso corpo dos santos do Senhor. Nos dias de hoje, "matar" seria fazer morrer no meio do povo de Deus, de tal forma que esse falso profeta não seria nem mesmo visto ou lembrado.

Deus não admite que outros falem em seu nome sem a sua autorização. Igualmente, a igreja atual também não deveria admitir falsos mestres na igreja, de modo que deveria "matá-los", no sentido de expulsar, extirpar e encerrar qualquer participação do falso profeta no meio do arraial do povo de Deus.

Sem dúvida, a última sanção de Deus para o falso profeta descrita no texto de Deuteronômio é a mais pesada, e seu objetivo é claro: que aquele identificado como falso profeta seja totalmente impedido de proferir suas palavras no meio do povo de Deus.

Que a igreja cristã comprometida com a preciosidade da Palavra de Deus possa punir, nos dias de hoje, esses lobos vorazes, que se levantam no meio de povo de Deus, conforme orientação da sua Palavra! Que a igreja deixe, sobretudo, de ter uma postura passiva e assuma seu papel ativo de lidar com os falsos profetas.

3. A APLICAÇÃO DA PENA CAPITAL AOS FALSOS PROFETAS PELA IGREJA DO NOVO TESTAMENTO[114]

Enquanto, no Antigo Testamento, o governo de Israel era teocrático, nos tempos do Novo Testamento não se vê o mesmo tipo

---

114 Devo a argumentação desta seção à pesquisa do acadêmico Thiago de Souza Dias, como requisito da disciplina A Falsificação da Revelação Verbal, ministrada no CPAJ, em 2016.

de governo para o mesmo povo. A nação hebraica estava sob o domínio dos romanos, que tinham o poder da espada, mas não era permitido aos judeus aplicar pena de morte, nem mesmo para os de sua raça.

Nesse primeiro século da era cristã, havia falsos profetas no meio da Igreja, mas a pena capital era praticada pelo Estado romano, punindo os criminosos. É interessante perceber que a Escritura jamais condena o princípio de o Estado exercer o poder da espada para punir o infrator. Solano Portela nos ajuda a entender essa aplicação da pena capital no Novo Testamento, listando uma série de textos e comentando-os.[115] Vejamos alguns:

> Então, Jesus lhe disse: Embainha a tua espada; pois todos os que lançam mão da espada à espada perecerão (Mt 26.52).

Nessa passagem, encontramos o próprio Jesus reconhecendo a existência da pena de morte em seus dias e, em vez de condená-la, Cristo a confirma. Jesus também faz isso diante de Pôncio Pilatos, que tinha poder para soltá-lo ou condená-lo à morte, ao afirmar que a autoridade que Pilatos exercia fora dada por Deus (Jo 19.11).

Outro texto nos mostra um personagem bíblico aceitando a pena de morte existente em seus dias:

> Se eu cometi algum erro e fiz qualquer coisa digna de morte, não recuso morrer (At 25.11).

---

115 PORTELA NETO, Solano. *Pena de morte*: uma avaliação teológica e confessional. Disponível em: http://www.monergismo.com/textos/etica_crista/aspectos_pena_morte_solano.htm. Acesso em dezembro de 2017.

Nessa passagem, Paulo reconhece a existência de crimes que eram dignos de morte, e ele estava disposto a sofrer tal sanção caso tivesse cometido um crime — e, entre esses crimes, estava o do falso ensino. O apóstolo Paulo, quando escreve sua carta aos Romanos, reconhece, no capítulo 13, que o direito do Estado de usar espada para punir o ímpio foi dado pelo próprio Deus.

No entanto, embora seja notória a existência da pena de morte, com a respectiva aprovação no Novo Testamento, não encontramos, em nenhuma das cartas, ordenança divina para que a Igreja que identificasse um falso profeta acionasse o Estado, a fim de puni-lo com pena capital! Naturalmente, tal cenário histórico era impossível, uma vez que o Estado daquela época, via de regra, perseguia duramente os cristãos. Por exemplo, Paulo foi condenado à morte por Nero, enquanto João esteve preso na Ilha de Patmos por pregar a verdade. O que percebemos é que o Estado apoiava os falsos profetas. Isso porque o próprio Estado era adorado por meio de culto ao imperador, prática que era incentivada pelos sacerdotes pagãos.[116] Todavia, embora o Estado e a Igreja não estivessem do mesmo lado, o Novo Testamento condena duramente os falsos profetas, orientando-nos sobre o que fazer com eles.

A tradição cristã, portanto, desde os seus primórdios, enveredou pelo caminho da permissibilidade da pena capital. Obviamente, no decorrer da história do cristianismo, alguns se levantaram contra esse pensamento. Entretanto, a ideia de pena capital nunca desapareceu do meio cristão, especialmente quando se trata de pecado teológico.

Vejamos, em poucas pinceladas, qual era a ideia de pena de morte nos vários períodos da história do cristianismo.

---

116 LIMA, Leandro Antonio de. *Exposição do Apocalipse (caps. 8-14)*. São Paulo: Agathos, 2015, p. 105.

4. A APLICAÇÃO DA PENA CAPITAL AOS FALSOS PROFETAS NO TEMPO DA REFORMA

É interessante observar que vários grupos de cristãos no tempo da Reforma — luteranos, calvinistas, zuinglianos, inclusive católicos, todos perseguiram por heresia.[117] A intolerância em relação aos falsificadores da verdade era patente em todos os grupos. Todos os falsificadores da revelação verbal eram vistos como pessoas que estavam em oposição a Deus. Daí a intolerância de todos esses grupos no que diz respeito aos que não obedeciam à fé. A questão da verdade era muito importante para eles, e o ponto crucial, nessa época, era saber de que lado dos grupos a verdade estava.

Embora, no tempo da Reforma, não houvesse regime teocrático, a pena capital era entendida como uma penalidade justa e necessária, entendendo-se que o magistrado civil tinha o direito de aplicar penas, inclusive por uma questão de violação da fé. No tempo da Reforma, as pessoas que negavam qualquer doutrina fundamental da fé cristã eram severamente punidas, até mesmo com a morte. As duas principais figuras do tempo da Reforma — Lutero e Calvino — defenderam a pena capital.

I) Lutero

Ainda que Lutero apoiasse a pena capital a ser executada pelo poder temporal, não era a favor dessa pena por questões teológicas. Davison M. Douglas diz que "Lutero objetou à execução de hereges, do qual ele era um aos olhos da Igreja Católica, reivindicando que 'é contra a vontade do Espírito queimar hereges'".[118] Sempre

---

117 Entretanto, temos de admitir que houve grupos no escopo maior da Reforma que não aceitavam a pena de morte, especialmente aqueles ligados à Reforma radical, como os anabatistas, os quakers e os menonitas, para citar alguns.

118 DOUGLAS, "God and the Executioner: The Influence of Western Religion on the Death

houve aqueles que afirmavam que Lutero não era favorável à pena de morte. Entretanto, há publicações muito sérias que se mostram contrárias a essa afirmação.

Em 1530, Lutero cresceu na visão de que duas ofensas deveriam ser penalizadas com a morte: sedição e blasfêmia.[119] Na ideia de Lutero, a blasfêmia estava vinculada a qualquer rejeição de um artigo do Credo Apostólico. Esse tipo de blasfêmia era digno de morte. Em seus próprios escritos, Lutero sancionou a pena capital para as doutrinas heréticas, mais notadamente em seu *Commentary on the 82nd Psalm* (v. 13, pp. 39-72, em 55-volume set, *Luther's Works*, editado por Jaroslav Pelikan), escrito em 1530.[120] Portanto, para Lutero, os erros dos falsos profetas e dos falsos mestres os tornavam dignos de morte.

Os luteranos, especialmente em seu principal e primeiro documento confessional (A Confissão de Fé de Augsburgo),[121] defenderam a aplicação da pena capital.

II) Calvino

Calvino é extremamente enfático em relação à penalidade de morte, defendendo a pena capital em crimes gerais. Comentando Romanos 13:

> Se, ao armar o magistrado, o Senhor confiou-lhe também o uso da espada, então, ao punir o culpado com a morte, ele não faz

---

Penalty". Disponível em: https://www.umass.edu/legal/Lorenz/DeathPenalty/Douglas.pdf. Acesso em fevereiro de 2019.

119 Citação do artigo de Dave Armstrong, "Luther Favored Death, Not Religious Freedom, For Heretics". Disponível em http://www.ncregister.com/blog/darmstrong/luther-favored-the-death-penalty-not-religious-freedom-for-heretics. Acesso em fevereiro de 2019.

120 Ibid.

121 Essa confissão foi elaborada por Melâncton em 1530.

outra coisa senão obedecer a Deus no exercício de sua vingança. Aqueles, pois, que consideram ser errôneo derramar o sangue do culpado outra coisa não fazem senão contender com Deus mesmo.[122]

Calvino defende a pena de morte em razão de heresia. Nesse sentido, comentando Zacarias 13.3, que trata da morte dos falsos profetas, Calvino defende a pena capital para aqueles que ensinam doutrinas errôneas.[123]

Não se esqueça de que Calvino foi "crucificado" dentro e fora do cristianismo evangélico, por haver consentido na (ou até mesmo participar da) morte de Miguel Serveto, pelo fato de este haver negado verdades fundamentais da fé cristã. Ele teve a coragem de aplicar um preceito ordenado por Deus, consistente em matar os falsos profetas e os falsos mestres. No entanto, tal ato de Calvino tem sido considerado um disparate moral, e essa atitude da igreja evangélica é produto de sua lassidão dela no que diz respeito à sã doutrina. Entrementes, caminhamos para a apostasia final. A lassidão moral da igreja caminha junto com a tolerância ao erro. Essa é a apostasia que se nos avizinha.

O caso de Miguel Serveto, que foi morto em Genebra, com a anuência de Calvino, envolveu uma pregação herética. Serveto havia escrito várias obras com ideias antitrinitárias. Esse é um ponto fundamental da fé, e não houve qualquer amaciamento da pena, porque as doutrinas pilares da fé cristã estavam sendo questionadas.

---

122 CALVINO, João. *Romanos*. São Paulo: Edições Parakletos, 2001, p. 464.
123 Ver John Calvin, "Death Penalty for Heresy". Disponível em https://purelypresbyterian.com/2017/05/10/calvin-on-the-death-penalty-for-heresy/. Acesso em fevereiro de 2019.

A morte de Serveto demonstra a inclinação que o governo civil tinha em relação à aplicação de penas dessa natureza em questões religiosas. É verdade que Calvino tem sido massacrado por haver consentido em sua morte, mas, naquela época, a justiça comum não punia ninguém por causa da aplicação de penas dessa natureza. Não nos esqueçamos, contudo, de que as relações da igreja de Genebra com as autoridades dessa cidade eram muito mais fortes do que as relações que as igrejas evangélicas têm com o governo de nosso país.

> A pena de morte sobre Serveto foi um evento histórico resultante de visões profundamente sustentadas no campo teológico, social e político que, às sensibilidades do século XXI, podem parecer extremas ou, no mínimo, estranhas.[124]

Veja um resumo do que ocorria no tempo da Reforma entre os reformadores de primeira, segunda e terceira gerações:

> É verdadeiro que seus pastores em Genebra estavam envolvidos na morte de Serveto. Contudo, seria difícil encontrar qualquer líder de igreja no século XVI que advogasse uma abordagem mais gentil. Lutero exigiu ataques contra os camponeses alemães e escreveu um tratado amargo contra os judeus intitulado "Sobre os judeus e suas mentiras". Zuínglio, o reformador de Zurique, deu suporte à execução por afogamento do líder

---

124 Disponível em: https://www.calvin.edu/meeter/resources/servetus.htm. Acesso em março de 2017. Se você quiser saber mais sobre a opinião de Calvino em relação à pena de morte e sobre as mortes ocorridas em Genebra naquela época, leia o artigo "Death Penalty for Heresy". Disponível em: https://purelypresbyterian.com/2017/05/10/calvin-on-the-death-penalty-for-heresy/. Acesso em fevereiro de 2019.

anabatista Felix Manz. Thomas More, o chanceler líder católico da Inglaterra, presidiu a execução daqueles que ele via como "hereges" na Inglaterra durante o reinado de Henrique VIII. Todo país da Europa no século XVI sentia que defender suas opiniões religiosas envolvia tomar medidas fortes contra aqueles que discordavam. A tolerância e a aceitação de diferenças doutrinas eram conceitos que não existiam no século XVI.[125]

É bom lembrar que Calvino não tinha poder de governo civil em Genebra. A decisão de morte era tomada pelo Concílio de Genebra (composto por civis). Em caso de apelação, em última instância, era o conselho dos duzentos civis que tinha a palavra final.[126] Além disso, na época da Reforma, não havia teocracia nem democracia; apenas a realeza em quase todos os países, e a igreja tinha forte relação com o Estado, ainda que não fosse sujeita a ele.

Calvino não era um tirano, como alguns gostam de pintá-lo. Ele era afável até mesmo com seus adversários teológicos. Depois de enviar cópias de suas *Institutas* a Serveto, ele lhe escreveu, dizendo: "Não odeio você, nem sinto desprezo; tampouco desejo persegui-lo; mas é tão duro quanto ferro quando contemplo você insultando a sã doutrina com tamanha audácia".[127]

A grande questão a ser analisada é que, àquela altura, a teologia da religião cristã era muito mais importante e levada muito mais a sério do que ocorre nos dias de hoje. A questão da verdade era intocável na época da Reforma, o que não acontece nos tempos de hoje.

---

[125] Resumo disponível em https://www.calvin.edu/meeter/resources/servetus.htm. Acesso em março de 2017.

[126] Leia o artigo de Matt Gross, "Calvin and Servetus". Disponível em http://reformedanswers.org/answer.asp/file/39726. Acesso em fevereiro de 2019.

[127] Citado por Matt Gross. Ibid.

No tempo da Contrarreforma, houve várias aplicações de pena capital aos adversários do catolicismo. Nesse tempo, a Igreja Católica elaborou um catecismo, em 1566, que afirmava que o poder da vida e de morte tinha sido confiado por Deus às autoridades civis. O uso desse poder não incorporava o ato de assassinato, mas, antes, a obediência suprema aos mandamentos de Deus.[128] Não podemos esquecer que a referência à pena de morte tem forte conotação doutrinária, pois esse foi o tempo em que a Igreja Católica perseguia os protestantes. A morte de muitos cristãos reformados, na Noite de São Bartolomeu, comprova a preocupação com a teologia na igreja. É lamentável o que eles fizeram, mas não podemos negar que estavam agindo em defesa "da fé".

5. A APLICAÇÃO DA PENA CAPITAL AOS FALSOS PROFETAS NO TEMPO DA PÓS-REFORMA

No período pós-Reforma, as questões da falsa profecia e do falso ensino eram tratadas com rigor pela igreja, com o suporte da justiça comum. Afinal de contas, durante séculos, essa prática havia sido muito usada em tempos medievais. Nessa época, ainda que a Igreja e o Estado fossem separados em algumas regiões, as relações entre ambos eram mais fortes.

Os protestantes deram ao Estado o poder da espada. A Confissão de Fé de Westminster (CFW), que foi elaborada no período da pós-Reforma, aborda esse tema em um de seus capítulos, dando a entender que o Estado (magistrado civil) era responsável por proteger a Igreja. Em seu capítulo XXIII, intitulado "Do magistrado Civil", a CFW faz referência ao governo

---

[128] Disponível em: http://www.bbc.co.uk/religion/religions/christianity/christianethics/capitalpunishment_1.shtml. Acesso em fevereiro de 2019.

de Deus e ao governo civil, afirmando que Deus deu poder ao magistrado para defender e incentivar os bons e castigar os maus. Já no terceiro parágrafo desse capítulo, trata da "Igreja de Cristo num Estado leigo", dizendo o seguinte:

> Os magistrados civis não podem tomar sobre si a administração da palavra e dos sacramentos ou o poder das chaves do Reino do Céu, nem de modo algum intervir em matéria de fé; contudo, como pais solícitos, devem proteger a Igreja do nosso comum Senhor, sem dar preferência a qualquer denominação cristã sobre as outras, para que todos os eclesiásticos sem distinção gozem plena, livre e indisputada liberdade de cumprir todas as partes das suas sagradas funções, sem violência ou perigo. Como Jesus Cristo constituiu em sua Igreja um governo regular e uma disciplina, nenhuma lei de qualquer Estado deve proibir, impedir ou embaraçar o seu devido exercício entre os membros voluntários de qualquer denominação cristã, segundo a profissão e crença de cada uma. E é dever dos magistrados civis proteger a pessoa e o bom nome de cada um dos seus jurisdicionados, de modo que a ninguém seja permitido, sob pretexto de religião ou de incredulidade, ofender, perseguir, maltratar ou injuriar qualquer outra pessoa; e bem assim providenciar para que todas as assembleias religiosas e eclesiásticas possam reunir-se sem ser perturbadas ou molestadas.

É importante lembrar que, na época da escritura da Confissão (1643–1648), havia um senso comum cristão muito acentuado nos países da Reforma, onde a religião cristã era muito forte e cheia de zelo pela pureza teológica da igreja.

Entretanto, diferentemente do Israel teocrático e de alguns países da Reforma com forte senso cristão, nosso país é leigo. Aqui, o Estado está separado da Igreja, e a religião cristã não tem força para impor sua teologia e sua ética. Por essa razão, há uma grande aversão a qualquer pena capital a ser aplicada aos falsificadores da revelação verbal, dentro dos arraiais da igreja evangélica.

6. APLICAÇÃO DA PENA CAPITAL AOS FALSOS PROFETAS NOS DIAS DE HOJE

Já fizemos uma análise detalhada de Deuteronômio 13.6-11, mas não podemos aplicar literalmente o que está prescrito ali por algumas dificuldades de relevo que nos deixam de mãos amarradas. Então, indagamos: "O que fazer diante dos abusos da falsificação da revelação verbal em nosso tempo?". Há alguns fatores limitantes contra os quais tem sido muito difícil lutar, tornando impossível a aplicação da pena capital.

A) IMPOSSIBILIDADE DA APLICAÇÃO DA PENA CAPITAL AOS FALSOS PROFETAS, POR CAUSA DA COSMOVISÃO DA SOCIEDADE MODERNA

É abundante a ordem de pena capital nos Escritos do Antigo e do Novo Testamentos, como já vimos. No entanto, temos de admitir, forçosamente, a impossibilidade de, nos tempos modernos, aplicar pena capital aos que falsificam a revelação verbal. Este é um dos capítulos mais delicados, pois trata de um procedimento que vem, por um lado, da fraqueza teológica da igreja, pela falta de poder da igreja no mundo; e, por outro lado, dos impedimentos legais impostos pelos regimes políticos vigentes.

Se o Estado não aplica mais a pena capital por causa de falsificação teológica, em virtude da separação entre Igreja e Estado, deveria caber à igreja de Deus esse mister. Todavia, a igreja tem falhado nesse quesito tão importante para a manutenção de sua saúde em nosso tempo.

B) A IMPOSSIBILIDADE DA APLICAÇÃO DA PENA CAPITAL PREVISTA PELA LEI DE DEUS AOS FALSOS PROFETAS POR CAUSA DAS LEIS GOVERNAMENTAIS

Temos visto que a igreja vive num contexto bastante difícil, pois a sociedade moderna é regida por leis que nada têm a ver com a Escritura Sagrada. O Estado leigo é sinônimo de Estado anti-Deus, ou de Estado anticristianismo. Esse é um assunto que muitos não gostam de falar ou de ouvir, mas é uma questão bastante delicada num tempo em que os direitos humanos prevalecem sobre os direitos de Deus e num tempo de tolerância teológica que não combina com o ensino das Escrituras. Portanto, não somente o Estado é laico, como também, hoje, tem-se portado como inimigo do cristianismo, influenciado pela filosofia humanista e secularizada vigente nestas últimas décadas.

A sociedade moderna tende a recrudescer seu comportamento contra o cristianismo. A cosmovisão da sociedade pós-moderna é bem diferente da cosmovisão da sociedade pré-moderna e moderna, em vigor nos tempos da Reforma. As lentes que a sociedade moderna usa para enxergar a matéria da pena capital nas questões de falsificação da verdade é muito diferente das lentes que o amante da Escritura possui.

Já analisamos alguns textos da Escritura que falam que os falsos profetas deveriam ser mortos. No entanto, nos dias de hoje, a igreja está impedida de aplicar tais penas por algumas razões:

I) Nosso país não é uma teocracia[129]

Mauro Meister, professor de Antigo Testamento no Centro Presbiteriano de Pós-Graduação Andrew Jumper, diz que a pena capital aos falsos profetas não pode ser aplicada presentemente porque essa pena faz parte da lei civil, a qual tinha a finalidade de regular a sociedade civil do Estado teocrático de Israel.[130] Segundo Meister,

> as diversas penas para os diversos tipos de crimes que são ensinados no Pentateuco certamente não se aplicam hoje, por serem eminentemente pertencentes ao contexto da sociedade civil israelita durante o tempo em que Israel viveu como nação antes da vinda de Cristo.[131]

Todavia, o princípio geral da pena capital não deve ser reduzido apenas a uma lei civil da nação teocrática de Israel, pois já estava presente antes da instituição da nação, tendo sido dado por Deus após o dilúvio, no momento de repovoamento da terra, embora fosse aplicado apenas em caso de assassinato (Gn 9.6).

Em Deuteronômio 13.1-5, Moisés mostra a seriedade da adoração ao Senhor, a ponto de instituir a pena de morte para aqueles que conduzissem o povo a outros deuses, fossem pessoas que anunciavam o futuro, fossem membros da família ou do círculo íntimo de relacionamentos que, às escondidas, convidavam o povo a adorar outros deuses (Dt 13.6-11). Embora essa lei faça parte da lei civil de Israel, está ligada a um mandamento da lei moral — o

---

129 Devo a presente argumentação à pesquisa feita pelo acadêmico Thiago de Souza Dias, como requisito da disciplina Teologia da Revelação, ministrada no CPAJ, em 2016.

130 MEISTER, Mauro Fernando. "Lei e graça: uma visão reformada". *Fides Reformata*, São Paulo, v. 4, n. 2, 1999.

131 MEISTER, Mauro Fernando. *Lei e graça*. São Paulo: Cultura Cristã, 2003, pp. 45-46.

segundo mandamento: "Não terás outros deuses diante de mim",[132] pois, como bem afirma Mauro Meister: *"a lei civil é uma aplicação da lei moral".*[133]

Logicamente, embora a lei civil de Israel não tenha aplicabilidade para nós, que vivemos num regime governamental bem diferente, a lei civil é uma aplicação da lei moral, a qual ainda está em vigor. Logo, a pena de morte não deveria ser descartada! O problema é que o governo de nosso país não aceita as prescrições divinas e, por essa razão, o falso ensino prolifera nas igrejas, sem que ninguém tome uma providência! O Estado não toma providência, nem permite que a igreja o faça.

A ordem de Deuteronômio é a de matar o falso profeta. Porém, devemos lembrar que não nos encontramos mais em um Estado Teocrático, em que Deus é o governante absoluto de seu povo. Encontramo-nos em uma república chamada democrática,[134] constituída por leis e normas que são subscritas por todos os habitantes que vivem numa nação como a nossa. Nesse sentido, Greg Johnson afirma:

> A autoridade humana deriva e depende dele: "Não há autoridade que não venha de Deus; as autoridades que existem foram por ele estabelecidas" (Rm 13.1). Embora Paulo tenha escrito essas palavras quando o imperador Nero estava extrapolando sua autoridade ao assassinar os cristãos, o apóstolo,

---

132 MERRILL, Eugene H., *Deuteronomy*, electronic ed., Logos Library System; The New American Commentary. Nashville: Broadman & Holman Publishers, 2001 [1994].

133 MEISTER, Mauro Fernando. *Lei e graça*. São Paulo: Cultura Cristã, 2003, p. 42.

134 Há países que vivem em regime democrático e que, contudo, têm pena capital. Não é a democracia que impede a aplicação da pena capital, mas a cosmovisão que a presente sociedade tem assumido.

todavia, insiste que as autoridades recebem de Deus seu direito de exercer poder. A própria autoridade é legitimada, embora seu abuso, não.[135]

Dessa forma, devemos observar que o exercício da autoridade cívica de um Estado está legitimado pela autoridade do Senhor. Partindo desse princípio, não podemos matar, literalmente, um falso profeta de dentro do nosso arraial, pois, ao fazê-lo, estaríamos rompendo com as leis vigentes no país e ferindo esse precioso princípio bíblico.

II) Nosso país é um Estado laico
Vivemos em um país que se autodenomina laico, e sua Constituição permite a liberdade de culto como direito inalienável.

> Art. 5º. Todos são iguais perante a lei, sem distinção de qualquer natureza, garantindo-se aos brasileiros e aos estrangeiros residentes no País a inviolabilidade do direito à vida, à liberdade, à igualdade, à segurança e à propriedade, nos termos seguintes:
> VI – É inviolável a liberdade de consciência e de crença, sendo assegurado o livre exercício dos cultos religiosos, e garantida, na forma da lei, a proteção aos locais de culto e às suas liturgias;[136]

Essa abertura presente no inciso VI torna impossível esperar do Estado Brasileiro a aplicação de leis que punam os falsos

---

135 JOHNSON, Greg, "Autoridade e lei no desígnio divino para a Criação". Disponível em: http://www.monergismo.com/textos/criacao/autoridade-lei%20-criacao_greg.pdf. Acesso em: fevereiro de 2017.
136 Constituição Federal do Brasil.

profetas, como acontecia no Antigo Testamento, quando a Igreja de Deus e a nação estavam interligadas, pois Israel era uma teocracia, ao contrário dos dias atuais, em que vivemos em uma democracia. A Constituição claramente reconhece a liberdade de liturgias e a diversidade de crenças. Não deixa de ser curioso o fato de que, embora a Constituição tenha sido promulgada sob a bênção de Deus, permite que liturgias contrárias a esse Deus sejam realizadas!

III) Nosso país é uma democracia em que não há interferência do Estado na religião

Se nosso país é um Estado laico, logo, na presente democracia, não é possível o Estado interferir na religião. A expressão "Estado laico" significa, para muitos, que ele não pode, nem deve, exercer interferência nos negócios eclesiásticos. Entretanto, dentro de nosso país, o Ministério da Educação se envolve em questões teológicas, tentando influenciar as chamadas escolas confessionais.

Em tempos passados, quando o catolicismo exercia forte influência no governo, a perseguição religiosa do catolicismo sobre o protestantismo era tolerada, ainda que não incentivada. Entretanto, a situação mudou, e o governo tem tentado não intervir nas questões doutrinárias da igreja, mas não deixa de se envolver quando tenta impor uma teologia diferente nas escolas que são confessionais.

A autoridade civil (que tem o poder da espada) não pode mais usar da espada na violação das regras eclesiásticas. Nosso país não é teocrático. Além disso, vivemos em uma democracia que não autoriza a pena de morte em nenhum caso.

7. A APLICAÇÃO DA PENA CAPITAL AOS FALSOS PROFETAS, NO DIA FINAL

Na história de Israel, os homens não deram muita importância à ordenação divina de matar os falsos profetas. Com muita frequência, eles negligenciaram essa lei, porque não tinham amor pela revelação verbal de Deus. No entanto, ainda que muitos falsos profetas tenham escapado da penalidade dos homens, certamente os falsificadores da revelação verbal não escaparão da sentença divina final.[137] Quando da vinda do Senhor, eles morrerão juntamente com todos os homens ímpios, pois a Escritura afirma que "está *ordenado* aos homens morrerem uma vez, e, depois disto, o juízo" (Hb 9.27). Ninguém escapará da manifestação do juízo de Deus, especialmente aqueles que falsificaram sua verdade. O castigo divino certamente virá sobre eles porque Deus aplicará sua justiça, ainda que ela pareça tardia.[138]

APLICAÇÃO

No *governo teocrático*, a aplicação da pena de morte aos falsos profetas deveria ser feita pelos representantes de Deus. Mas esse mandamento não funcionou. Moisés morreu antes de entrar em Canaã. Não há registro de que Josué tenha executado algum falso profeta. Não há registro de que, em cerca de 455 anos do período dos juízes em Israel, tenha havido algum falso profeta que recebeu pena de morte (pelo menos ao que me parece). Samuel não aplicou pena de morte a nenhum falso profeta.

---

137 Esse assunto é discutido em outro capítulo.

138 O castigo de Deus sobre os falsos profetas e sobre o Falso Profeta final será examinado no livro seguinte, sobre a Falsificação da Revelação Verbal no Novo Testamento.

No governo *monárquico*, os reis se desviavam do Senhor e, em vez de aplicar a pena de morte aos falsos profetas, alguns reis mataram os profetas verdadeiros e constituíam falsos profetas para si, para que trouxessem falsa esperança ao povo.

No *governo democrático*, hoje, a situação ainda é pior. A proteção do criminoso torna-se ainda mais ampla. A pena de morte é um dos assuntos mais complicados em nossa presente sociedade. Exercer a plena democracia, na conta de muitos, significa ter uma espécie de liberdade que se assemelha à libertinagem. Somente alguns crimes trazem real cadeia para os criminosos. Os crimes graves estão sendo tratados de forma branda. Se pensarmos, então, nos crimes teológicos, nem se menciona. Ninguém (exceto os muçulmanos) tem coragem de declarar pena capital por pensamento teológico diferente, especialmente numa sociedade tão plural quanto a nossa!

No entanto, na conta de Deus, os pecados teológicos são muito mais sérios do que pensamos. Deus exige a morte daqueles que pregam uma doutrina que não combina com o evangelho de Jesus Cristo!

CAPÍTULO 12
O JUÍZO DA IGREJA FIEL SOBRE OS FALSOS PROFETAS

No capítulo anterior, vimos o juízo de Deus sobre os falsificadores da revelação verbal. Esse, em verdade, é o juízo mais importante e mais severo.

Neste capítulo, abordaremos o juízo que a igreja de Cristo deve impor sobre eles. A leniência que a igreja tem apresentado no trato dessa matéria é proverbial, especialmente numa época como a nossa, em que a vacilação teológica é muito grande. Além disso, essa matéria é muito importante porque nossa geração tem experimentado a libertinagem teológica em alguns círculos muito representativos da igreja evangélica.

Muitas igrejas e muitos ministros se servem da liberdade religiosa para pôr em prática ensinos prejudiciais aos fiéis. Poucas denominações, concílios ou ministros individuais têm tido a coragem de exercer disciplina sobre aqueles que possuem doutrina e prática que fogem do padrão da Escritura. Por essa razão, a desordem teológica se espalha rapidamente nos arraiais da igreja evangélica, prenunciando um tempo muito difícil de apostasia, que se avizinha rapidamente.

1. O QUE FAZER COM OS FALSIFICADORES DA REVELAÇÃO VERBAL?

Há várias providências que as igrejas evangélicas podem tomar para exercer a justiça eclesiástica:

1. É necessário que os fiéis ministros da Palavra, com o auxílio de autoridades jurídicas da própria igreja, conscientizem o povo de Deus dos crimes teológicos praticados no evangelicalismo de nossa geração. Há homens e mulheres bem-formados no direito civil que deveriam ser convocados para ajudar nesse trabalho, a fim de facilitar aos ministros da Palavra o início de um processo.
2. É necessário que os verdadeiros ministros da Palavra, sejam eles ordenados ou não, denunciem claramente, nos círculos eclesiásticos, quem são os falsos profetas, documentando, através de pregações verbais e vídeos, cuja obtenção não é difícil. Assim, quando for constatado que se trata de falsa profecia e de falso ensino, essas coisas não devem ficar escondidas. Ao contrário, tudo deve ser revelado e denunciado aos tribunais competentes, para que todos saibam o mal contido por trás das pessoas que falsificam a verdade de Deus.

Documentos devem ser expedidos às autoridades eclesiásticas e intelectuais das denominações, a fim de que se posicionem, expondo essas verdades às ovelhas que lhe foram confiadas e entendendo sua responsabilidade diante do Reino de Deus, pois, a quem muito é dado, muito será exigido; e, a quem muito foi confiado, muito mais será pedido. Esses líderes espirituais fiéis não devem preocupar-se com possíveis perseguições no futuro, porque não devem ter temor dos que matam o corpo e, depois, nada mais podem fazer (Lc 12.4).

2. QUAIS PROVIDÊNCIAS PRÁTICAS A IGREJA FIEL DEVE ADOTAR EM RELAÇÃO AOS FALSOS PROFETAS?

Há algumas sugestões, mas elas não são recebidas com muita simpatia pelo espírito do tempo presente, em nome de uma liberdade de culto que viola os princípios fundamentais da fé que foram estabelecidos por Deus.

A) É NECESSÁRIO QUE A IGREJA FAÇA ESSES FALSOS PROFETAS SE CALAREM

Essa providência aplicada aos falsos profetas e falsos mestres está prescrita na Escritura:

Análise de Texto
Porque existem muitos insubordinados, palradores frívolos e enganadores, especialmente os da circuncisão. É preciso fazê-los calar, porque andam pervertendo casas inteiras, ensinando o que não devem, por torpe ganância. Foi mesmo, dentre eles, um seu profeta, que disse: Cretenses, sempre mentirosos, feras terríveis, ventres preguiçosos. Tal testemunho é exato. Portanto, repreende-os severamente, para que sejam sadios na fé e não se ocupem com fábulas judaicas, nem com mandamentos de homens desviados da verdade (Tt 1.10-13).

As duas exortações que ressaltam a necessidade de a igreja agir são: "é preciso fazê-los calar" e *"repreende-os severamente"*.

I) O significado da expressão "é preciso fazê-los calar"

Porque existem muitos insubordinados, palradores frívolos e enganadores, especialmente os da circuncisão. É preciso fazê-los calar, porque andam pervertendo casas inteiras, ensinando o que não devem, por torpe ganância (Tt 1.10-11).

Observe que essa reprimenda a ser aplicada pela igreja fiel não é contra os gentios ou incrédulos da sociedade no tempo de Paulo, mas contra os crentes de tendência judaizante. Paulo afirma que eles são "palradores frívolos" e "enganadores", ou seja, são falsos mestres ou falsos profetas. Paulo entendeu que eles não poderiam continuar a pregar ao povo de Deus, ensinando-o. Paulo entendeu que esses enganadores tinham de ser calados.

Nossa luta teológica não é contra os incrédulos que estão absolutamente fora da igreja, mas contra aqueles que se dizem cristãos mas ensinam e pregam coisas errôneas. Essa é uma verdade do tempo de Paulo e também do nosso tempo. Nossa grande preocupação deveria ser contra os que estão no meio do povo de Deus. No entanto, a igreja contemporânea não tem tido coragem de pôr a mão nesses homens, nem de impedi-los de continuar falando no meio do povo de Deus.

II) A necessidade de calar a boca desses profetas

É preciso fazê-los calar (Tt 1.11).

Essa necessidade é um imperativo divino. Não se trata de uma sugestão para os ministros fiéis, mas de uma ordem que deve, necessariamente, ser seguida.

Nessa passagem, observa-se, principalmente, a grande responsabilidade dos pastores fiéis diante dos falsos profetas atuais. Sobre essa atitude, Calvino afirma que "(...) um bom pastor deve, portanto, estar atento, para não dar permissão silenciosa a doutrinas iníquas e perigosas".[139] Infelizmente, essa "permissão silenciosa" está presente no contexto evangélico brasileiro, uma vez que as igrejas que detêm a sã doutrina têm-se mantido caladas diante dos falsos ensinamentos propagados nas igrejas brasileiras. É como se os falsos profetas tivessem total permissão para ensinar e desviar milhares de pessoas do caminho correto.

Portanto, os bons pastores precisam pronunciar-se direta e abertamente, fazendo com que os mentirosos se calem diante da verdade. Isso porque não há arma mais poderosa para se vencer a mentira do que a própria verdade.

A necessidade de calar os ministros infiéis está afirmada nitidamente nas Escrituras: "*É necessário* fazê-los calar". A primeira expressão contém o verbo grego *dei/* (que pode ser traduzido como "é preciso"; "é necessário"). Traz a ideia de uma necessidade provocada pelas circunstâncias ou pela conduta de outros. O gesto de "fazer calar" não é uma opção das autoridades eclesiásticas, mas uma necessidade da qual a igreja não pode esquivar-se, algo que não pode deixar de ser feito. No entanto, esse não tem sido o comportamento da liderança de uma denominação ou de um concílio no que diz respeito aos ministros que se afastam da verdade.

---

[139] Disponível em: http://biblehub.com/commentaries/calvin/titus/1.htm. Acesso em janeiro de 2017.

Assim, no contexto em que vivemos, há grande necessidade de haver uma manifestação aberta daqueles que zelam pela sã doutrina, no sentido de combater todos aqueles que estão pervertendo grandes multidões, principalmente movidos por sua ganância.

A necessidade de tornar os ministros infiéis *calados* deve ser preocupação de toda igreja fiel. O verbo grego usado por Paulo *epistomizein* significa fazer calar; silenciar. A igreja, de modo algum, deve esquivar-se à sua responsabilidade apologética, muito menos deve deixar de agir no sentido de silenciar os falsos profetas em seu interior.

III) As razões para calar a boca desses profetas

A necessidade de calar os ministros infiéis é apontada por duas razões:

É preciso fazê-los calar, porque andam *pervertendo casas inteiras, ensinando o que não devem, por torpe ganância* (Tt 1.11).

a) Eles pervertem casas inteiras

A palavra "casas" pode (e deve) ser entendida como "igrejas", pois, no tempo do Novo Testamento, as igrejas se reuniam nas casas. Todavia, se você quiser entender literalmente como "famílias" individuais, não há problema, pois a igreja é composta de famílias que são aliciadas pelos deturpadores da verdade. Eles se imiscuem no meio das famílias e das igrejas de Deus para disseminar a falsificação da verdade. O texto torna essa observação clara quando diz que os ministros infiéis fazem o que não devem.

b) Eles ensinam o que não devem

Os falsos mestres já trabalhavam acirradamente na igreja

cristã, desde os seus primórdios. Apóstolos como Pedro, Paulo e João lutaram ferrenhamente contra aqueles que davam ensinamentos errados ao rebanho de Deus — tanto os que estavam entre os próprios presbíteros como os que vinham de fora daquela comunidade local.

A tônica do ensino deles era sempre contrária aos ensinamentos da fé cristã genuína. É importante entender que o ensino deles não é absoluta e totalmente herético. Eles ensinam coisas obviamente boas, mas misturadas com erro. É aqui que o engano entra. Você se recorda da expressão muito comum em nosso país, mas profundamente enganosa: "Tudo o que fala de Deus é bom!". Pois bem. Os falsos profetas falam de Deus, mas não toda a verdade sobre Deus, nem toda palavra que procede da boca de Deus. Portanto, os crentes devem estar atentos a esse fato.

c) Eles se mostram ávidos por dinheiro

O problema dos falsos profetas/mestres do tempo de Paulo é que eles tinham muito gosto pelo dinheiro. Eles tinham à prata, mas de um modo pecaminoso. Por isso Paulo chama esse pecado de *torpe ganância*. O que foi verdadeiro nos tempos de Paulo tem sido uma verdade muitíssimo comum em nossa época.

Em sua maioria, os falsos profetas contemporâneos visam, em primeiro lugar, extorquir o povo, de modo que eles próprios possam manter uma vida de ostentação e ganância. Isso é facilmente identificado nas longas falas sobre dinheiro: a obtenção de grandes somas se dá mediante "promessas" de dar e receber, de investir e conquistar tudo o que se deseja.

Precisamos pensar num instrumento legal eclesiástico que os leve a se calar, a fim de que famílias inteiras e o povo de Deus em geral não sejam contaminados pelo erro teológico e lesados em suas finanças.

Calvino afirma que "(...) um bom pastor deve, portanto, estar atento *para não dar permissão silenciosa a doutrinas iníquas e perigosas*".[140] Não podemos ficar silentes diante de tamanho dano que esses falsos profetas podem causar ao povo de Deus. Com esse tipo de comportamento, é como se os falsos profetas tivessem total permissão para ensinar e desviar milhares de pessoas do caminho correto. Entendo que não há arma mais poderosa para se vencer do que o silêncio da mentira e a proclamação da verdade.

B) É NECESSÁRIO QUE A IGREJA CONFRONTE OS FALSOS PROFETAS

Enviados, pois, pelo Espírito Santo, desceram a Selêucia e dali navegaram para Chipre. Chegados a Salamina, anunciavam a palavra de Deus nas sinagogas judaicas; tinham também João como auxiliar. Havendo atravessado toda a ilha até Pafos, encontraram certo judeu, mágico, falso profeta, de nome Barjesus, o qual estava com o procônsul Sérgio Paulo, que era homem inteligente. Este, tendo chamado Barnabé e Saulo, diligenciava para ouvir a palavra de Deus. Mas opunha-se-lhes Elimas, o mágico (porque assim se interpreta o seu nome), procurando afastar da fé o procônsul. Todavia, Saulo, também chamado Paulo, cheio do Espírito Santo, fixando nele os olhos, disse: Ó filho do diabo, cheio de todo o engano e de toda a malícia, inimigo de toda a justiça, não cessarás de perverter os retos caminhos do Senhor?

---

140 Disponível em: http://biblehub.com/commentaries/calvin/titus/1.htm. Acesso em janeiro de 2017.

Pois, agora, eis aí está sobre ti a mão do Senhor, e ficarás cego, não vendo o sol por algum tempo. No mesmo instante, caiu sobre ele névoa e escuridade, e, andando à roda, procurava quem o guiasse pela mão. Então, o procônsul, vendo o que sucedera, creu, maravilhado com a doutrina do Senhor (At 13.4-12).

Essa passagem narra o início da primeira viagem missionária de Paulo e Barnabé. No momento em que eles chegaram à cidade de Salamina,[141] começaram a pregar a palavra de Deus. Ainda na ilha de Chipre, um falso profeta atravessou o caminho deles — seu nome era Barjesus. Este, como todo falso profeta, estava tentando afastar da fé o procônsul Sérgio Paulo.

É importante ressaltar que os falsos profetas, em toda a história, sempre tiveram a grande capacidade de persuadir e desviar da fé pessoas de todas as classes sociais. No presente caso, o procônsul é adjetivado como um homem inteligente e, tendo em vista o cargo que ocupava no Império Romano, era um homem de alta estirpe. Assim, é possível notar quanto a falsa profecia pode levar as pessoas para longe da fé cristã, e isso, de fato, tem acontecido em nossos dias, em que milhares de pessoas, inclusive ricas e inteligentes, estão sendo enganadas pelos falsos profetas, que falam o que Deus nunca falou, tudo visando ao seu próprio benefício financeiro.

Em verdade, o que salta aos olhos no texto é que Paulo não abre mão do verdadeiro evangelho e, sem rodeios, repreende o falso profeta (Elimas, o mágico, ou Barjesus) face a face, dizendo:

(...) fixando nele os olhos, disse: Ó filho do diabo, cheio de todo o engano e de toda a malícia, inimigo de toda a justiça, não cessarás de perverter os retos caminhos do Senhor?

---
141 Cidade mais importante da ilha de Chipre e capital da província.

EU SOU | A FALSIFICAÇÃO DA REVELAÇÃO VERBAL NO ENSINO DO ANTIGO TESTAMENTO

Muito se criticam os falsos profetas da atualidade, mas quantas vezes eles foram procurados pelos detentores da verdadeira doutrina para um confronto face a face? Quantas vezes eles receberam alguma mensagem pessoalmente ou pelas redes sociais que os combatesse de forma séria e bíblica?

A esse respeito, Calvino[142] afirma que os falsos profetas modernos devem ser tratados da mesma forma como Paulo tratou Elimas, uma vez que são inimigos do evangelho de Cristo e obstinados em afastar as pessoas da fé verdadeira. A atitude veemente e incisiva de Paulo contra aquele enganador mostra que o verdadeiro cristão se revolta contra os falsos profetas e seus falsos ensinos — e não apenas se revoltam, como também agem na prática para combatê-los.

Assim como Paulo e Barnabé, os verdadeiros cristãos não devem temer o confronto; pelo contrário, devem fazê-lo na força do Espírito, uma vez que o Deus que vela por sua própria palavra está com seus profetas. Uma coisa é certa: a Igreja do Senhor não pode omitir-se, adotando uma atitude passiva diante da propagação de uma profecia deturpada, pois, enquanto os cristãos se mostram indiferentes ao quadro atual, milhares de pessoas estão sendo enganadas e, sem dúvida, Deus não aprova essa passividade em sua igreja. Pelo contrário, sua palavra a autoriza e exorta a pregar a verdade e a combater e expor aqueles que tentam deturpá-la em benefício próprio.

O resultado do confronto empreendido por Paulo e Barnabé foi que o procônsul creu, maravilhando-se com a doutrina do Senhor. Ou seja, a verdadeira profecia é que conduz verdadeiramente

---

142 Disponível em: http://biblehub.com/commentaries/calvin/acts/13.htm. Acesso em janeiro de 2017.

as pessoas à fé genuína. Por isso, é necessário, sempre que possível, confrontar face a face os "profetas" atuais, afirmando, diante de quem quer que seja, o que eles realmente são: filhos do diabo, cheios de todo engano e malícia, e inimigos de toda a justiça.

Aqui, observa-se a grande responsabilidade que as igrejas fiéis às Sagradas Escrituras têm em confrontar os falsos profetas. Tais igrejas, infelizmente, têm-se omitido, mostrando-se coniventes com as "aberrações teológicas" do nosso tempo, o que é lamentável. Essas igrejas que detêm fielmente a Palavra da verdade precisam, com urgência, vir a público e pronunciar-se com relação aos falsos profetas da atualidade, denunciando suas falsas doutrinas por meio das verdadeiras doutrinas. E, para isso, parece que o caminho mais eficaz são os meios de comunicação em massa, uma vez que alcançam um número significativo de pessoas. Além desse caminho, também é possível lançar mão da distribuição de literatura reformada, expondo, categórica e diretamente, os falsos mestres, expondo seus erros e heresias, bem como apontando os ensinamentos corretos da Escritura.

Depois desse confronto, há outro passo a ser dado pelos fiéis ministros da Palavra, juntamente com seus concílios eclesiásticos: a repreensão severa!

C) É NECESSÁRIO QUE A IGREJA REPREENDA SEVERAMENTE OS FALSOS PROFETAS

Tal testemunho é exato. Portanto, repreende-os severamente, para que sejam sadios na fé e não se ocupem com fábulas judaicas, nem com mandamentos de homens desviados da verdade (Tt 1.13-14).

Paulo tem outra expressão que aponta para uma providência de punição em relação aos falsos profetas. Ele diz que eles devem ser "repreendidos severamente". Essa segunda expressão ("repreende-os severamente") tem os seguintes significados: refutar, geralmente com implicação de vergonha em relação à pessoa sentenciada por evidências condenatórias; exigir prestação de contas; mostrar a alguém sua falta. Desse modo, a Escritura ensina que, quando alguém perverte a palavra revelada de forma proposital e pecaminosa, a igreja precisa manifestar-se aberta e propositalmente, pois, do contrário, estará sendo conivente com as "aberrações" que surgem, dia após dia, no meio da igreja do Senhor.

É importante ressaltar que uma das grandes desculpas para não se repreenderem os falsos profetas baseia-se na ideia de um ecumenismo pragmático, segundo o qual toda e qualquer doutrina deve ser respeitada, contanto que Cristo esteja no centro da vida da igreja. Desse modo, em nome de Cristo, todos deveriam relevar os pontos contraditórios e focar apenas naquilo que é mais importante, a saber, Cristo.

Em contrapartida, não há dúvida de que o ecumenismo não encontra respaldo bíblico, até mesmo porque é antibíblico,[143] uma vez que só existe uma verdade absoluta, e Deus jamais permite que sua palavra seja distorcida. Portanto, aqueles que ensinam de forma distorcida a palavra de Deus precisam ser repreendidos e tratados à altura, ou seja, com severidade.

Ao discorrer sobre essa repreensão severa, Calvino afirma que "não devemos lidar com pessoas obstinadas e indisciplinadas da mesma forma como lidamos com os mansos e ensináveis".

---

143 Disponível em: http://solascriptura-tt.org/SeparacaoEclesiastFundament/PerigosDoEcumenismo-Ferro.htm. Acesso em janeiro de 2017.

Ele afirma que o ministro do evangelho precisa ter cuidado para que seu silêncio/omissão não estimule a propagação de doutrinas ímpias e danosas. E, ainda sobre como lidar com os enganadores, afirma que, mesmo que a repreensão não provoque arrependimento naqueles falsos profetas, e estes continuem em sua obstinação de enganar as pessoas, a igreja deve tomar duas providências: 1) Ordenar que os falsos profetas se calem; e 2) Caso insistam no erro, que sejam declarados excluídos da comunhão dos crentes, fazendo com que o bom testemunho da verdadeira igreja seja mantido, e a propagação do falso ensino seja combatida e bloqueada.[144]

Os falsos mestres, portanto, precisam ser tratados com rigor, até mesmo porque não se submetem a nenhum tipo de disciplina humana, por se considerarem superiores a todos os homens.

A partir dessa análise, apontamos algumas posturas que a igreja contemporânea pode assumir diante dos falsos profetas:

1. Aqueles que proclamam a sã doutrina têm autoridade dada por Deus em sua Palavra para entrar em contato diretamente com os falsos profetas e, à luz da Escritura, apontar os erros que vêm sendo cometidos, exortando-os a proceder de maneira correta na igreja de Jesus Cristo.
2. É importante haver uma manifestação por escrito dos concílios que zelam pela fiel observância da Palavra de Deus no que diz respeito aos falsos ensinamentos que têm solapado e envergonhado a igreja do Senhor. Esse documento deve ser encaminhado a todas as igrejas ditas "evangélicas"

---

[144] CALVINO, João. *Pastorais*. São Paulo: Editora Fiel, 2009, pp. 315-16. (Série Comentários Bíblicos.)

do Brasil, mostrando em que aspectos têm-se desviado e como precisam proceder para retornar à sã doutrina.
3. É importante romper formalmente com quaisquer denominações que decidirem permanecer no erro, uma vez que uma igreja que não zela pela observância da Escritura e que, de maneira proposital, usa o termo *igreja* para enganar e perverter não pode ser considerada uma igreja cristã.

Stott,[145] comentando Tito 1.13-14, embora não aponte uma forma direta para fazer os falsos profetas se calarem, diz que é necessário tomar uma atitude para fazê-los parar de ensinar. E essa atitude, embora não fique clara no texto bíblico analisado, poderá ser tomada por meio de argumentação ou por meio de disciplina. De qualquer forma, fica mais evidente a importância da igreja, principalmente na pessoa de seus líderes, em se posicionar abertamente contra os falsos ensinos da atualidade.

O verbo grego [ἔλεγχε] traduzido como *repreender* tem o significado de refutar, reprovar, disciplinar ou punir, geralmente com implicação de vergonha em relação à pessoa sentenciada por meio de evidências condenatórias; exigir prestação de contas; mostrar a alguém sua falta. Desse modo, a Escritura ensina que, quando alguém perverte a revelação verbal de maneira proposital e pecaminosa, a igreja precisa manifestar-se aberta e propositalmente; do contrário, estará sendo conivente com as "aberrações" que surgem crescentemente no meio da igreja do Senhor.

A palavra grega [ἀποτόμως] traduzida como *severamente* também pode ser traduzida como "rigorosamente". Ao discorrer

---

145 STOTT, John. *A mensagem de 1ª Timóteo e Tito*: a vida da igreja local – a doutrina e o dever. São Paulo: ABU Editora, 2004, p. 185.

sobre essa repreensão severa [ou rigorosa], Calvino diz que "não devemos lidar com pessoas obstinadas e indisciplinadas da mesma maneira que com aqueles que são mansos e ensináveis".[146] Os falsos profetas/mestres, portanto, devem ser tratados com rigor, pois, via de regra, não se submetem a nenhum tipo de disciplina humana, por se considerarem "livres-pensadores" e superiores aos ministros que são da ortodoxia.

D) É NECESSÁRIO SECAR A FONTE DE LUCRO DOS FALSOS PROFETAS E FALSOS MESTRES

Os falsos profetas da atualidade, em sua maioria, valem-se de falsas visões e ensinos para obter lucro à custa do desespero das pessoas. Na maioria das reuniões em que esses enganadores estão, o foco não é Cristo e/ou sua palavra, mas, sim, obter prosperidade em todas as áreas da vida, principalmente na área financeira. Assim, essas reuniões se tornaram ocasiões de grande fonte de lucro para seus líderes, os quais estão cada vez mais ricos e enganando cada vez mais pessoas, confundindo-as com um "evangelho" completamente distorcido daquele ensinado nas Sagradas Escrituras.

No texto em estudo, temos o relato da cura de uma jovem adivinhadora em Filipos, onde Paulo passou alguns dias. Essa jovem, diz o texto, dava grande lucro aos seus senhores. Contudo, após ser libertada do espírito imundo, aquela fonte de lucro cessou ("Vendo os seus senhores que se lhes desfizera a esperança do lucro"), o que ocasionou açoite e a prisão de Paulo e Silas.

Embora a passagem não fale diretamente sobre os falsos profetas dos tempos de Paulo, entende-se, aqui, que pode servir de

---

146 CALVINO, João. *Pastorais.* São Paulo: Editora Fiel, 2009, pp. 315-16. (Série Comentários Bíblicos.)

exemplo sobre como "atacar" diretamente os falsos profetas da modernidade. Naquela época, a fonte de lucro dos senhores de Filipos era a mulher possessa de um espírito adivinhador; hoje, a fonte de lucro dos falsos profetas são os fiéis, que, por ignorância quanto às verdades da Palavra, são facilmente enganados por seus líderes espirituais. Desse modo, quanto mais esses fiéis obtiverem o esclarecimento necessário da Palavra de Deus e dos grandes erros teológicos dos quais são vítimas, menos lucros darão aos donos dessas igrejas.

A partir da necessidade urgente de se desfazer a fonte de lucro dos falsos profetas modernos, há algumas atitudes práticas que as igrejas bíblicas podem tomar:

1. Utilização dos meios de comunicação em massa para a defesa da fé cristã (apologética midiática). Uma das maiores forças dos falsos profetas é o uso dos meios de comunicação em massa. É através desses meios que tais igrejas e seus líderes tornam-se cada vez mais conhecidos e "idolatrados", propagando uma teologia quase exclusivamente voltada à teologia da prosperidade.

Diante desse quadro terrível, é necessário que a verdadeira igreja do Senhor também lance mão desses meios de comunicação para propagar a sã doutrina e, assim, libertar muitas pessoas da ignorância. É certo que, com uma confrontação aberta e direta da falsa doutrina com a verdadeira doutrina, haveria uma grande mudança na realidade em que vivemos. Isso porque a Palavra de Deus tem, mediante a ação do Espírito, poder para libertar as pessoas da ignorância e conduzi-las ao centro da vontade do Senhor.

De forma inevitável, quando a igreja lançar mão do rádio, da televisão, da internet etc. para pregar com fidelidade a Escritura, muitos se libertarão da ignorância quanto ao modo de viver cristão, terão suas vidas transformadas pela Palavra de Deus e diminuirão consideravelmente a fonte de lucro dos líderes mercenários que as oprimem.

2. Elaboração e distribuição de literatura bíblica, com o claro objetivo de combater os falsos ensinos nas igrejas modernas. Assim como os Cânones de Dort[147] serviram para rejeitar e/ou combater os erros teológicos que estavam solapando a igreja no século XVII, nos dias atuais também se faz necessária uma atitude semelhante àquela no Sínodo de Dort (1618–1619): apontar a verdadeira doutrina cristã baseada em *Sola Scriptura* (somente a Escritura) e em *Tota Scriptura* (a totalidade das Escrituras), bem como apontar e rejeitar os erros teológicos ensinados pelos falsos profetas modernos. E isso pode perfeitamente ser feito por meio da distribuição de literatura contendo os principais erros das igrejas contemporâneas e a forma como a Bíblia ensina corretamente a respeito desses temas atuais.

---

147 "Os Cânones são exposições doutrinárias que foram adotadas pelo grande Sínodo Reformado de Dort de 1618–1619. Esse Sínodo teve dimensão internacional, pois não era composto apenas de delegados das igrejas reformadas dos Países Baixos; vinte e sete representantes de igrejas estrangeiras também participaram dele. O Sínodo de Dort foi convocado em vista de uma séria perturbação no seio das igrejas reformadas, causada pelo surgimento e a propagação do arminianismo. Armínio, professor de Teologia na Universidade de Leyden, e seus seguidores desviaram-se da fé reformada quanto ao que alegavam em cinco pontos importantes. Ensinavam a eleição condicional, tendo por base a previsão da fé, a expiação universal, a depravação parcial, a graça resistível e a possibilidade de cair da graça. Tais posições foram rejeitadas pelo Sínodo, e as percepções opostas materializaram-se naquilo que hoje é chamado "Cânones de Dort" ou "Os cinco artigos contra os remonstrantes". Nesses Cânones, o Sínodo fixou a doutrina reformada dos seguintes pontos: eleição incondicional, expiação definida, depravação total, graça irresistível e perseverança dos santos". Disponível em: http://www.igrejasreformadasdobrasil.org/doutrina/canones-de-dort. Acesso em: janeiro de 2017.

Essa elaboração deverá ser feita à base de oração e orientação do Espírito, procedendo-se à sua distribuição principalmente na porta de cada igreja em que os fiéis estão sendo enganados por seus falsos líderes. Além disso, também é possível e viável que essa literatura seja propagada eletronicamente pela internet, para que o maior número de pessoas tenha acesso, fazendo com que a fonte de lucro desses falsos mestres seja progressivamente desfeita.

Hodiernamente, existem muitos homens e mulheres que falam em nome de Deus coisas que ele nunca falou. Em sua maioria, esses falsificadores contemporâneos da revelação verbal visam, em primeiro lugar, extorquir o povo, mantendo, para si mesmos, uma vida de ostentação e ganância. Isso é facilmente identificado nas longas falas sobre dinheiro, mediante "promessas" de dar e receber, de investir e conquistar seus desejos.

A preocupação dos apóstolos e presbíteros na igreja apostólica era a de inibir os lucros daqueles que proclamavam coisas falsas e se aproveitavam disso para obter lucro. A obtenção de lucro é uma prática muito antiga que explora a ignorância ou a boa vontade dos fiéis. Há um exemplo bíblico bastante claro em Atos dos Apóstolos a respeito do lucro dos falsos profetas.

Análise de texto

Aconteceu que, indo nós para o lugar de oração, nos saiu ao encontro uma jovem possessa de espírito adivinhador, a qual, adivinhando, dava grande lucro aos seus senhores. Seguindo a Paulo e a nós, clamava, dizendo: Estes homens são servos do Deus Altíssimo e vos anunciam o caminho da salvação. Isto se repetia por muitos dias. Então, Paulo, já indignado, voltando-se, disse ao espírito: Em nome de Jesus Cristo, eu te mando: retira-te dela. E ele, na mesma hora, saiu. Vendo os seus senhores que se lhes desfizera a esperança do lucro, agarrando em Paulo e Silas, os arrastaram para a praça, à presença das autoridades; e, levando-os aos pretores, disseram: Estes homens, sendo judeus, perturbam a nossa cidade, propagando costumes que não podemos receber, nem praticar, porque somos romanos. Levantou-se a multidão, unida contra eles, e os pretores, rasgando-lhes as vestes, mandaram açoitá-los com varas (At 16.16-22).

I) Perceba que a jovem possuía um espírito de adivinhação

Aconteceu que, indo nós para o lugar de oração, nos saiu ao encontro uma jovem possessa de espírito adivinhador (At 16.16a).

Os falsos profetas que surgiram no Antigo Testamento também faziam adivinhações e anunciavam prodígios e, para a surpresa de muitos, tinham seus vaticínios cumpridos (Dt 13.1-5). No entanto, temos de admitir que esse espírito de adivinhação não morreu no passado, pois é obra perpetrada pelo Maligno que precisa ser freada no meio da igreja.

Enquanto não tivermos consciência de que essa ação adivinhadora tem os demônios por trás, não faremos nada para coibir essa terrível prática no seio da igreja. O espírito de engano, ou de adivinhação, nunca é natural, mas sobrenatural, porque vem dos espíritos malignos. Paulo deixou claro que, no Novo Testamento, havia a mesma coisa e, à medida que o tempo do fim vai-se aproximando, esse espírito de engano vai aumentar em suas manifestações. Muitos cristãos confessos serão levados de roldão por essa prática, apostatando da verdadeira fé (Cf. 1Tm 4.1).

II) Perceba que a adivinhação produzia lucros

(...) a qual, adivinhando, dava grande lucro aos seus senhores (At 16.16b).

É muito tentadora a prática de falsa profecia do engano, pois traz favorecimento financeiro a uma porção razoável da liderança religiosa nos círculos evangélicos de nosso país. O texto fala em muito dinheiro, por isso aparece a expressão "grande lucro".

Há muitas pessoas se enveredando por esse caminho para auferir lucros à custa da ignorância espiritual e até mesmo da boa-fé de alguns crédulos, mas incautos. Os enganadores enfatizam e prometem muito dinheiro aos que seguem por esse caminho. Muitos profetas modernos estão enriquecendo rapidamente por meio dessa metodologia perversa, no meio dos maiores setores da igreja evangélica no Brasil. O enriquecimento tem sido a olhos vistos. Não faltam pessoas para dar testemunho dessa triste realidade!

III) Perceba que o conteúdo da sua adivinhação era teológico

Seguindo a Paulo e a nós, clamava, dizendo: Estes homens são servos do Deus Altíssimo e vos anunciam o caminho da salvação (At 16.17).

Não pensem que esses enganadores têm uma conversa destituída de significado teológico. Não se esqueça de que a jovem mencionada no texto dava suporte à pregação de Paulo e Silas, reconhecendo que eram servos do Deus Altíssimo na pregação da salvação. Não há nada de errado na pregação dessa jovem adivinhadora, exceto o fato de que ela fazia isso para conseguir dinheiro ilicitamente, com engano por trás da verdade. Sua pregação era correta, mas suas intenções eram malignas. Um falso profeta sempre fala verdades; porém, essas verdades se misturam com espírito de erro, culminando em vantagem financeira.

IV) Perceba que a falsa pregação era continuada

Isto se repetia por muitos dias (At 16.18a).

O espírito de adivinhação na jovem não era pontual, mas uma prática continuada. Por muito tempo, a adivinhação enganou as pessoas, a despeito de ela falar algumas verdades. Entretanto, não se esqueça de que o erro nunca vem sozinho; sempre se faz acompanhar da verdade.

Hoje, a igreja está cheia de falsos profetas que têm pregado por anos a fio os erros, e ninguém lhes aplica punição. Eles têm repetido, dia após dia, ano após ano, seus anúncios de milagres e prodígios, sem que nada lhes aconteça, e as pessoas são continuamente saqueadas em suas finanças e frustradas em suas esperanças!

V) Perceba que o espírito de adivinhação teve de ser repreendido

Então, Paulo, já indignado, voltando-se, disse ao espírito: Em nome de Jesus Cristo, eu te mando: retira-te dela. E ele, na mesma hora, saiu (At 16.18).

EU SOU | A FALSIFICAÇÃO DA REVELAÇÃO VERBAL NO ENSINO DO ANTIGO TESTAMENTO

Paulo percebeu o espírito de engano na pregação da jovem e exerceu uma função que caiu em desuso nos tempos modernos: ele teve a ousadia e o discernimento de perceber o espírito de adivinhação e, por isso, a repreendeu severamente. Paulo expulsou o espírito de engano que estava por trás das adivinhações da jovem.

Precisamos pedir a Deus que nos dê o discernimento necessário para que possamos ver o engano e o desastre financeiro que os falsos profetas modernos trazem sobre milhões de crentes espalhados por nosso país, matando suas esperanças de prosperidade.

Os verdadeiros profetas de Deus precisam discernir os tempos e as mentes daqueles que, em nome do Senhor, cometem barbáries espirituais. Paulo disse aos efésios que nossa luta não é contra os homens, mas contra as forças espirituais do mal que nos rodeiam. Essas forças estão presentes, mais do que nunca, em nossa geração. Por essa razão, devemos usar a armadura de Deus (Cf. Ef 6.11-20), a fim de que esses falsos profetas sejam severamente repreendidos.

VI) Perceba que a fonte de lucro secou

> Vendo os seus senhores que se lhes desfizera a esperança do lucro (...) (At 16.19a).

Quando Paulo descobriu e revelou a fonte do engano, cortou a possibilidade de o lucro continuar. De forma sábia, Paulo cortou o mal pela raiz. Quando o inimigo é destruído, a esperança de lucro se desfaz!

Os verdadeiros profetas de Deus têm de denunciar, sem temor de homens ou de demônios, quem está por trás da falsa profecia ou do falso ensino. Todo engano tem procedência sobrenatural e precisa ser combatido na força do Senhor. Esses verdadeiros profetas têm de se revestir da armadura de Deus para que possam ficar imunes às acusações do Maligno, o qual sempre procura derrubar o verdadeiro profeta quando ele não zela pela pureza de vida. Portanto, profetas de Deus, vivam de forma irrepreensível, para que vocês nunca sejam alvo fácil das acusações do Maligno. Vocês têm de secar, com todas as forças, as fontes de lucro desses falsos profetas, denunciando quem está por trás do engano.

Os falsos profetas devem ser desmascarados pelos verdadeiros profetas de Deus, sendo expostos à vergonha e à ignomínia, para que não mais enganem e explorem muitos da grande igreja de Cristo. Eles precisam ser expostos para que a igreja possa ver, na realidade, quem eles são!

Se os verdadeiros profetas tivessem consciência disso, denunciaram o conluio do mal que há nessas pessoas, e a fonte de lucro deles secaria. Tomara que Deus levante homens que não tenham temor de outros homens, para que sejam verdadeiros e corajosos porta-vozes de Deus no meio dessa geração cheia de engano!

VII) Perceba que a inibição da fonte de lucro pode trazer perseguição

> (...) agarrando em Paulo e Silas, os arrastaram para a praça, à presença das autoridades; e, levando-os aos pretores, disseram: Estes homens, sendo judeus, perturbam a nossa cidade, propagando costumes que não podemos receber, nem praticar, porque somos romanos. Levantou-se a multidão, unida contra eles, e os pretores, rasgando-lhes as vestes, mandaram açoitá-los com varas.

A tarefa de cortar a fonte de lucro trazido pelo espírito de adivinhação trouxe grande revolta àqueles que tiravam vantagem da situação, a ponto de eles prenderem e entregarem Paulo e Silas, para que fossem açoitados pelas autoridades.

Em outras palavras, você, que é fiel às Escrituras, se quiser pôr ordem teológica na casa, saiba que estará sujeito à perseguição por parte daqueles que lucram com a falsa profecia ou o falso ensino. Entretanto, creio que vale a pena essa luta contra o erro, a despeito das perseguições. Afinal de contas, se você quiser andar e pensar piedosamente, será perseguido. E a luta contra o erro jamais lhe trará conforto!

E) É NECESSÁRIO QUE OS VERDADEIROS PROFETAS CONHEÇAM O MUNDO TEOLÓGICO EM QUE VIVEM

Infelizmente, a igreja cristã tem sido covarde ao não assumir sua tarefa de denunciar o erro e exercer a disciplina eclesiástica. A disciplina da igreja resume-se (quando isso acontece!) a casos de pecado sexual dos falsos profetas. As questões teológicas não têm sido o foco da igreja cristã. Com isso, os falsos profetas vêm crescendo em número e enriquecendo à custa da falsidade teológica.

Análise de Texto

Enviados, pois, pelo Espírito Santo, desceram a Selêucia e dali navegaram para Chipre. Chegados a Salamina, anunciavam a palavra de Deus nas sinagogas judaicas; tinham também João como auxiliar. Havendo atravessado toda a ilha até Pafos, encontraram certo judeu, mágico, falso profeta, de nome Barjesus, o qual estava com o procônsul Sérgio Paulo, que era homem inteligente.

> Este, tendo chamado Barnabé e Saulo, diligenciava para ouvir a palavra de Deus. Mas opunha-se-lhes Elimas, o mágico (porque assim se interpreta o seu nome), procurando afastar da fé o procônsul. Todavia, Saulo, também chamado Paulo, cheio do Espírito Santo, fixando nele os olhos, disse: Ó filho do diabo, cheio de todo o engano e de toda a malícia, inimigo de toda a justiça, não cessarás de perverter os retos caminhos do Senhor? Pois, agora, eis aí está sobre ti a mão do Senhor, e ficarás cego, não vendo o sol por algum tempo. No mesmo instante, caiu sobre ele névoa e escuridade, e, andando à roda, procurava quem o guiasse pela mão. Então, o procônsul, vendo o que sucedera, creu, maravilhado com a doutrina do Senhor (At 13.4-12).

A igreja cristã precisa estar alerta contra a entrada de pessoas no meio do povo de Deus, a fim de evitar dores extremadas em dias futuros.

I) Os verdadeiros profetas precisam admitir a existência de falsos profetas no meio do povo de Deus

> Havendo atravessado toda a ilha até Pafos, encontraram certo judeu, mágico, falso profeta, de nome Barjesus (...) (At 13.6).

A falsa profecia não é prerrogativa apenas dos tempos antigos; tem sido uma constante em ambos os Testamentos. No entanto, temos a forte convicção, com base na palavra profética registrada na Escritura, de que, à medida que, cada vez mais, o tempo se aproxima do fim, o número de falsos profetas seria aumentado, e a crença em falsas pregações e em falso ensino recrudesceria. Muitos homens iguais a Barjesus ainda aparecerão. Nossa geração tem sido pródiga na produção desses homens e mulheres que perturbam o arraial cristão.

Os profetas verdadeiros têm uma consciência muito clara dessa realidade e precisam dedicar-se ao verdadeiro ensino da Escritura. Enganados estão aqueles que pensam em dias melhores antes que o Senhor venha. Os falsos profetas e mestres ainda haverão de causar muito dissabor para o povo de Deus. Entretanto, se você foi dotado com a capacidade de explanar a verdade divina e fazê-la brilhar como brilha uma candeia em lugar tenebroso, não se demore em denunciar o erro e em propagar a verdade de Deus!

II) Os verdadeiros profetas precisam perceber que os falsos profetas enganam pessoas inteligentes

> (...) o qual estava com o procônsul Sérgio Paulo, que era homem inteligente. Este, tendo chamado Barnabé e Saulo, diligenciava para ouvir a palavra de Deus. Mas opunha-se-lhes Elimas, o mágico (porque assim se interpreta o seu nome), procurando afastar da fé o procônsul (At 13.7-8).

O texto em análise narra o início da primeira viagem missionária de Paulo e Barnabé. No momento em que eles chegaram à cidade de Salamina,[148] começaram a pregar a palavra de Deus. Ainda na ilha de Chipre, o falso profeta Barjesus atravessou o caminho deles. Ele, como todo falso profeta, estava tentando afastar da fé[149] o procônsul Sérgio Paulo.

---

148 Cidade mais importante da ilha de Chipre e capital da província.
149 Afastar-se da fé significa apartar-se da verdadeira doutrina. Fé, neste texto, significa o conjunto de verdades que Deus entregou ao seu povo e está contido nas Escrituras.

Em toda a história, os falsos profetas sempre tiveram a grande capacidade de persuadir e desviar da fé pessoas de todas as classes, sejam ricas ou pobres, cultas ou incultas. Há muitos iletrados e incultos que são enganados com facilidade. Entretanto, há também os de qualificação mais elevada que, igualmente, caem no engodo do falso profeta. Um deles, segundo o texto apresentado, é o procônsul Sérgio Paulo, que é qualificado como "homem inteligente", de alta estirpe. Assim, pode-se notar que boa formação cultural, inteligência, posição e riqueza não são empecilhos para o engano. O engano em que essas pessoas caem não se deve apenas à cegueira espiritual trazida pelo espírito de malignidade por trás do ensino falso, mas também à inteligência e à capacidade dos falsos profetas.

Portanto, ministros fiéis da Palavra, preparem-se, para que não sejam envergonhados diante da inteligência dos falsos profetas na atualidade. Alguns são apologetas e têm um pensamento bem concatenado. Vocês não vão lidar com homens ignorantes, mas com homens preparados, capazes de enredar homens inteligentes.

CONCLUSÃO

A igreja do Senhor está sofrendo profundamente por causa dos falsos profetas que têm surgido nas últimas décadas, na igreja evangélica. Milhares de pessoas estão sendo enganadas por um falso evangelho, tendo suas mentes cauterizadas pela busca desenfreada por bênçãos materiais ou por experiências sobrenaturais. Contudo, a grande pergunta a ser feita é: onde está a verdadeira e fiel igreja do Senhor? Onde estão os cristãos que detêm a sã doutrina e sabem de sua importância para a transformação de uma igreja decadente?

A igreja precisa despertar de seu "sono profundo" e cumprir sua missão de fiel proclamadora da Palavra de Deus. Enquanto a igreja for omissa, milhares de pessoas continuarão a enganar e a ser enganadas pelas artimanhas do próprio Satanás. Portanto, a igreja do Senhor precisa lançar mão de todos os recursos possíveis (televisão, literatura, rádio, internet etc.) para combater os falsos profetas e, assim, discipliná-los, com a exposição de seus erros e heresias.

É preciso lembrar que, ao se omitir, a igreja está, como afirmou Calvino, dando permissão silenciosa para que os falsos profetas a continuem depravando teologicamente. Além disso, eles pervertem o coração e a mente de seus ouvintes, com o objetivo de que não tenham uma vida cristã pautada pelas Santas Escrituras.

> "E digo isso a vós outros que conheceis o tempo: já é hora de vos despertardes do sono; porque a nossa salvação está, agora, mais perto do que quando no princípio cremos" (Rm 13.11).

CAPÍTULO 13
A POSSÍVEL APLICAÇÃO DE PENAS ALTERNATIVAS PELA JUSTIÇA COMUM AOS FALSOS PROFETAS

O que fazer para que esses crimes teológicos previstos em lei sejam julgados pela justiça comum? Existe uma possibilidade razoável de a justiça comum aplicar penas alternativas ao falsificador da revelação verbal de Deus. Seguem algumas sugestões:

a) É necessário haver uma instrução mais profunda sobre os deveres de proteger o povo de Deus de homens e mulheres ávidos por obter riquezas de modo fraudulento. É, de certa forma, perceptível que há algum esforço das igrejas, principalmente das reformadas, no sentido de disseminar ensinamento com conteúdo relevante.

Uma pesquisa recente mostra que há cerca de 56% de leitores no Brasil e, em média, 4,26 livros (impressos ou digitais) lidos por pessoa ao ano.[150] Esses dados revelam um progresso em relação à mesma pesquisa realizada no ano de 2011. A igreja deve valer-se desses dados e publicar cada vez mais material, aproveitando este

---
150 FAILLA, Zaíra (org.). *Retratos da leitura no Brasil*. São Paulo: Instituto Pró-Livro, 2016.

momento propício para denunciar as práticas e os ensinamentos corrompidos dos falsos profetas de nosso tempo.

Com a popularização da internet e o fácil acesso a artigos, sermões, livros e periódicos, a transmissão de conhecimento é significativamente maior. Esse é um ótimo caminho em uma sociedade digital. Deveria, portanto, haver investimento maciço nessa área. Poderíamos criar comissões de trabalho exclusivas para bombardear o meio virtual com esse tipo de material. O que temos hoje são apenas algumas igrejas sérias ou organizações isoladas com investimentos tímidos.

A produção de livros impressos também deve ser estimulada, tanto para líderes como para os demais cristãos, a preços acessíveis e distribuição em larga escala.

b) É necessário haver pessoas no meio do povo de Deus com grande capacidade de discernimento e conhecimento para reconhecer, refutar e denunciar a falácia da palavra de um falso profeta. Só assim, será possível colocar em prática o que o apóstolo Paulo disse: "Pôr à prova todas as coisas" (1Ts 5.21).

A grande dificuldade que temos na aplicação de penas pela justiça comum é o fato de o Estado, supostamente, não se imiscuir nos negócios da igreja, por causa da influência do secularismo. No entanto, existem algumas brechas em nossa justiça comum que poderiam ser exploradas para penalizar os falsos profetas.

Esse assunto é estudado aqui para que a igreja pondere sobre essa matéria tão desconhecida dos ministros e concílios.

1. APLICAÇÃO DE PENAS ALTERNATIVAS PELO CÓDIGO PENAL

Embora não seja possível aplicar pena capital em nosso país, existem algumas brechas na legislação pátria que trazem a possibilidade da aplicação de penas alternativas a determinados procedimentos religiosos que ocorrem em alguns redutos evangélicos.

Os falsos profetas do nosso tempo "pintam e bordam" porque ninguém pode pôr a mão neles para aplicar pena de morte. Mais do que isso: praticamente não existe, na igreja contemporânea, um freio eclesiástico contra a proclamação de doutrinas errôneas. Os falsificadores da verdade vivem soltos, sem que haja qualquer imposição penal sobre eles, nem mesmo eclesiástica. Entretanto, há uma pequena abertura em nosso Código Penal (CP) que nos leva a vislumbrar uma possibilidade de aplicação de penas aos que falsificam a doutrina: o crime de estelionato.

> Art. 171 – Obter, para si ou para outrem, vantagem ilícita, em prejuízo alheio, induzindo ou mantendo alguém em erro, mediante artifício, ardil, ou qualquer outro meio fraudulento:

O CP prevê pena de reclusão (de um a cinco anos) e multa no caso de infração a esse dispositivo de lei. No entanto, embora esse artigo não contemple o que comumente chamamos "falsa profecia", descreve o crime que ocorre em algumas igrejas evangélicas brasileiras, com a obtenção de dinheiro de modo indevido.

Costa Júnior define artifício ou ardil como qualquer simulação da realidade que conduza à ilusão do psiquismo (inteligência ou sentimento), causando erro mediante falsa aparência lógica ou sentimental. Ou seja, trata-se de um comportamento mentiroso, de alguém disposto a enganar o próximo.[151]

Muitos falsos profetas do nosso tempo "assaltam" os membros da igreja para conseguir dinheiro mediante promessas falsas. Não é sem razão que, falando a respeito deles, Jesus diz:

---

151 COSTA JR., Paulo José. *Direito Penal Objetivo*. Rio de Janeiro: Forense Universitária, 2006, p. 288.

> Acautelai-vos dos falsos profetas, que se vos apresentam disfarçados em ovelhas, mas por dentro são lobos roubadores (Mt 7.15).

Há muitos falsificadores da verdade que ensinam outro evangelho — um evangelho que promete recursos financeiros para o fiel que contribui deliberadamente com eles. O profeta Miqueias trata de modo irretorquível o comportamento ilícito dos falsificadores da verdade de sua época:

> Os seus cabeças dão as sentenças por suborno, os seus sacerdotes ensinam por interesse, e os seus profetas adivinham por dinheiro; e ainda se encostam ao Senhor, dizendo: Não está o Senhor no meio de nós? Nenhum mal nos sobrevirá (Mq 3.11).

Os líderes espirituais de Israel (sacerdotes e profetas) tinham interesses escusos em suas tarefas ministeriais. Eles sentiam fome de dinheiro. Quando olhamos para nossos dias, percebemos a mesma situação lamentável. Em nossa geração, os falsos profetas estão agindo em muitas congregações cristãs. Não é difícil vê-los, a todo momento, fazendo vaticínios por amor ao dinheiro.

Vejamos mais uma possibilidade de lidar com os que ganham dinheiro através do engano religioso. É necessário que os membros de igrejas que foram lesados nas promessas feitas pelos falsos profetas façam a denúncia, para que algum processo (civil ou penal, ou ambos) contra esses falsos profetas se instaure, coibindo, assim, sua sede de explorar financeiramente os fiéis. Em geral, o Estado não se imiscui nessa matéria religiosa, a não ser que seja provocado por meio de uma representação/denúncia.

Outra alternativa está prevista na Lei nº 1.521/1951 (lei de crimes contra a economia popular), mais precisamente em seu artigo 2º, inciso IX:

> IX – obter ou tentar obter ganhos ilícitos em detrimento do povo ou de número indeterminado de pessoas mediante especulações ou processos fraudulentos.

Sobre essa lei, o jurista André Prieto explica:

> Trata o dispositivo de exploração fraudulenta de credulidade pública. Diferencia-se do estelionato apenas quando praticado contra um número indeterminado de pessoas. A boa-fé, a ingenuidade e a ignorância auxiliam na concretização do golpe.[152]

Para esse crime, está prevista pena de detenção de seis meses a dois anos, além de multa pecuniária.

Outra previsão legal diz respeito a enganar outras pessoas na esfera religiosa: charlatanismo (art. 283 do CP).

> Art. 283 – Inculcar ou anunciar cura por meio secreto ou infalível.
> Pena – detenção, de três meses a um ano, e multa.[153]

---

152 PRIETO, André Luiz. *Comentários sobre os Crimes contra a Economia Popular*: Lei nº 1521/51. André Prieto é professor de Direito Penal e Processo Penal; pós-graduado em Ciências Criminais; defensor público em Mato Grosso, onde exerce o cargo de corregedor-geral da Defensoria Pública e de presidente da Associação Mato-Grossense de Defensores Públicos. Disponível em: http://anadep.org.br/wtk/pagina/materia?id=7189. Acesso em março de 2017.

153 Código Penal Brasileiro.

André Estefam, sobre esse dispositivo, assinala que o objetivo da lei é *"punir aqueles que, aproveitando-se do desespero ou da credulidade alheia, prometem curas milagrosas e infalíveis"*.[154] Essa observação de Estefam é perfeitamente cabível na presente situação de grande parte do evangelicalismo brasileiro. Mas o próprio Estefam explica como relacionar esse artigo do Código Penal à liberdade de crença e de liturgia apregoadas pela Constituição Federal:

> A descrição da conduta típica poderia fazer supor que determinadas religiões ou seitas importariam necessariamente na prática delitiva, quando apregoassem a cura mediante a oração ou determinados rituais. Não parece ser assim. Deve-se lembrar que a Constituição Federal assegura a liberdade de crença e seu exercício, e, ademais, que inexiste a religiosidade sem a crença no sobrenatural. O que não se pode permitir, porque seria inequivocamente lesivo à saúde pública, é o ato de advogar a cura para doenças por meios secretos (supostamente sagrados) ou infalíveis, afastando o fiel do tratamento médico convencional.[155]

Outra previsão legal é o crime do curandeirismo, com abrigo no artigo 284 do CP.

Art. 284 – Exercer o curandeirismo:

I) prescrevendo, ministrando ou aplicando, habitualmente, qualquer substância;

II) usando gestos, palavras ou qualquer outro meio;

---

154 ESTEFAM, André. *Direito penal*. São Paulo: 2011, v. 3, p. 486.
155 Ibid., p. 487 (itálico acrescentado).

III) fazendo diagnósticos:
Pena – detenção, de seis meses a dois anos.
Parágrafo único – Se o crime é praticado mediante remuneração, o agente também fica sujeito à multa.[156]

Há muitos falsificadores da verdade que podem ser inseridos no espectro do curandeirismo. Esse assunto é extremamente complexo. O trecho *"usando gestos, palavras ou qualquer outro meio"* parece abranger questões litúrgicas. Os estudiosos, contudo, lembram que as liturgias contam com o amparo da Carta Magna, que garante a liberdade religiosa. Todavia, essa liberdade não pode ser usada com o intuito de prejudicar a vida das pessoas. Julio Fabbrini assinala a esse respeito:

> As religiões teístas dignas desse nome pretendem conduzir as almas para Deus. Sempre que o ministro deixa de lado a finalidade própria da religião e adentra o cobiçado campo dos místicos tratamentos, com a perseguição da cura através de benzimentos com arruda, aplicação de "passes curativos", prescrição de medicamentos para tratamento de moléstia, diagnósticos de males, queima de pólvora, invocação de espíritos etc., consuma-se o crime. No mesmo caso, estão a macumba, umbanda ou quimbanda, também chamadas de baixo espiritismo.[157]

Evidentemente, essa questão que envolve liberdade religiosa, curandeirismo e charlatanismo ainda tem sido motivo

---
156 Código Penal Brasileiro.
157 MIRABETE, Julio Fabbrini. *Manual de direito penal*. São Paulo: Atlas, 2009, v. 3, p. 148.

de muitas discussões no campo jurídico. Há processos na justiça envolvendo fiéis de algumas igrejas televisivas que acusam essas instituições de haverem praticado curandeirismo ou uma espécie de charlatanismo.

Percebemos que o critério das leis brasileiras para identificar e punir os falsos líderes de uma religião é totalmente diferente daqueles propostos pela Escritura, pois, em vez de julgarem se o conteúdo da mensagem é verdadeiro, apegam-se tão somente à questão pragmática. Por outro lado, nas Escrituras, mesmo que tais líderes possam curar o povo, eles pregam heresias que negam os aspectos centrais da fé cristã, de modo que, a rigor, deveriam ser considerados falsários. Todavia, mesmo sendo diferentes os critérios, penso que a Igreja verdadeira no Brasil deveria aprofundar-se nessa discussão, sendo, inclusive, uma voz a se levantar, com o objetivo de alertar o povo acerca da existência de charlatanismo em muitas igrejas consideradas evangélicas!

Os falsos profetas anunciam que milagres e curas certamente vão acontecer na vida das pessoas que os ouvem. Eles até marcam o lugar e a hora em que isso vai ocorrer. Entretanto, mesmo a despeito do desapontamento, os ouvintes dos falsos profetas ainda se mantêm firmes na esperança de receber o que lhes é prometido pelos falsificadores da revelação verbal.

É preciso, pois, ajuizar processo contra as igrejas que praticam charlatanismo e curandeirismo. Em ambos os casos, o falso profeta ilude a boa-fé do próximo, sabendo que não tem qualquer poder para solucionar seus problemas. Ele ainda simula curas e outras benesses, ministrando gestos, proferindo palavras ou recorrendo a qualquer outro meio, muitas vezes colocando em risco a vida alheia. O raciocínio é o seguinte: "Se esses chamados pastores fazem milagres de cura, então o que eles pregam é certo". Está, portanto, estabelecido o engano!

A única alternativa que nos resta do ponto de vista jurídico é recorrer ao Judiciário, para que, após o devido processo legal, em caso de condenação, aplique sanções de acordo com a ordem legal vigente. Estamos presos a uma Constituição — e não podemos fugir dela. Em última instância, o texto constitucional favorece a presente situação de proliferação do ensino errôneo, em razão da falta de efetiva punição. A total separação entre Igreja e Estado entra em conflito com os que querem tornar vigentes uma doutrina e uma prática sadias.

2. O DESAPONTAMENTO COM AS DUAS JUSTIÇAS

A) O DESAPONTAMENTO COM A JUSTIÇA COMUM

Há muito desapontamento no que diz respeito à justiça comum, visto que não interfere, via de regra, na disciplina da Igreja. Modernamente, o Estado vem coibindo as igrejas fiéis que têm a pretensão de punir os falsificadores da revelação verbal, mas me parece que, agora, a situação se encontra mais amena.

Quando a função jurisdicional do Estado é posta em ação, a justiça comum sempre fica a favor daqueles que são disciplinados eclesiasticamente, obedecendo ao princípio da liberdade de expressão e dos direitos humanos. Isso acontece porque a justiça comum é totalmente avessa a qualquer referência teocêntrica, pondo-se ao lado da referência antropocêntrica e abandonando todos os valores teológicos em favor dos valores sociais.

No entanto, tem havido um desapontamento ainda maior quando falamos de disciplina eclesiástica.

B) O DESAPONTAMENTO COM A JUSTIÇA ECLESIÁSTICA

A igreja não tem tido força moral para reclamar da ausência de punição por parte do Estado porque ela própria não tem exercido o dever de aplicar a justiça eclesiástica aos falsos profetas.

A igreja cristã tem sido muito leniente com os pecados teológicos. Ela se preocupa mais com os pecados morais/sexuais do que com os pecados teológicos, pois vive num tempo em que a verdade perdeu relevância. Certamente, amanhã, a própria igreja será condescendente com os pecados sexuais, pois terá abraçado a tese do politicamente correto, deixando de punir seus infratores. Porém, antes da aplicação das penas eclesiásticas, é preciso implantar uma série de passos.

Com frequência, indagam-nos se, nos dias de hoje, temos falsos profetas no meio do arraial do povo de Deus. Obviamente, os falsos profetas sempre estiveram ali. Observemos o que o apóstolo Pedro nos diz:

> Assim como, no meio do povo, surgiram falsos profetas, assim também haverá entre vós falsos mestres, os quais introduzirão, dissimuladamente, heresias destruidoras, até ao ponto de renegarem o Soberano Senhor que os resgatou, trazendo sobre si mesmos repentina destruição. E muitos seguirão as suas práticas libertinas, e, por causa deles, será infamado o caminho da verdade; também, movidos por avareza, farão comércio de vós, com palavras fictícias; para eles o juízo lavrado há longo tempo não tarda, e a sua destruição não dorme (2Pe 1-3).

A esse respeito, o apóstolo Pedro disse: "Assim como, no meio do povo, surgiram falsos profetas, assim também haverá entre vós falsos mestres", ou seja, se, nos tempos antigos, existiram falsos profetas, claramente eles continuarão existindo nos tempos presentes e vindouros.

Em relação aos arraiais evangélicos, incluindo os presbiterianos, os códigos disciplinares têm perdido sua força porque, na prática, não vemos ninguém ser punido por questões teológicas. Pessoas são punidas, como já afirmei, por pecados sexuais, mas não por pecados de desvio da doutrina.

Se, hoje, a igreja nos desaponta na aplicação da justiça eclesiástica, só nos resta confiar no que Deus vai fazer, com justiça, em dias futuros.

3. A ESPERANÇA COM A JUSTIÇA DIVINA

Será que deveríamos tratar essa questão de forma diferente da proposta no Antigo Testamento? É claro que não. Vejamos, mais uma vez, o que Pedro diz:

> Ora, se Deus não poupou anjos quando pecaram, antes, precipitando-os no inferno, os entregou a abismos de trevas, reservando-os para juízo; e não poupou o mundo antigo, mas preservou a Noé, pregador da justiça, e mais sete pessoas, quando fez vir o dilúvio sobre o mundo de ímpios; e, reduzindo a cinzas as cidades de Sodoma e Gomorra, ordenou-as à ruína completa, tendo-as posto como exemplo a quantos venham a viver impiamente (...) (2Pe 2.4-6).

Observemos que a justiça de Deus não muda sua punição aos falsos profetas — e a justiça divina é uma justiça certa. Pedro afirma: "(...) o Senhor sabe livrar da provação os piedosos e reservar, sob castigo, os injustos para o Dia de Juízo" (2Pe 2.9), ou seja, a justiça de Deus manifesta e requerida no Antigo Testamento é a mesma justiça manifesta e requerida no Novo Testamento, bem como nos tempos vindouros.

Devemos aplicar esse princípio moral de morte ao falso profeta nos dias de hoje? Sem dúvida, a resposta é sim. Entretanto, devemos estar atentos à aplicação dessa lei, pois, como vimos, não podemos matar, de forma literal, o falso profeta no Estado de direito em que vivemos.

Praticamente não há igrejas locais nem concílios superiores que se preocupem com a punição daqueles que ensinam coisas estranhas à fé que, "uma vez por todas, foi entregue aos santos" (Jd 3). A igreja, como instituição, não tem recorrido aos seus direitos pelas mesmas razões do Estado. Ela não quer interferir na crença pessoal de seus membros, deixando a seu cargo a responsabilidade diante de Deus. Além disso, a filosofia do que é "politicamente correto" tem influenciado sobremaneira os procedimentos disciplinares eclesiásticos.

Então, quando não se pune desde o início uma doutrina errônea, sustentá-la passa a ser um direito de quem crê nela. Há muitos anos o ensino e a prática teológica errôneos têm sido tolerados, e, nos tempos de hoje, ninguém se atreve a lutar contra essas coisas, especialmente pelo temor de dividir a igreja. Isso é lamentável, pois tal tolerância vai acabar por levar muitas congregações locais à apostasia. Essa tolerância ainda vai durar muito e, quando a igreja acordar, já será muito tarde.

É frustrante ver o procedimento das duas justiças — a comum e a eclesiástica. Nenhuma das duas toma conhecimento dos grandes pecados da igreja, especialmente por causa da influência de filosofias que adentram a igreja de Deus. Todavia, há esperança em Deus. Ele fará o que o povo do Antigo Testamento deveria ter feito com os falsos profetas e não fizeram. Ele os matará, retirando-os desta presente existência, e os lançará na condenação eterna, porque falsificaram sua verdade.

APLICAÇÕES

A aplicação da justiça divina sobre os falsificadores da revelação verbal vem, via de regra, através do Estado e da Igreja. E, já que o Estado não pode aplicar pena capital, por causa de sua forma de governo, deixando, inclusive, de aplicar, na prática, as penas alternativas antes mencionadas, a igreja tem o urgentíssimo dever de se preocupar com essa matéria. Do contrário, a apostasia avassalará a igreja de Deus. E, para que isso não aconteça, é muito importante o agir dos verdadeiros profetas:

Análise de Texto
(...) toda a malícia, inimigo de toda a justiça, não cessarás de perverter os retos caminhos do Senhor? Pois, agora, eis aí está sobre ti a mão do Senhor, e ficarás cego, não vendo o sol por algum tempo. No mesmo instante, caiu sobre ele névoa e escuridade, e, andando à roda, procurava quem o guiasse pela mão. Então, o procônsul, vendo o que sucedera, creu, maravilhado com a doutrina do Senhor (At 13.10-12).

A) OS VERDADEIROS PROFETAS PRECISAM RECONHECER QUEM ESTÁ POR TRÁS DOS FALSOS PROFETAS

Ó filho do diabo, cheio de todo o engano e de toda a malícia, inimigo de toda a justiça, não cessarás de perverter os retos caminhos do Senhor? (At 13.10)

Creio que a linguagem usada por Paulo pode ser repetida pelos profetas verdadeiros ainda hoje. A confrontação com o pecador exige uma linguagem firme. O pecado da falsa profecia é algo muito sério para Deus e deveria ser muito sério também para quem vela pela pureza da pregação.

Quando percebemos a origem da falsa profecia, não devemos ter constrangimento em chamar seu autor de "filho do diabo", por causa da perversão dos caminhos do Senhor. Não podemos ser tomados pelo temor de homens ao falar a verdade. Não devemos ser maldosos, mas suficientemente corajosos para chamar os falsos profetas de "filhos do Maligno", por causa do grande prejuízo que trazem ao povo de Deus.

B) OS VERDADEIROS PROFETAS PRECISAM APLICAR DISCIPLINA AOS FALSOS PROFETAS

> Pois, agora, eis aí está sobre ti a mão do Senhor, e ficarás cego, não vendo o sol por algum tempo. No mesmo instante, caiu sobre ele névoa e escuridade, e, andando à roda, procurava quem o guiasse pela mão (At 13.11).

Não está em nossas mãos, presentemente, impor pena que afete o físico do falso profeta, como é o caso da cegueira imposta sobre Barjesus. Os apóstolos tinham essa prerrogativa, mas nós não a temos hoje. Entretanto, o fato de não termos a mesma autoridade apostólica não significa deixar de exercer algum tipo de disciplina eclesiástica sobre eles.

O grande pecado da igreja contemporânea tem sido o de não ter a coragem de exercer disciplina no caso de pregação falsa. Ela tem disciplinado pessoas com problemas morais, especialmente no que diz respeito a sexo, mas não tem movido um dedo sequer para disciplinar a falsa profecia ou o falso ensino.

As igrejas fiéis à Palavra do Senhor precisam, de forma imediata e urgente, pronunciar-se publicamente com relação aos falsos profetas da atualidade, denunciando suas falsas pregações por meio de pregações fiéis da verdade divina.

C) OS VERDADEIROS PROFETAS PRECISAM DISCERNIR OS BENEFÍCIOS DA APLICAÇÃO DA DISCIPLINA

> Então, o procônsul, vendo o que sucedera, creu, maravilhado com a doutrina do Senhor (At 13.12).

É necessário confrontar face a face os falsos profetas atuais, afirmando, diante da igreja, a quem eles realmente pertencem e a quem obedecem: eles têm de ser nomeados de acordo com o que fazem. Por isso, não é errado chamá-los de "filhos do diabo, cheios de todo engano e malícia e inimigos de toda a justiça".

Quando confrontamos os falsos profetas, afirmando sua falsidade e o engano no qual se encontram, certamente haverá benefícios para aqueles interessados em conhecer a verdade de Deus. As pessoas que ouvem os falsos profetas haverão de dar ouvidos à verdade. E há muita gente ainda enganada que precisa ouvir a verdade.

O procônsul Sérgio Paulo creu e ficou maravilhado com a doutrina do Senhor. Em outras palavras, a confrontação do pecador com seu pecado o conduz à verdadeira fé.

D) OS VERDADEIROS PROFETAS PRECISAM EXPULSAR OS FALSOS PROFETAS DO SEU MEIO

Se quisermos ver pessoas genuinamente convertidas no meio do povo de Deus, temos de expulsar os falsos profetas, para que sua influência diminua cada vez mais nas futuras gerações.

Quando havia pecado em um crente específico, e a liderança da igreja não fazia nada, Paulo ordenava que o transgressor fosse expulso do meio da igreja (1Co 5.1-5). A punição tem de vir sobre o pecador. Do contrário, nunca ocorrerá a purificação da igreja. Se abrigarmos os falsos profetas em nosso meio, a igreja de Deus será cada vez mais impura. A igreja, como um corpo maior, tem de tomar as providências cabíveis para que o processo judicial aconteça.

PONTOS A PONDERAR

Não se esqueça de que, por sua palavra falsa, o profeta pode levar seus ouvintes a uma atitude inconsequente a respeito de seu próprio pecado e, em consequência, colher a ira de Deus por causa de seu pecado. Nesse sentido, o profeta, com sua palavra, exerce poder de vida ou de morte.

A igreja debaixo da nova aliança deve supervisionar os cristãos de forma responsável, protegendo-os daqueles que se levantam mentindo, dizendo haver recebido do Senhor uma palavra inspirada e infalível. A disciplina eclesiástica deve incluir, necessariamente, a instrução na Palavra, a advertência e, caso necessário, a exclusão daqueles que, falsamente, presumem falar como a boca de Deus. A igreja necessita estar ciente dos perigos associados a um ministério cuja motivação seja agradar aos homens, e não a Deus. Pastores, pregadores e presbíteros devem considerar o efeito devastador da infidelidade à Palavra de Deus. A tolerância com essa infidelidade pode significar a ruína do povo de Deus.

A liberdade religiosa propagada em nosso meio é uma falácia. Os verdadeiros cristãos sempre serão perseguidos por causa de sua piedade, e não somos tolerados em nossa fé ortodoxa, mesmo em alguns círculos da igreja evangélica. Todavia, no presente, os crentes são ensinados a mostrar tolerância em relação a todos os outros tipos de crença existentes. Somos ensinados a nos conformar com esse *status quo*. No entanto, esse não deve ser o espírito vigente dentro da religião verdadeira. Precisamos voltar, em alguma medida, ao senso de pureza doutrinária que a igreja deve ter. Veja uma observação interessante feita por um cristão contemporâneo que nos deveria despertar para o zelo da verdade de Deus.

> Os falsos profetas confrontam o povo de Deus com uma escolha — ou ouvirão e obedecerão a Deus ou seguirão a falsos deuses que são promovidos pelos falsos profetas. Se os israelitas escolhessem ficar com Deus e com seus mandamentos, então deveriam tomar os falsos profetas e matá-los. Eles não deveriam tolerá-los. Não deveria haver nenhum tipo de pluralismo religioso na terra de Israel. Eles deveriam seguir a Deus, que os havia redimido da escravidão do Egito, eliminando aqueles que os seduziam a abandonar seu Deus e seguir a outro deus. Desse modo, Israel purgaria o mal do meio deles.[158]

Devemos estar atentos aos critérios sugeridos por Packer[159]

---

158 Bob Deffinbaugh, *False Prophets*. Disponível em: http://www.bible.org/page.php?page_id=2397#P298_85767#P298_85767. Acesso em maio de 2008.

159 PACKER, J.I. *John Owen on Spiritual Gifts*. Disponível em: <http://stevenjcamp.blogspot.com/2006/01/john-owen-on-spiritual-giftsa-quest.html>. Acesso em julho de 2011.

para julgar os profetas e suas profecias: testar criteriosamente a palavra ou ensino proferido; buscar evidência dos frutos do Espírito na vida de quem "profetizou"; passar pelo crivo da centralidade de Cristo na mensagem entregue; e não devemos nos esquecer da subjetividade das experiências religiosas atribuídas ao Espírito Santo. Devemos ter a coragem de reprimir o falso ensino e a falsa profecia, levando, inclusive, esses temas aos concílios e líderes das igrejas.

Que a oração escrita por Calvino nos alimente a alma para que estejamos sempre atentos em fidelidade à Palavra do Senhor!

> Deus Todo-Poderoso, já que ficamos tão adormecidos em nossos vícios que necessitamos diariamente de novidades que nos deem ânimo, conceda-nos primeiramente que aqueles que nos pastoreiam possam, de forma fiel, conclamar-nos ao arrependimento; e também que estejamos tão atentos a suas exortações e tão cientes do sofrimento da condenação que possamos nos julgar a nós mesmos. Concede-nos também provar de sua bondade paternal quando nos castigar severamente, de forma que sempre haja um caminho aberto para buscarmos a reconciliação em Cristo Jesus nosso Senhor. Amém.[160]

---

160 CALVIN, John. *Commentary on Ezekiel*. Albany, Oregon: Ages Software, 1998. CD-ROM. (Tradução livre.)

FIEL
MINISTÉRIO

O Ministério Fiel visa apoiar a igreja de Deus, fornecendo conteúdo fiel às Escrituras através de conferências, cursos teológicos, literatura, ministério Adote um Pastor e conteúdo online gratuito.

Disponibilizamos em nosso site centenas de recursos, como vídeos de pregações e conferências, artigos, e-books, audiolivros, blog e muito mais. Lá também é possível assinar nosso informativo e se tornar parte da comunidade Fiel, recebendo acesso a esses e outros materiais, além de promoções exclusivas.

Visite nosso site

www.ministeriofiel.com.br